Zu diesem Buch

Dieses Buch setzt sich mit den tiefen emotionalen und seelischen Verletzungen auseinander, die uns das Leben zufügen kann. Es will Möglichkeiten aufzeigen, wie man nach zerstörerischen Erfahrungen psychisch neu beginnen kann. Beverly Flanigan beschreibt, was es bedeutet, mißbraucht, verlassen oder verraten zu werden. Dieses Buch zeigt in konkreten Schritten, wie man nicht vergißt, was geschah, doch vergeben und wieder vertrauen lernen kann.

Die Autorin
ist Clinical Associate Professor an der University of Wisconsin in Madison und setzt sich als Therapeutin in ihrer privaten Praxis vor allem mit Fragen des Verzeihens auseinander.

Beverly Flanigan

Nicht vergessen und doch vertrauen

Heilung für seelische Wunden

Deutsch von Manuela Heise

Rowohlt

Deutsche Erstausgabe
Veröffentlicht im Rowohlt Taschenbuch Verlag GmbH,
Reinbek bei Hamburg, September 1994
Copyright © 1994 by Rowohlt Taschenbuch Verlag GmbH,
Reinbek bei Hamburg
Die Originalausgabe erschien unter dem Titel
«Forgiving the Unforgivable»
im Verlag Macmillan Publishing Company, New York
Copyright © 1992 by Beverly Flanigan
Published by Arrangement with Author
Redaktion Rosemarie Schwarz
Umschlaggestaltung Barbara Hanke und Nina Rothfos
(Illustration Britta Lembke)
Satz Sabon (Linotronic 500)
Gesamtherstellung Clausen & Bosse, Leck
Printed in Germany
1690-ISBN 3 499 19596 8

Inhalt

Vorwort 7
Einleitung 8

Teil I
Anatomie einer unverzeihlichen Verletzung 19
Schäden und ihre Verursacher 36
Die Folgen der Verletzung 61

Teil II
Die Reise des Verzeihens 77
1. Schritt: Die Verletzung benennen 82
2. Schritt: Die Verletzung für sich beanspruchen 100
3. Schritt: Den Verletzer anklagen 115
4. Schritt: Das Ausbalancieren der Waagschalen 133
5. Schritt: Das Verzeihen wählen 153
6. Schritt: Das Entstehen eines neuen Selbst 169

Teil III
Übungen des Verzeihens 181
Werkzeuge zum Benennen der Verletzung 185
Werkzeuge, um sich die Verletzung anzueignen 197
Werkzeuge, um den Verletzer anzuklagen 208
Werkzeuge zum Ausbalancieren der Waagschalen 218
Werkzeuge, um das Verzeihen wählen zu können 230
Gedanken über das neue Selbst 237

Teil IV
Die Notwendigkeit zu verzeihen 239

Anmerkungen 264

Vorwort

Dieses Buch enthält zum einen ein theoretisches Konzept des Verzeihens und gibt zum anderen dem, der es praktisch umzusetzen versucht, die entsprechenden Mittel zum Verzeihen an die Hand. Es soll kein Ersatz für eine professionelle Therapie sein, wohl aber ein zusätzlicher Wegbegleiter.

Es entspricht meiner tiefsten Hoffnung, daß diejenigen von Ihnen, die diese Arbeit nutzen und sich für den Versuch entscheiden, etwas Unverzeihliches zu verzeihen, das Ziel dieser Reise erreichen können. Alle, die es erfolgreich gewagt haben, sprechen von einer sich lohnenden Unternehmung.

Schon mein ganzes Leben lang habe ich mich für menschliche Probleme und deren Lösungsmethoden interessiert. So ist dieses Buch entstanden. Mein Interesse ist sicherlich durch meine Familie entstanden, die an Menschen und menschlichen Fragen immer leidenschaftlich Anteil genommen hat. Dafür danke ich ihr. Danken möchte ich auch meinen Freunden, die mir während meiner Vorbereitungen zu dem Buch unerschütterlich zur Seite standen.

Mein ganz besonderer Dank aber gilt all den Menschen, die sich freiwillig bereit erklärten, mir ihre Geschichten des Verzeihens zu erzählen. Ihre Namen wurden zum Schutz ihrer Identität geändert, aber ihre Erfahrungen enthüllen, wie sehr der menschliche Geist sich weigert, vom Unglück gebrochen zu werden. All ihnen bin ich zutiefst dankbar.

Die Arbeit, die zu dem vorliegenden Buch führte, hätte weder ohne die Unterstützung der Kellogg Foundation und meiner Agentin Jane Jordan Browne geleistet werden können noch ohne die konstruktiven Kommentare meiner Herausgeberin Natalie Chapman und die fachliche Assistenz von Betty Zeps.

Einleitung

Vor vielen Jahren arbeitete ich als junge Sozialarbeiterin in Alaska. Ich hatte mit einer Heranwachsenden zu tun, die miterlebt hatte, wie ihr Vater ihre Mutter ermordete. Das Mädchen war selbst von ihrem Vater mißbraucht worden. Erfahrene Kollegen haben solchen Situationen sicher schon ziemlich häufig gegenübergestanden, doch für mich war es das erste Mal. Ich hatte es mit einer Klientin zu tun, die ihrem Vater trotz seines Verhaltens und Charakters verzeihen wollte. Es war auch das erste Mal, daß ich mich in der recht verzwickten Lage befand, mich fragen zu müssen, ob ich jemanden gegen meine eigene Überzeugung unterstützen sollte.

Auch nachdem ich den Ganztagsjob in der klinischen Praxis zugunsten einer Unterrichtstätigkeit aufgegeben hatte, ließen mich die Fragen aussöhnungswilliger Klienten nicht los; ebensowenig wie die Fragen meiner Schüler über den Sinn des Helfens. Sollten Leute, die von ihren Eltern mißbraucht worden waren, ihre eigene Mutter und ihren eigenen Vater einfach ablehnen? Sollten sie ihre Wut anderen gegenüber ausdrücken? Wie lange? Wäre das ausreichend? Sollten sie ihre Ehegatten verlassen, weil diese brutal oder krank geworden waren? Sollte man jemanden dazu ermutigen, einer anderen Person die Schuld zuzuschieben? Mein brennendes Interesse an Wert und Sinn des Helfens spornte mich auch weiterhin an, nach Antworten auf diese Fragen zu suchen, vor allem deshalb, weil ich vermutete, daß die Absichten der Klienten sich häufig nicht mit denen der helfenden Fachleute deckten.

Viele Menschen scheinen die zwischen ihnen schiefgelaufenen Dinge miteinander klären zu müssen. Der Mechanismus des Verzeihens kann die Dinge wieder zurechtrücken. Im Laufe meiner Arbeit bemerkte ich, daß es weit mehr Menschen als angenommen gibt, die darauf warten, ein «Ich vergebe dir» oder «Bitte verzeih mir» zu hören, um ihren Frieden mit dem einstmals geliebten Menschen schließen zu können.

«Lassen Sie Ihr Leben Revue passieren! Was läßt Sie sich immer

Einleitung

noch schlecht fühlen?» Bei einer Gruppe von durchschnittlichen Menschen ginge es bei vielen Antworten um das Verzeihen. Einige fühlen sich schlecht, weil es ihnen nicht gelungen ist, einem anderen Menschen zu verzeihen; andere, weil ihnen ein ehemals Nahestehender nicht vergeben hat. Das Verzeihen ist die Methode, mit der in engen Beziehungen einer den anderen «loslassen» kann und ihm verschiedene rücksichtslose und lieblose Handlungen vergibt. Es ist die Vorstellung, die enge Bindungen zusammenhält. Aber diese Vorstellung kann täuschen. Verzeihen ist mit das schwierigste menschliche Unterfangen; unglücklicherweise haben die meisten von uns keine Ahnung davon, wie man einander vergibt oder ob wir es überhaupt versuchen sollten.

Bis heute weiß man nur ganz wenig darüber, wie Verzeihen überhaupt funktioniert. Tatsächlich kann man mehr über die Ergebnisse lesen als über den Prozeß selbst. Beispielsweise nimmt man an, daß es immer das Ziel sei, Beziehungen zu kitten[1], und dem Verletzer werde die Begleichung seiner emotionalen oder materiellen Schuld erlassen. Der Entlastete kann neu beginnen, so, als hätte man die schwarzen Flecken auf der Weste des alten Verhaltens weggewischt.[2] Man nimmt an, daß diese Reinwaschung dauerhaft gilt: Einmal verziehen, bleibt verziehen.[3] Aber solche Beobachtungen werfen wenig Licht auf die wirkliche Bedeutung des Verzeihens – darauf, was wirklich Herzen und in den Gedanken eines tief verletzten Menschen vorgeht, der darum ringt, seinem Verletzer zu verzeihen. 1982 machte ich mich daran, mehr darüber herauszufinden.

Von 1980 bis 1983 war ich Mitglied der Kellogg Foundation. Ich nahm die Möglichkeit wahr, wieder einmal die Schulbank zu drücken, und nahm an einigen Kursen teil. In einem Oberseminar wurden eines Nachmittags folgende Fragen diskutiert: Fordert die Moral vom Menschen zu verzeihen? Die Studenten meinten ja. Muß man selbst solchen Tyrannen vergeben wie Rudolf Hess (der damals in Spandau einsaß)? Wieder lautete ihre Antwort ja.

Die Logik hinter der Einstimmigkeit der Studenten war folgende: Der durch die verletzenden Handlungen des Tyrannen erzeugte Haß brodelt in den Opfern, greift wahrscheinlich über auf Nicht-Opfer und möglicherweise auf jeden, der damit in Berührung

Einleitung

kommt. Das hat zur Folge, daß er dann in einem breiten Teil der Gesellschaft vorherrscht. Die logischerweise folgenden haßerfüllten Gegenbeschuldigungen eines Opfers sind moralisch so gefährlich wie die Taten des Tyrannen. Beide, Opfer und Täter, tragen aller Wahrscheinlichkeit nach dazu bei, daß die Gesellschaft verroht. Haß erzeugt immer eine niedere Gesinnung im Menschen. Wer nicht vergibt, setzt das Böse fort und beeinflußt letztlich das Wohlgefühl aller anderen. Zu verzeihen ist demzufolge die einzige ethische Antwort auf Bösartigkeit.

Doch das Verzeihen selbst wurde noch nie richtig definiert. Wenn Menschen die Pflicht haben zu verzeihen, was bedeutet dann Verzeihen genau? Ich suchte nach anderen Informationsquellen und fand zu meiner Überraschung heraus, wie wenig über dieses Thema bekannt ist, weder in der Literatur noch in den Methoden der praktischen Anwendung. So entschied ich mich schließlich – und die finanzielle Hilfe der Kellogg Foundation ermöglichte es mir –, Menschen zu interviewen, denen es gelungen war, «Unverzeihliches zu verzeihen». Um Menschen zu finden, die bereit waren, über eine derart schwierige persönliche Angelegenheit zu sprechen, annoncierte ich in Zeitschriften in sechs verschiedenen Gegenden der Vereinigten Staaten (und in Neuseeland zum Vergleich). In den folgenden zweieinhalb Jahren reiste ich herum und interviewte siebzig Personen. Alle hatten etwas verziehen, was sie zuerst für unverzeihlich gehalten hatten. Ich hörte Geschichten über Mord, Untreue, Lügen, Betrug, Verrat und Bösartigkeit. Manche waren unglaublich. Alle Interviews nahm ich auf Kassette auf; und jedes Band wurde immer wieder abgespielt, bis der Inhalt vollständig analysiert werden konnte. Langsam bildeten sich die Schwerpunkte heraus. Die Erfahrungen aller Leute, mit denen ich gesprochen habe, sind im Text dieses Buches verarbeitet. Sie illustrieren die komplexe und grundlegende Natur des Verzeihens.

Meine Theorie des Verzeihens hat sich größtenteils aus dieser Studie und den vielen Workshops entwickelt, die ich in den letzten 20 Jahren leitete. Auch die Jahre der Forschung, Diskussionen mit Kollegen, klinische Praxis und das Unterrichten von Studenten in der Kunst des Helfens haben viel dazu beigetragen. Bevor ich Ihnen

Einleitung

meine Theorie vorstelle, muß noch etwas über die menschliche Natur und die vielen Weisen gesagt werden, wie wir uns gegenseitig verletzen. Einige Verletzungen fallen in die Kategorie «unverzeihlich», andere nicht.

Menschen unterscheiden sich von allen anderen Lebewesen dadurch, daß sie einander wissentlich und häufig ohne legitimen Grund Leid zufügen. Wir belügen und täuschen uns, vergewaltigen, schlagen uns und lassen uns gegenseitig fallen. Wir machen uns gegenseitig lächerlich und betrügen einander. Und noch merkwürdiger ist, daß wir das nicht unseren Feinden antun, sondern denen, die uns am nächsten sind.

Menschen haben schon immer Kriege geführt. Kriege legitimieren Gewalt und lassen das Leid eines anderen Individuums als gerecht erscheinen. Aber das meiste menschliche Leid entsteht nicht auf dem Schlachtfeld zwischen sich bekriegenden Gruppen, sondern in einer anderen Kriegszone – zwischen Individuen in engen Beziehungen. Anders als Verletzungen im Krieg, in dem Haß Gewalt heraufbeschwört, entstehen Verletzungen zwischen engen Freunden aus einer Mischung von Liebe und anderen Gefühlen. Wo Haß Gewalt hervorruft und die Herzen verhärtet, beschwört Liebe Verletzungen herauf, die ein Herz brechen. Unverzeihliche Verletzungen entstehen in engen Beziehungen. Wenn das geschieht, wird die Intimität zerstört. Die schlimmsten Wunden fügen sich Menschen nicht auf dem Schlachtfeld, sondern zu Hause zu. Die ärgsten Täter sind nicht Feinde oder Fremde in einem Fuchsbau, sondern unsere Ehepartner, Kinder, Eltern und Freunde. Die Wunden der Liebe finden sich in unseren Wohn- und Schlafzimmern in Form von verlorenen Träumen und zerstörten Hoffnungen wieder. Kriege beendet man mit der Unterzeichnung eines Friedensvertrages, intime Verletzungen aber gären oftmals ungelöst weiter in uns – entweder sind sie nicht verziehen oder unverzeihlich.

Verzeihen ist nicht das gleiche wie begnadigen.[4] Die Begnadigung entlastet Menschen vor drohenden Strafen und erfolgt gewöhnlich durch eine Autoritätsperson. Ein Gouverneur begnadigt beispielsweise einen Gefängnisinsassen.[5] Verzeihen dagegen ist

Einleitung

eine Angelegenheit zwischen sich nahestehenden Menschen; die Objektivität der Gnade gibt es zwischen ihnen nicht.

Verzeihen hat auch nichts mit vergessen zu tun. Eine verletzte Person kann nicht – und sollte natürlich auch nicht – auf die verblassende Erinnerung als Allheilmittel hoffen. Im Gegenteil, das Vergangene muß erinnert, in die richtige Perspektive gerückt und erneut durchlebt werden. Ohne Erinnerung kann keine Verletzung überwunden werden.

«Ich verzeihe dir», mag für kleinere, tägliche Vorfälle oder gesellschaftliche Indiskretionen Gültigkeit haben. Ist aber richtiger Schaden zwischen Menschen entstanden, dann können bloße Worte keine entsprechende Reparatur bewirken.[6]

Die einzige dauerhafte Ansicht über die eigentliche Bedeutung des Verzeihens durchzieht die darüber existierende Literatur wie ein roter Faden. Man nimmt an, daß Verzeihen durch eine Transaktion[7] zwischen zwei Parteien stattfindet – dem Verletzten und dem Verletzer. Wahrscheinlich bedarf es einer regelmäßigen Reihe von Transaktionen, die dann zur Reparatur einer gebrochenen Beziehung führen. Im «Modell» sieht das folgendermaßen aus: Zuerst beschuldigt der Verletzte den Verletzer. Dann tritt der Verletzer vor und gibt zu, daß er einem anderen Schaden zugefügt hat; er hilft dem Verletzten nicht nur, sondern ermutigt ihn, seine Gefühle auszusprechen – auch Wut. Dann akzeptiert der Verletzer, daß seine Handlung falsch war, und nimmt die möglicherweise folgende Strafe an.[8] Er verspricht, seine Tat nicht zu wiederholen. Es gibt einen Gefühlserguß beider Beteiligter – Schulde, Reue, Wut und schließlich Liebe. Als Ergebnis wird die Zuneigung zueinander erneuert und die fast zerbrochene Beziehung wiederhergestellt. Wie beim Kleben einer zerbrochenen Vase wird im Idealfall die Beziehung repariert, und beide sind bereit, Pflichten und Lasten gemeinsam zu tragen.[9]

Das «Modell der Transaktion» des Verzeihens wird in Darstellung 1 bildlich dargestellt.

Um solch eine Transaktion zwischen zwei Leuten überhaupt möglich zu machen, bedarf es zweier wichtiger Elemente: Beide Menschen müssen die Bereitschaft zur Teilnahme zeigen, und beide

Darstellung 1: Transaktionsmodell des Verzeihens

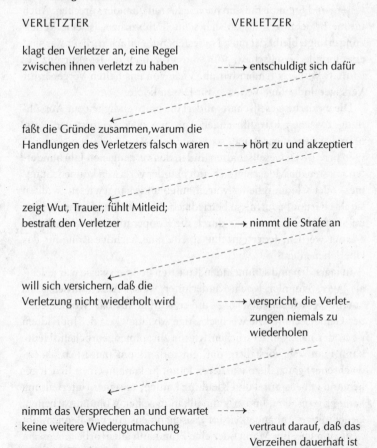

müssen die Transaktion auch wollen. Doch auf viele Verletzte trifft das nicht zu. Die meisten machen das Verzeihen mit sich selbst ab, mit wenig oder ohne Hilfe von außen. Die Gründe für «das einsame Vergeben» sind vielfältig, und sie spiegeln das moderne Leben. Veränderungen im 20. Jahrhundert haben außerordentliche Umstände für menschliche Beziehungen geschaffen. Die meisten Leute in Europa und Amerika sind nicht mehr aufeinander angewiesen, um zu überleben. Kinder können ihre Eltern, Ehemänner ihre Frauen verlassen, und Freunde müssen nie wieder miteinander sprechen. Auch intime Beziehungen lassen sich schnell abbrechen, ist eine Verletzung erfolgt, bleibt der einst Nahestehende einfach zurück. Wir sind eine mobile Gesellschaft. Wir sind stolz und auf Konkurrenz getrimmt. Verlierer lehnen wir ab. Viele von uns halten Vergeber für Versager und reuige Verletzer für Dummköpfe.

Die moderne Gesellschaft mildert die Notwendigkeit zur Aussöhnung zwischen kriegführenden Parteien oder zerstrittenen Partnern. Das war nicht immer so.

In primitiven Gesellschaften und in den vergangenen Jahrhunderten mußten die Menschen sich aufeinander verlassen können. Stammes- oder Clanmitglieder waren aufeinander angewiesen, wollten sie ihre Grundbedürfnisse befriedigen. Nahrung, Kleidung, Schutz und Sicherheit konnte nur durch die Kooperation aller Mitglieder erlangt werden. Jeder einzelne spielte eine wichtige Rolle für das Überleben aller.

In jagenden und sammelnden Kulturen beispielsweise war jeder – als Jäger, Sammler, Koch, Kinderhüter, weiser Alter und selbst als Stammesgeschichtsforscher – unverzichtbar für das Wohlergehen der Gemeinschaft. Die wechselseitige Abhängigkeit der Individuen ist in der heutigen westlichen Kultur zusammengebrochen. Heute kann man sich vorstellen, daß ein Individuum (natürlich als Erwachsener) ganz allein existieren kann. Er kann in einen Laden gehen und Lebensmittel und Kleidung kaufen, zu seiner Unterhaltung kann er fernsehen, und er kann allein in seiner Wohnung arbeiten. Gegenseitige Abhängigkeit im zwischenmenschlichen Bereich gibt es nicht mehr. Ein Mann oder eine Frau kann allein arbeiten, essen, schlafen und sterben – abgeschnitten von allen anderen. Er braucht nur die sozialen und beruflichen Einrichtungen, die seine Grundbedürfnisse nach Essen und Schutz befriedigen.

Früher war der Mechanismus zur Aussöhnung einer Verletzung innerhalb einer menschlichen Gemeinschaft wichtig. Das Fehlverhalten eines Mitglieds durfte nicht zu seinem dauerhaften Ausschluß aus dem Clan führen, da dann das Überleben der Gemeinschaft gefährdet gewesen wäre. Keiner konnte allein existieren, und die Gruppe konnte es sich nicht leisten, ein Mitglied zu verlieren. Bei den Pygmäen in Afrika beispielsweise wurde Fehlverhalten dadurch geahndet, daß das betreffende Mitglied das Dorf verlassen und allein in den Wald gehen mußte. Eine Zeitlang galt er als verbannt. Keiner durfte mit ihm sprechen. Das ganze Dorf besprach seine Tat. Nach mehreren Tagen kam der Verbannte zurück in das Dorf, ohne ein einziges Wort zu sagen, bis ein ausgesuchtes Kind ihm eine Schüssel mit Essen überreichte. Diese Handlung stellte symbolisch das Verzeihen aller Dorfmitglieder dar und ihre Bereitschaft, ihn wieder in ihre Mitte aufzunehmen. Das garantierte ihm und den anderen ein kontinuierliches Überleben. Tatsächlich ist die Übergabe von etwas Materiellem häufig ein Teil des Verzeihensrituals und symbolisiert die Idee der Wiederaufnahme des Verletzers in Form eines Geschenks. Verzeihen hatte nicht nur die Funktion, eine Beziehung zwischen zwei Menschen zu reparieren, sondern stellte auch den Frieden in der jeweiligen menschlichen Bezugsgruppe wieder her.[10] Verletzungen zwischen Individuen wuchsen sich nicht zu Familienfeindschaften aus, und Familienfeindschaften arteten nicht zu einem Krieg zwischen Clans aus. Das Verzeihen wurde zu einer Überlebenstechnik für Streitende, die voneinander abhängig waren. Der Haß konnte sich nicht ausbreiten.

Heutzutage sind wir als Individuen, als Paare, Freunde, Nachbarn oder Gemeinden weniger voneinander abhängig. Wir brauchen einander nicht zum Überleben und können jede menschliche Gruppierung auswechseln. Der Verletzte tappt allein herum, und der Verletzer kann sich in eine andere Partnerschaft, Freundschaft, Nachbarschaft und Gemeinde begeben. Aber das heißt nicht, daß das Verzeihen bedeutungslos geworden wäre. Allerdings ist es heute viel schwieriger, zu verzeihen.

Institutionen des Verzeihens

Kirchen und Synagogen gelten als Institutionen der Gnade, der Wiedergutmachung und der Buße. Von allen gesellschaftlichen Institutionen verbindet man vor allem die Kirche mit Erbarmen und Aussöhnung. Verletzte wie Verletzer können ihren Pastor, Priester oder Rabbi um Beistand bitten. Aber Geistliche sind genau wie jeder andere in die technologische und mobile moderne Szene eingebunden. Wenn ein Geistlicher um Hilfe beim Verzeihen einer Verletzung gebeten wird, kann es sein, daß er weder den Verletzten noch den Verletzer kennt. Er kann nur vermuten, wie es zu der Verletzung gekommen ist. Die Kirche leidet wie andere Bereiche der Gesellschaft unter ihrer Größe und Unpersönlichkeit; und jene, die sich hilfesuchend an sie wenden, werden häufig mit dieser Realität konfrontiert.

Andere wollen als Mitglieder der professionellen «helfenden Gemeinde» Verzeihen züchten. Psychologen, Sozialarbeiter, Familientherapeuten und Psychiater arbeiten alle mit Klienten, für die das Verzeihen zentrales Thema ist. Im professionellen Training ist jedoch Verzeihen selten das Ziel der therapeutischen Arbeit mit Klienten. In der Realität findet meist das Gegenteil statt. Die therapeutische Gemeinde – zumindest einige ihrer Teile – hält Wut und das Entladen des Zorns für ein besonders wichtiges und wünschenswertes Stadium der Therapie. In der Regel glauben die meisten professionellen Helfer, daß sich mit einer positiveren Einstellung des Klienten zu sich selbst auch seine Beziehungen zu anderen verbessern. Daher strebt Therapie die Verbesserung des Selbstwertgefühls und das Erlernen von entsprechenden Techniken (Behauptung, Entspannung, das Ausdrücken von Gefühlen und ähnliches) an. Der therapeutisch «Fortgeschrittene» funktioniert und fühlt seine Wunde vielleicht weniger schmerzhaft. Doch tief in seinem Innern bestehen die Restauswirkungen der Verletzung weiter und vergiften ihn. Sie führen zu Mißtrauen gegenüber anderen und Ärger an der falschen Stelle. (Einige Leute bekommen noch Jahre nach der Verletzung Wutanfälle, wenn nur der Name des Verletzers erwähnt wird.) Es ist etwas anderes, in sich etwas zurechtzurücken als in der Beziehung zweier Menschen, die sich gegenseitig verletzt haben. Das Falsche wartet verkapselt auf die Transaktion des Verzeihens und die damit verbundene Befreiung.

Was aber tun Verletzte wirklich, um ihre Herzen zu heilen? Worauf kann ein Verletzter dann zurückgreifen, wenn sich Therapie

Einleitung

oder Kirche als unzulänglich erweisen? Auf dem Schlachtfeld gibt es drei Möglichkeiten, ein Gefecht zu beenden: das Hissen der weißen Fahne der Ergebung, Rückzug in den Widerstand oder Kampf bis zum blutigen Ende. Dasselbe trifft auf Verletzungen auf dem häuslichen Schlachtfeld zu. Man kann sich unter Protest zurückziehen; man kann verzeihen oder, wenn man nicht verzeihen kann, bis zum bitteren Ende kämpfen.

Die Gerichtssäle wimmeln von verwundeten und wütenden Menschen. Erbitterte Scheidungen, Besitzfehden und selbst Streitigkeiten zwischen Freunden sind in unserer streitsüchtigen Gesellschaft an der Tagesordnung. Das Rechtssystem unterstützt den Kampf von Angesicht zu Angesicht zwischen Verletztem und Verletzer. Wenn der Täter sich ohne große Umschweife von dem Geschädigten abwenden kann, dann kann der Verletzte eine Konfrontation nur noch im Gerichtshof erzwingen.

In unserer Gesellschaft sind Gerechtigkeit und Gnade so eng miteinander verknüpft, daß man sie kaum auseinanderzuhalten vermag. Tatsächlich gelten jüdisch-christliche Gesellschaften als Musterbeispiele dafür, wie Gerechtigkeit und Gnade miteinander verschmolzen sind. Man kann daraus schließen, daß immer dann, wenn Gnade ausbleibt, Gerechtigkeit gesucht wird. Wenn Menschen es «nötig» haben, Dinge mittels Verzeihen zurechtzurücken, dazu aber keine Gelegenheit erhalten, dann suchen sie «Gerechtigkeit».

Verzeihen ist die Methode, mit der das Opfer den Täter wieder annehmen kann. Der Verletzte öffnet sein Herz erneut, um den Verletzer einzulassen und zu akzeptieren. Dadurch wird die Verletzung begraben. Wie aber soll man jemanden, der nicht an die Tür klopft, wieder einlassen? Und die meisten Verletzer verzichten nicht nur auf das Anklopfen, sondern haben schon neue Türen geöffnet und sind durch sie getreten.

Trotzdem kann man verzeihen. Meist geschieht das Verzeihen nicht als Teil einer Transaktion zusammen mit dem Verletzer, sondern ist das Ergebnis eines einsamen und schmerzhaften Prozesses. Mit anderen Worten, Verzeihen geschieht zu oft ohne Hilfe von außen.

Einleitung

Leider muß ein seelisch schwer Verletzter sich selbst heilen. Kirche oder Therapie können helfen, aber ohne die Möglichkeit, sich mit dem Verletzer direkt auseinanderzusetzen, bleibt dem Verletzten nichts anderes übrig, als sein gebrochenes Herz selbst wieder zu flicken. Im anderen Fall verbringt er vielleicht sein Leben damit, auf eine Entschuldigung oder die Chance zu warten, den Verletzer zu stellen.

Alle von mir Interviewten haben sich selbst geheilt. Sie haben fast jede Art der Verletzung verziehen – selbst die abscheulichsten.

Sie alle durchlebten einen Prozeß, dessen Phasen ihnen beim Verzeihen halfen, auch wenn sie auf sich allein gestellt waren. Ich werde in diesem Buch die einzelnen Phasen dieses «einsamen Modells» des Verzeihens darstellen. Die Fähigkeit des Menschen, Unverzeihliches zu verzeihen – auch wenn er es ganz allein vollbringen muß –, ist ein Vermächtnis an unsere ganze Spezies. Für diese Tatsache spricht, daß es selbst im späten 20. Jahrhundert ein inneres Bewußtsein gibt – ein Bedürfnis, die Dinge wieder zurechtzurücken. Es wird verziehen, ob nun als Überlebensmechanismus oder als grundlegendes Bedürfnis des Bewußtseins. Dem Verzeihenden gewährt es Frieden und stellt in der menschlichen Gesellschaft als Ganzes wieder ein bißchen Freundlichkeit her.

Teil I
Anatomie einer unverzeihlichen Verletzung

Das Verzeihen gehört den Verletzten
JOHN DRYDEN, *The Conquest of Granada*

An einem Mittwochnachmittag kam Ann Roland, wie sie es seit Jahren täglich tat, von ihrer Arbeit in einem örtlichen Krankenhaus nach Hause. Sie erwartete, ein leeres Haus vorzufinden. Aber als sie in ihre Straße einbog, sah sie einen mittelgroßen Mietumzugswagen davor stehen. Ann stieg aus, ging zu dem Wagen und lugte durch die Fenster. All ihre Besitztümer waren da drin – nicht alle, aber der Fernseher, einige Stühle, der Kleiderschrank, Kartons und selbst eines ihrer Lieblingsbilder von der Wohnzimmerwand. Ihr wurde unheimlich, und eine unbekannte Furcht ergriff ihr Herz.

Ann schloß die Garagentür hinter sich und ging langsam in die Küche. Sie sah ihren Ehemann Jerry in einem der noch verbliebenen Wohnzimmerstühle sitzen. Er blickte langsam zu ihr hoch, bis ihre Augen sich trafen, und er sagte: «Ich verlasse dich. Es läuft einfach nicht mehr gut, und ich nehme an, daß du es ohnehin herausfinden wirst. Ich habe eine andere. Wir sind seit drei Jahren zusammen, und ich will sie heiraten.» Es gab eine Pause. «Ich verspreche dir, daß ich Geld für die Kinder schicken werde.» Draußen hupte ein Auto. Jerry sah Ann an. «Ich muß jetzt gehen.» Er erhob sich und ging auf die Eingangstür zu. Ann stand wie erstarrt. Durch das Wohnzimmerfenster sah sie eine Frau, die Jerrys Auto steuerte. Die Frau fuhr direkt hinter den Lieferwagen. Jerry öffnete die Tür, ging, ohne zurückzublicken. Er stieg in den Lieferwagen, und die Frau startete Jerrys Auto. Sie fuhr auf die Straße, wendete und fädelte sich in den Verkehr ein. Sie ließ Jerry so viel Platz, daß er hinter ihr einbiegen konnte. Das war das letzte, was Ann bis zu ihrem ersten Vermittlungsgespräch drei Monate später von Jerry sah.

Mit vier Sätzen fiel Anns Welt auseinander. Der Vertrag, den sie für das ganze Leben geschlossen zu haben glaubte, war vor ihren Augen zerfetzt worden. Der Vertrag war nicht nur ein rechtlicher und ein öffentlicher, eine religiöse Verkündigung von Ehre und Treue; er regelte falsch und richtig und den Umgang miteinander. Er betraf Moral und persönliche Integrität. Er war aus dem gemeinsamen Leben mit ihrem Ehemann erarbeitet und eine Richtschnur für ihr zukünftiges gemeinsames Leben gewesen. Nun war alles zerstört. Ann war unverzeihlich verletzt worden. Und das volle Ausmaß dieser Verletzung sollte sie erst noch zu spüren bekommen.

Mehrere Monate war Ann Roland überwältigt von Trauer und Haß, Verwirrung und Selbstvorwurf. Sie war oft krank und konnte nachts kaum noch schlafen. Ihre Konzentrationsfähigkeit ließ nach, und sie machte Fehler bei ihrer Arbeit. Schließlich wurde Ann klar, daß sie sich grundlegend und dauerhaft verändert hatte; sie wußte nicht, ob sie ihrem Mann verzeihen sollte oder nicht. Sie konnte die Untreue ihres Ehemanns und sein Weggehen ihr Leben beherrschen lassen oder ihm verzeihen und zu ihrem eigenen Leben zurückfinden. Das lag bei ihr.

Wodurch wird eine Verletzung unverzeihlich?

Im Leben kann man durch verschiedene Dinge persönlich verletzt werden: durch blanke Lügen, gebrochene Versprechen, durch körperliche Verletzungen wie Schläge oder durch einen unbeabsichtigten Klaps während eines Streits. Doch die meisten Wunden sind nicht unverzeihlich. Wir lassen sie hinter uns und machen weiter. Wenn wir das nicht könnten, würde unser Leben zu einer einzigen Abrechnung werden. Wir würden die Verletzungen routinemäßig summieren und die Begleichung der Schulden fordern. Wir könnten uns wie Vergeltungsgesellschaften eine genaue Übersicht über unsere Verletzungen aufstellen und alle addieren. Ohne Nachsicht wäre das Leben eine nie endende Serie von gegenseitigen Beschuldigungen und bittern Erinnerungen. Wir könnten nicht lange und auf gar keinen Fall friedlich leben.

Doch unverzeihliche Verletzungen wie die von Ann Roland sind keine Kleinigkeit. Man kann sie nicht einfach beiseite legen und ignorieren. Solche Verletzungen sind anders als Einbrüche, Überfälle auf der Straße oder selbst eine Vergewaltigung durch einen Fremden. Das alles zerstört Menschen, aber dabei ist keine Liebe im Spiel, und die Menschen sind nicht gezwungen, ihre Haltung zu Liebe und Geliebtwerden neu zu bestimmen. Anns Verletzung veränderte sie nachhaltig, so wie es alle unverzeihlichen Verletzungen tun.

Fünf Hauptmerkmale machen eine Verletzung zu einer unverzeihlichen:

1. Unverzeihliche Verletzungen beginnen mit einem einzigen Ereignis, das einen Betrug signalisiert.
2. Die Täter sind nahestehende Menschen, keine Fremden.
3. Es handelt sich dabei um moralische Wunden; sie zertrümmern das moralische Konzept eines Menschen.
4. Sie greifen das grundlegende Glaubenssystem eines Menschen an.
5. Sie sind zutiefst persönlich und unterscheiden sich daher von Person zu Person.

Die Erfahrungen der von mir Interviewten unterstreichen diese fünf Merkmale.

Carol, eine 34jährige Mutter:

«Ich bin geschieden. Mein Mann verließ mich Weihnachten 1980. Er hatte sich in eine Frau verliebt, die zehn Jahre jünger war als ich. Damit allein hätte ich fertig werden können, aber der von ihm ausgesuchte Zeitpunkt, um mich zu verlassen, war wirklich miserabel gewählt. Ich hatte Brustkrebs, und zu der Zeit befand ich mich im dritten Monat meiner Chemotherapie. Der Stress dieser ganzen Geschichte ließ mich sehr krank werden. Doch nun das Schlimmste:

Mein Exmann war wirklich gemein. Er stahl all mein Silber, das ich geschenkt bekommen hatte. Er sagte, daß er mich wegen des Sorgerechts für die Jungen bis zum Tode bekämpfen würde. Kurz, er gewann. (Das Gericht sagte, ich könnte sterben und dadurch könnten die Jungs instabil werden. Und er könnte auch für ihren Unterhalt aufkommen. Ich habe nicht einmal einen Job.)

Zu allem kamen noch die Anwaltskosten von 18 000 Dollar nur für meinen Teil. Ich mußte das Haus verkaufen.»

Dave, ein erfolgreicher Vertragstechniker:

«Ich lebe seit zehn Monaten nach einer 24jährigen Ehe, die die meiste Zeit miserabel lief, von meiner Frau getrennt. (Ich bin 44 Jahre alt.) In den letzten acht Jahren vor der Trennung hatte ich eine Freundin (geschieden). Als meine Situation sich verschlechterte und ihr klar wurde, daß ich mein Zuhause verlassen würde, beendete sie unsere Beziehung. Das war für mich eine unverzeihliche Handlung. Ich glaube, daß ich ihr vollständig verziehen habe, aber der Prozeß war schwierig, gelinde gesagt. Im letzten Jahr durchliefen meine Gefühle alle Höhen und Tiefen.

Mein 17jähriger Sohn hatte im Jahr davor eine Bindegewebsentzündung. In beiden Lungen gab es Metastasen, und nach sechs Operationen und drei Monaten der Radiotherapie und achtzehn Monaten verschiedener chemotherapeutischer Anwendungen starb er. Während seiner Krankheit fühlte ich eine fast unkontrollierbare Wut, wahrscheinlich noch verstärkt durch meine Hilflosigkeit, gegen Gott, mich selbst, meine Frau, meine Freundin, die Unfähigkeit der Ärzte, all die Helfer, die Welt im allgemeinen.»

Sarah, 19 Jahre alt:

«Meine Mutter starb, als ich klein war, und mein Vater heiratete ungefähr ein Jahr nach dem Tod meiner Mutter wieder. Keiner von beiden wollte mich oder meine drei Brüder. Sie verbrachten ihre ganze Zeit in Kneipen und kümmerten sich nicht darum, ob wir zurechtkamen oder wie es uns ging. Ich brachte mich selbst durch, bis ich 14 war. Ich war sehr böse und haßte die beiden.

Meine Brüder und ich mußten einige Zeit im Keller leben. Und wir durften nicht über, sondern um den Teppich herum gehen, wie Hunde. Ich fing an, so schlecht zu sein wie sie. Ich trank und hing mit üblen Burschen herum. Ich haßte alles, auch mich selbst. Ich wollte Selbstmord begehen.»

Diese Erfahrungen entstanden aus unterschiedlichsten Beziehungen. Den Anfang machten ganz unterschiedliche Ereignisse. Aber alle waren für die Erzählenden unverzeihlich. Und auf jede dieser Erfahrungen treffen die fünf Kriterien zu: Sie beinhalteten einen Betrug, entstanden in einer engen Beziehung, waren moralischer Natur, führten zum Verlust von Glaubenssätzen und waren ganz und gar persönlich.

Diese fünf Merkmale müssen von potentiell Verzeihenden (oder ihren Freunden und Beratern) verstanden werden. Werden sie nicht ganz begriffen, können nur die oberflächlichen Aspekte einer Wunde identifiziert werden, und dann wird eine falsch identifizierte Tat verziehen.

Der Betrug

Bei den Beziehungen zwischen Ehemann und Ehefrau, Eltern und Kindern sowie Freunden handelt es sich um spezielle: Sie wurzeln im Erkennen gegenseitiger Anziehung, reifen durch wachsendes Vertrauen und Respekt und gedeihen im blinden Vertrauen darauf, daß der andere sich einem gegenüber wohl verhalten wird. In keiner anderen Beziehung kann das angenommen werden. Anders als Fremde verquicken Nahestehende ihre eigenen einzigartigen Geschichten über persönliche Ereignisse nicht nur miteinander, sondern erfinden auch gemeinsam eine einzigartige moralische Geschichte.[2]

Eine moralische Geschichte ist wie jede andere. Sie entsteht aus der Akkumulation von Ereignissen; mit der Zeit wird sie komplexer und nimmt Muster an. Aber eine moralische Geschichte, anders als andere Geschichten, bezieht sich auf das, was zwei Menschen in einer Beziehung zusammen als akzeptable oder unakzeptable Umgangsformen miteinander anerkennen. Moralische Geschichten sind die von falsch und richtig.

In Ehen oder Freundschaften setzen Leute früh fest, ob sie immer die Wahrheit sagen werden, ob sie einen Gegenstand ausleihen und nicht zurückgeben, ob sie zu Verabredungen mit dem anderen zu spät kommen und selbst ob sie eine zeitweilige Affäre haben können. Partner, Kinder, Freunde und Eltern lernen, wenn sie für ihr Verhalten entweder bestraft oder nicht bestraft werden. Wenn die Beziehung tiefer und komplexer wird, nimmt die Definition des akzeptablen Verhaltens dem anderen gegenüber Form an und kristallisiert sich heraus. Mit der Zeit bildet sich eine wahrhaft moralische Beziehung heraus. «Moralisch» meint hier, daß die für das Fortschreiten der Beziehung verantwortlichen Prinzipien auch zulassen, daß beide Personen ihren eigenen Ambitionen folgen können und gleichzeitig das akzeptable Verhalten eingrenzen. In moralischen Beziehungen können sich beide Parteien frei fühlen, um ihre jeweils eigenen Interessen zu maximieren. In der Tat möchte jeder, daß der andere das tut. Darüber hinaus kann sich ein Beteiligter einen Vorteil verschaffen, indem er mit seiner Handlung dem anderen etwas wegnimmt. «Eine moralische Beziehung» heißt nicht, daß man sich gegenseitig immer mit vollem Respekt behandelt, sich nie belügt, nie betrügt und alle Versprechen hält. Es kann auch das ganze Gegenteil heißen. Man kann in einer Beziehung Verhaltensweisen akzeptieren, die normalerweise als gemein oder unmoralisch gelten. Jede Beziehung entwickelt ihre eigenen moralischen «Spielregeln», wie auch immer sie aussehen mögen. Das Abkommen in einer Beziehung bedeutet das Einhalten der Regeln. Die Treue zu den moralischen Regeln, auf die man sich geeinigt hat, läßt aus jeder Beziehung eine moralische Geschichte zwischen zwei Menschen werden.

Mr. und Mrs. Jones waren sich früh darüber einig, daß sie das Flirten mit anderen bei gesellschaftlichen Anlässen akzeptierten. Doch in der Realität regte sich Mrs. Jones auf, wenn sich attraktive Frauen an ihren Mann heranmachten. Mr. Jones war dagegen sehr stolz, wenn andere Männer seiner Frau den Hof machten. Nach Parties hatten sie den besten Sex. Die Coopers dagegen entschieden sich früh, Flirten in keiner Weise zu akzeptieren. (Sie taten das nach einem Flirt Mr. Coopers, der zu dem schlimmsten Streit ihrer Ehe führte.) Für Mr. und Mrs. Cooper stellt ein Flirt eine Bedrohung ihres Glücks dar. Ein offener Flirt einer der beiden würde möglicherweise ihre bestehende moralische Übereinkunft zerstören.

Freunde, Eltern und Kinder, Brüder und Schwestern meißeln ihr moralisches Regelset durch Ausprobieren, durch Krisen und Friedenszeiten heraus. Mit der Zeit werden die moralischen Regeln und die daraus resultierende Geschichte von zwei Menschen so einzigartig wie ein Fingerabdruck.

Moralische Regeln werden zum Fundament des Vertrauens zwischen Menschen.² Das freiwillige Befolgen der Regeln in einer Beziehung bedeutet letztlich: «Ich kann ich sein, und du kannst du sein. Indem ich ich selbst sein kann, nutze ich dich nicht aus. Ich glaube, daß wir beide das für uns selbst wollen und füreinander, und ich glaube, wir beide wollen innerhalb dieser Regeln von falsch und richtig leben, die wir für uns selbst aufgestellt haben. Ich werde an ihnen festhalten, und ich weiß, du wirst es auch tun.» Jede Beziehung mit einer moralischen Geschichte entwickelt diese Grundhaltung durch Ausprobieren und erneutes Austesten der akzeptablen Verhaltensgrenzen. Trotz aller in einer Beziehung stattfindenden Veränderungen und Weiterentwicklungen existiert ein moralischer Regelset, der sie überwacht und definiert. Moralische Regeln können am besten wechselseitig entwickelt und definiert werden, als freiwillige Übereinkünfte zwischen zwei Menschen, die dem akzeptablen Verhalten Grenzen setzen und innerhalb derer beide ihre Interessen wahrnehmen können, ohne die Freiheit des anderen allzusehr zu beschränken.³

Eine unverzeihliche Verletzung beginnt immer mit einem Ereignis, das die bestehenden moralischen Regeln einer Beziehung angreift. Das Ereignis signalisiert, daß eine Person nicht länger mit dem Falsch und Richtig übereinstimmt und durch den Regelbruch nicht den eigenen Vorteil maximiert, sondern den Nachteil des anderen. Ein unverzeihliches Ereignis, egal, welcher Natur, bringt die moralische Geschichte zwischen zwei Menschen auf einen neuen Kurs.

Hier ein Beispiel dafür, wie so eine Verletzung beginnt:

Der Manager eines Autohandels, Carl, weiß, daß seine Verkäufer beim Verkaufen häufig die Wahrheit dehnen. Carl baut Bill, seinen bevorzugten jungen Verkäufer, auf, damit er eines Tages neuer Verkaufsmanager werden kann. Bill ist sowohl Carls Protegé als auch sein Sohnersatz. Er hat sich schnell zum leitenden Verkäufer emporgearbeitet und wird vom gesamten Team beneidet. Mit Carls Hilfe ist Bill Meister der doppelzüngigen Rede geworden; er lügt, ohne mit der Wimper zu zucken. Ein glatter, berechnender, fast rücksichtsloser Geschäftsmann und Carls ganzer Stolz.

Eines Tages erfährt Carl von einem Autohändler in der Stadt, daß Bill sich um den Posten des Verkaufsmanagers bei Carls direkter Konkurrenz beworben hat und den Job bald antreten wird. Was seine Referenzen und seinen Lohn angeht, hat Bill die Konkurrenzfirma augenscheinlich belogen. Carl ist niedergeschmettert und wütend. Er stellt Bill zur Rede, der alles rundheraus bestreitet. Zwei Wochen später beendet Bill seinen Job und fängt am nächsten Tag bei der Konkurrenz als Manager an.

Carl ist vernichtet. Er fühlt sich betrogen und besiegt, aber mehr noch betäubt. Er kann nicht glauben, daß Bill ihn betrogen hat. Täuschung ist im Geschäft gut, aber zwischen Freunden absolut nicht zu tolerieren. Damit fängt Carls unverzeihliche Verletzung an.

Alle unverzeihlichen Verletzungen fangen mit einem Ereignis an, das gegen die moralischen Regeln zwischen zwei Leuten verstößt (wie Bills Lüge Carl gegenüber). Doch im Gegensatz zu anderen Wunden ist das nicht das Ende, ob das Ereignis nun eine Lüge ist, eine Affäre, ein sexueller Überfall oder das Brechen eines Versprechens. Gewöhnlich werden die Ereignisse als «unverzeihlich» bezeichnet; in Wahrheit aber zeigen die Ereignisse nur einen winzigen Teil einer unverzeihlichen Verletzung. Der Bruch einer moralischen Regel zwischen zwei Leuten konstituiert noch keine unverzeihliche Verletzung. Das macht das, was danach kommt.

Die drei möglichen moralischen Verletzungen

Werden die Übereinkünfte darüber, was richtiges oder falsches Verhalten zwischen zwei Menschen darstellt, gebrochen, gibt es drei mögliche Wege, die der Verletzung folgen können (Darstellung 2). In den ersten beiden Fällen sind die Verletzungen verzeihlich, im dritten jedoch nicht.

Auf dem ersten Weg erkennen beide Menschen den Bruch. Beide

fühlen sich schlecht, aber der Verletzer fühlt sich schuldig. Keiner der beiden zweifelt jedoch daran, daß die moralische Übereinkunft zwischen ihnen gut war und es immer noch ist. Eine Partei machte einen Fehler, das ist alles. Wie schmerzhaft der Fehler auch gewesen sein mag, beide wollen an den ursprünglichen Regeln, die sie zusammen entwickelt haben, festhalten. Auf diesem ersten Weg findet der Transaktionsprozeß des Verzeihens normalerweise tatsächlich statt. Der reuige Teil kann sich entschuldigen und Versprechungen machen. Der Angegriffene kann den anderen verfluchen oder sogar bestrafen. Am Ende werden die Entschuldigungen angenommen. Der Ärger vergeht, und beide stimmen freiwillig überein, sich wieder an die ursprünglichen Glaubenssätze zu halten. Sie können sich auch dafür entscheiden, die Regeln etwas zu verändern; aber beide stimmen überein, danach leben zu wollen. Dies wäre zwischen Carl und Bill auch geschehen, wenn Bill Reue gefühlt hätte, ihm alles gestanden hätte, das andere Jobangebot nicht angenommen und versprochen hätte, Carl nicht wieder zu betrügen. Carl hätte immer noch böse sein können, aber mit dem Wissen, daß Bill freiwillig sein Wort gab, sich wieder an ihre Regeln der Ehre zu halten. Er hätte Bill wieder aufgenommen und würde keine Rachegedanken hegen. Bills Fehler wäre nur ein Ausrutscher gewesen.

Auf dem zweiten Weg der moralischen Verletzung scheint derselbe Transaktionsprozeß des Verzeihens zu erfolgen, zumindest oberflächlich. Beide betonen ihre Bereitschaft, sich wieder an die alten Regeln der Fairness zu halten, einer entscheidet sich jedoch ohne Wissen des anderen, nach einem neuen Regelset zu leben. Ein Beispiel dafür ist die Ehefrau, die ihr Versprechen, keine Affären zu haben, nicht einhält. Geschieht das, beginnt die moralische Geschichte zweier Menschen aufzubrechen und sich in zwei getrennte Richtungen zu entwickeln – einer folgt dem einen Weg von falsch und richtig, und der andere weiß, daß er sich nicht auf demselben Weg befindet, gibt aber vor, dort zu sein. Er täuscht, lügt und betrügt. Wenn Bill Carl verspricht, ihn niemals wieder zu betrügen, aber hinter seinem Rücken die Konkurrenz mit Insiderinformationen über Carls Verkaufsstrategien oder Methoden der Einsparung versorgt, betritt Bill den zweiten Weg der moralischen Verletzung.

Teil I Anatomie einer unverzeihlichen Verletzung

Darstellung 2: Die drei möglichen moralischen Verletzungen

MORALISCHES GESETZ

Die freiwillige Übereinkunft, durch die wechselseitig Grenzen der Fairness zwischen zwei Menschen festgelegt werden.

ÜBERGRIFF

Weg 1: verzeihliche Verletzung

Gefühle des Angreifers	Gefühle des Angegriffenen	Handlungen des Angreifers	Handlungen des Angegriffenen
wahre Reue	Wut		
Schuld	Angst		
Trauer	Trauer		

Weg 2: falsche Aussöhnung

Gefühle des Angreifers	Gefühle des Angegriffenen	Handlungen des Angreifers	Handlungen des Angegriffenen
schuldbeladene Angst	Wut		
Furcht vor weiterer Entlarvung	Angst		
	Trauer		

Weg 3: unverzeihliche Verletzung

Gefühle des Angreifers	Gefühle des Angegriffenen	Handlungen des Angreifers	Handlungen des Angegriffenen
Bedauern?	Wut		
keine Reue	Angst		
keine Schuld	Trauer		
Kummer?			

Teil I Anatomie einer unverzeihlichen Verletzung

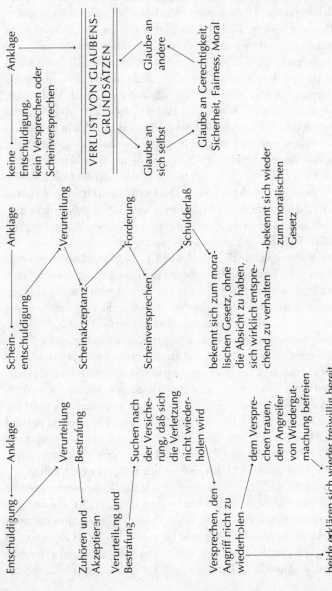

Der zweite Weg der Verletzung kann so lange dauern wie die Beziehung selbst. Dann wird sich die Beziehung allerdings in vielerlei Hinsicht ändern. Bildet Täuschung den Kern der Übereinkünfte zwischen zwei Menschen, tritt Geheimniskrämerei an die Stelle echter Kommunikation. Einer hört auf, seine innersten Gedanken und Gefühle mit dem anderen zu teilen, zieht sich immer weiter ins Schweigen zurück. Intimität löst sich auf oder, noch schlimmer, wird vorgetäuscht. Wenn die Partner getrennte Wege gehen, schwindet die emotionale Nahrung. Man kann vielleicht weitermachen, indem man sich an den Augenschein und die Routine hält, aber das Wesenselement zwischen ihnen – die Wahrheit – existiert nicht mehr. Alle möglichen Beziehungen können auf diese Weise weiter bestehen, auch für immer. Doch oftmals nehmen sie den dritten Weg der moralischen Verletzung: Ein Täuschungsereignis entwickelt sich zu einer ausgereiften, unverzeihlichen Verletzung und zerstört die Beziehung zwischen beiden.

Die Verletzung, die die moralische Geschichte verändert und eine Beziehung zerbricht, endet nicht mit dem Ereignis, das eine moralische Regel verletzt. Sie wirkt wie eine Spirale weiter und greift andere Glaubenssätze des Verletzten an, zerbricht nacheinander alle Glaubenssätze, bis der Verletzte selbst fast zerstört wird.

Eine unverzeihliche Verletzung greift das fundamentale Glaubenssystem eines Verletzten auf grundlegende und irreparable Art an. Nicht nur die Lüge oder der Angriff selbst, sondern vor allem die Folgen sind schwerwiegend. Schwerwiegende Verletzungen trennen Menschen von allen Vorstellungen, die sie einmal für wahr gehalten haben – über sich selbst, die Welt, andere Menschen, gut und böse, richtig und falsch, die Zukunft und auch über die Gültigkeit der Geschichte, die sie mit dem Verletzer teilten. Sie verursachen Leiden, weil sie einen Menschen von etwas Kostbarem trennen.

Eine unverzeihliche Verletzung ist wie ein Dominostein, der eine Reihe von aufgereihten Dominosteinen umkippt. Ist das Ereignis erst einmal eingetreten, dann fallen immer mehr Voraussetzungen. Andere unverzeihliche Ereignisse können dabei zutage kommen. In dem Maße, in dem sich die Verletzung ausbreitet und erweitert, nimmt auch der Wundschmerz zu. Eine Frau, deren Ehe zerbrach, nachdem ihr Mann sie ohne Warnung verlassen hatte, beschrieb deutlich, wie ihre Glaubensgrundsätze zerbröselten:

«Woran sollte ich noch glauben, wenn nicht an den Mann, den ich so gut zu kennen glaubte? Ich hatte einen Teil von mir selbst verloren. Wo war ich all die Jahre gewesen? Ich fühlte mich verantwortlich, weil ich nicht bemerkt hatte, was wirklich passierte. Ich fühlte mich verantwortlich für Dinge, die ich in der Ehe getan hatte, die zu dem Geschehen beigetragen hatten. Ich verlor das Vertrauen in andere, weil ihre Hilfe sich auf Äußerungen beschränkte wie: ‹Er war ein fieser Typ; sei bloß froh.› Ich verlor den Glauben an die Therapeuten und Geistlichen, die dasein sollten, wenn man sie braucht. Mein Anwalt war eine Fehlbesetzung. Mein erster Psychologe half mir nicht. Nun bin ich ein Versager, kann nirgends Hilfe finden. Zeitweilig war es ziemlich hart. Alles war weg. Und nicht, weil er aus meinem Leben verschwunden war. Vielleicht war das der Grund. Aber ich mußte mit den Auswirkungen umgehen. Er war nicht mein ganzes Leben, aber er brachte auch meine restliche Welt zum Einsturz.»

Die drei Ebenen der Zerstörung von Glaubenssätzen

Unverzeihliche Verletzungen zerstören Glaubenssätze auf drei Ebenen. Sie zerstören die Annahme des Verletzten, daß er das Verhalten anderer kalkulieren könne. Er verliert den Glauben an die Loyalität seiner Freunde, an die Liebe seiner Kinder (so wie bei Scheidungen, bei denen sich Kinder zwischen den Eltern entscheiden müssen) und selbst an die gesellschaftlichen Hilfsmöglichkeiten.

Auf der zweiten Ebene rauben unverzeihliche Verletzungen einem Verletzten den Glauben an sich selbst, besonders in Anbetracht des Gefühls, jegliche Kontrolle über die Begleitumstände seines Lebens verloren zu haben. Sie bringen den Verletzten dazu, sein Urteil, seinen Glauben, seine Fähigkeiten und Werte anzuzweifeln.

Auf der dritten Ebene zerstört die Verletzung Glaubenssätze fundamentalster Art – über die an übergeordnete Kräfte, die zusammenarbeiten und für Ereignisse im menschlichen Leben verantwortlich sind. Vorstellungen von Fairness, Logik und Ordnung, Vorhersehbarkeit und Redlichkeit, Gott und Menschheit werden vernichtet. Sind diese lebenswichtigen Glaubenssätze erst einmal zerstört, müssen sie ganz neu aufgebaut werden.

Eine unverzeihliche Verletzung kann so um sich greifen, daß umfassendere Systeme angezweifelt werden: der medizinische Beruf beispielsweise, die Möglichkeit, sich rechtlich zu schützen, und die Gerechtigkeit selbst. Im Prozeß des Verzeihens werden sowohl Moral als auch Sinn definiert und neu definiert, bis die Welt wieder einen Sinn erhält. Ein Verletzter kann erst verzeihen, wenn er das Ausmaß seiner zerbrochenen Glaubenssätze und deren Wesen erkennt. Ausmaß und Tiefe der Verletzung und Zerstörung müssen erst verstanden werden.

Private Verletzungen

Weil eine unverzeihliche Verletzung mit der Überschreitung einer moralischen Regel beginnt, die einzig dem Verletzten und dem Verletzer gehörten, ist sie relativ und privat, manchmal zu privat, um offenbart zu werden. Jemandem davon erzählen würde bedeuten, die verwundbarsten Merkmale und Qualitäten eines Menschen herauszustellen.

Eine ältere Frau, Mrs. Youngman, vertraut einer Freundin an, daß sie ihren erwachsenen Sohn aus dem Haus geworfen hat, weil er ihre Ersparnisse gestohlen hat. Sie kann ihm nicht verzeihen. Als die Freundin sie fragt, ob er jemals zuvor etwas Vergleichbares getan habe, ist Mrs. Youngman in der peinlichen Lage, zugeben zu müssen, daß ihr Sohn über die Jahre viele Dinge gestohlen hat. Sie aber hatte es vorgezogen, sein Verhalten zu übersehen. Sie und ihr Sohn waren stillschweigend übereingekommen, daß Stehlen akzeptabel ist. Die Mutter wirft sich heimlich vor, daß sie es so weit hat kommen lassen, und fürchtet, daß sie sowohl an ihm als auch an sich selbst gefehlt hat.

Alle, die wie Mrs. Youngman einem Freund oder einem Anwalt

gegenüber eine Verletzung als «unverzeihlich» definieren, liefern damit eine Definition ihrer persönlichen Moral. Sie lassen andere genau den Kern dessen sehen, was sie für richtig und falsch halten, und offenbaren auch, wie weit sie die Grenzen ihrer moralischen Regeln gedehnt haben, um ihre Beziehungen zu schützen. Die Enthüllung des Unverzeihlichen stellt das Verzeihliche heraus.

Ann Rolands Verletzung fing mit dem Betrug an einer Übereinkunft an. Solche Übereinkünfte werden für gewöhnlich mit speziellen Menschen getroffen – im Fall der unverzeihlichen Verletzungen mit Nahestehenden.

Extreme Gefühle sind die Begleiter von intimen Betrügereien. Wut und Trauer folgen jeder unverzeihlichen Verletzung. Von einem Fremden betrogen zu werden ist eine Sache. Von jemandem, den man geliebt hat, moralisch verwundet zu werden ist eine ganz andere.

Unverzeihliche Verletzungen gehen direkt ins Herz, in die Privatsphäre, wo Hoffnungen und Sehnen leben. Sie bedeuten das Ende eines Mythos über den Partner oder vielleicht eines Traums von einer langersehnten Zukunft (oder einer idealisierten Vergangenheit). Werden unverzeihliche Verletzungen in ihrer ganzen Fülle erfahren, dann werden ihre Opfer für immer verändert.

Verzeihen ist die Wiedergeburt der Hoffnung, eine Neuorganisation der Gedanken und eine Rekonstruktion von Träumen. Fängt das Verzeihen erst einmal an, können Träume wieder neu entstehen. Wenn das Verzeihen abgeschlossen ist, wurde Sinn aus den schlimmsten Erfahrungen gezogen und dazu benutzt, einen neuen moralischen Regelset zu schaffen und Lebensereignisse neu zu interpretieren.

Schäden und ihre Verursacher

Es gibt offene Wunden, die manchmal auf die Größe
eines Nadelstiches schrumpfen, aber immer noch
Wunden sind.
F. Scott Fitzgerald, *Tender Is the Night*

An einem warmen Sonntagnachmittag saß Eileen Rhodes friedlich auf ihrer Schaukel am Eingang. Sie war dreizehn, und es war ein milder Maitag im Mittleren Westen. Die Kinder der Familie Rhodes hatten nach dem Kirchgang mit ihren Eltern zu Mittag gegessen und waren nach draußen gegangen, so wie an den meisten Frühlingssonntagen. Der Geruch gebratenen Hähnchens drang aus dem Küchenfenster und verschmolz mit dem Korngeruch der Luzernfelder.

Eileen war überrascht, als Tom, der Landsheriff auf den Hof fuhr. Sie war ebenfalls überrascht, ihre Mutter und ihren Vater zur Eingangstür herauskommen zu sehen, ihr Vater hatte einen Koffer in der Hand. Schnell überreichte er Tom den Koffer und wies Eileen an, mit ihm zu gehen. Sie protestierte nicht; ihre Temperamentsausbrüche hatten sie schon vorher in Schwierigkeiten gebracht.

Als das Auto des Sheriffs nach einer, so schien es zumindest, langen Fahrt anhielt, spähte das Mädchen aus dem Fenster, um ihr neues Zuhause zu sehen: das Landeskrankenhaus. Eileen sollte dort mehr als dreißig Jahre leben und die heimatliche Farm oder eines der Familienmitglieder nie mehr wiedersehen. Mit diesem Verlassenwerden fing eine fast lebenslange, unverzeihliche Verletzung an.

Das Verlassenwerden ist nur eine Kategorie der unverzeihlichen Verletzungen. Alles in allem gibt es sechs eigenständige Kategorien, in die man diese Verletzungen einordnen kann: Mißbrauch (sowohl körperlich als auch emotional), Verlassenwerden, Untreue, Verlust von Geld, Arbeit oder Ruf, Verlust von Gesundheit oder Leben und Verlust von Freiheit sowie erzwungene Abtreibung oder Einweisung. Von allen Menschen, die sich gegenseitig verletzen können, verursacht eine spezielle kleine Gruppe unverzeihliche Schäden, nämlich Geliebte oder Ehepartner, Mütter und Väter, Freunde und Mitarbeiter und Kinder. Jede Art des Schadens verletzt mit furchtbarer Gewalt und zerstört die jeweiligen Glaubensgrundsätze.

Die Schäden durch Geliebte und Ehepartner

Ehepartner (zusammen mit Eltern) beeinflussen am meisten und tiefsten den Verlauf des Lebens. Wenn Sie sich jemand anderem gegenüber verpflichten, geben Sie ihm, Familienmitgliedern und der Gemeinschaft als Ganzes eine Reihe von Signalen, die auch verborgen sein können. Zuerst signalisiert eine Übereinkunft zwischen Eheleuten, daß jeder gewillt ist, sich vom anderen beeinflussen zu lassen, und daß Kompromisse zwischen ihnen das Leben eines jeden ändern werden. In gewisser Hinsicht ist eine Eheschließung ein offenes Zugeständnis, daß Sie eine Wahl getroffen haben, die von Ihnen fordert, daß Sie über einige ihrer eigenen Ziele im Leben verhandeln oder sie ändern werden. Man kann sich seine Eltern nicht aussuchen, seine Ehepartner dagegen wohl. Wenn Ihr Lebenspartner Sie also betrügt, dann werden Sie von jemandem zerstört, den Sie als einen der mächtigsten Einflüsse auf Ihr Leben selbst gewählt haben. Unverzeihliche Verletzungen durch Eltern beschwören Schmerz und Trauer herauf, aber jene, die man durch seinen Ehepartner erfährt, in aller Wahrscheinlichkeit Schmerz und Trauer, gepaart mit Wut und Demütigung. Schließlich hat man bei Ehebetrug seinen Verletzer selbst gewählt.

Ehen zerbrechen aus vielerlei Gründen. In Scheidungsstudien beispielsweise berichten Männer und Frauen von sehr verschiedenen Gründen, die zum Ende der Beziehung geführt haben. Von Frauen werden körperlicher und verbaler Mißbrauch, finanzielle Probleme, zu wenig Liebe und Alkoholprobleme am häufigsten als Gründe angegeben. Im Gegensatz dazu rangieren bei Männern Probleme mit Schwiegereltern und sexuelle Nichtübereinstimmung an vorderster Stelle.[1] Ein moralischer Bruch gehört nicht zu den üblichen Gründen für das Ende einer Ehe. Man kann sich voneinander weg entwickeln, unsensibel werden, sich nicht mehr lieben oder verschiedene sexuelle Geschmäcker und Wünsche entwickeln – nichts davon bricht einen moralischen Vertrag. Das passiert einfach. Untreue ist andererseits für die meisten Menschen die deutlichste Form der Übertretung einer Übereinkunft des Vertrauens. Eine andere ist Mißbrauch. Beides wird unverzeihlich, wenn der moralische Vertrag zwischen Partnern das Übertreten dieser Grenze verbietet.

Menschen, deren Partner sich als nicht vertrauenswürdig erwiesen, beschreiben ihre Verletzungen auf unterschiedliche Art, aber die Worte der Frau eines Lehrers drücken den Aufruhr aus, den Untreue verursachen kann:

«Im Unterschied zu den meisten Affären, über die ich jemals etwas gelesen habe, hatte mein Mann einige ganz besondere Affären mit seinen Studenten. Diese hoch emotionalen und geistig intensiven Beziehungen bemerkte keiner außer mir. Ihn dabei zu beobachten, zerstörte mich. Ich fühlte mich schon verrückt, da niemand anders etwas bemerkte. Er war ein Meister der Täuschung und der Manipulation.»

Den wohl schlimmsten Schmerz, den ein Erwachsener erfahren kann, wird durch eine nachgewiesene Affäre des Ehepartners hervorgerufen, nicht nur durch die gebrochenen Versprechen, sondern dadurch, daß alle anderen Arten des Betrugs offen zutage treten. Nicht vertrauenswürdige Partner haben gewöhnlich gelogen oder Informationen für sich behalten, häufig emotionale Betroffenheit oder sexuelle Begeisterung nur vorgetäuscht. Und viele haben sich sogar an dem gemeinsam Ersparten bereichert, wenn sie über lange Zeit eine Affäre hatten.

Untreue, ist sie erst einmal entdeckt, zerstört schnell andere Glaubenssätze. Für viele Menschen stellen sich diese schnellen Verluste als so überraschend dar, daß sie für weiteren Schmerz eine leichte Beute sind. Viele werden körperlich krank oder sind kaum noch in der Lage, am Arbeitsplatz zu funktionieren. Einige verlieren sogar ihren Lebenswillen. Aus dem Betrug einer Person folgern sie den Betrug der ganzen Welt. Für Menschen, die den Sinn des Lebens in der Ehe sehen, kann Untreue zu einem fast tödlichen Schlag werden.

Neds Erfahrung zeigt, wie Untreue fast tödlich sein kann:

«Die Situation beschäftigte mich derartig, daß ich kaum noch funktionieren konnte. An den meisten Tagen schleppte ich mich nur zur Arbeit und brachte nichts zustande. Ich fühlte mich so, als ob jeder wüßte – als ob alle durch mich durchsehen könnten und mich bemitleideten. Ich war verwirrt und vergaß, Rechnungen zu bezahlen. Ich vermasselte ein riesiges Projekt, an dem ich arbeitete. Ich dachte daran, meine Frau und ihren Geliebten mit dem Auto zu überfahren und beide zu töten. Um 3 Uhr morgens saß ich im Dunkeln so voller Haß, daß ich nicht sicher bin, wen ich getötet hätte, wenn ich ein Gewehr gehabt hätte.

Dann dachte ich: ‹Paß besser auf, du hast genug verloren, um Gottes willen, verlier nicht noch das, was dir geblieben ist.›»

Untreue ist noch aus einem anderen Grund so schmerzlich. Der Verlust eines Ehepartners durch Tod wird von tiefem Kummer begleitet, doch der entspringt nicht der Entscheidung des Partners, seinen verwitweten Partner zu verlassen. Entscheidet sich aber ein Partner dazu, treulos zu sein, beraubt die Untreue den Betrogenen nicht nur der Partnerschaft und Liebe, sie raubt dem Betrogenen die Zukunft, die er sich erhofft hat, während die seines Betrügers sich genau vor seinen Augen entfaltet. Das Ende eines Traums, etwas, dessen Realisierung wohl zum Schmerzhaftesten im Leben eines Menschen zu rechnen ist, hat keine Möglichkeit, sich in der Phantasie zu entfalten, so wie es häufig beim Tod des Partners der Fall ist. Statt dessen werden die Träume tagtäglich durch die Realität der fortgesetzten Existenz des Betrügers angegriffen. Jeder Tag stellt eine Konfrontation mit dem dar, was niemals sein wird – vielleicht Geborgenheit, Sicherheit, Wohlstand, finanzielle Sicherheit, völliges Vertrauen in einen anderen, Kalkulierbarkeit oder die Partnerschaft mit jemandem, mit dem man die Elternschaft oder den Traum, zusammen Großeltern zu werden, teilt. Untreue zerstört Träume. Und wenn dieser besondere Traum zerstört ist, ob die Ehe nun weiterbesteht oder nicht, wird es nie wieder so sein wie vorher. Die Liebe in der Ehe hat sich als Ergebnis eines unverzeihlichen Bruchs verändert.

Mißbrauch zerstört auch die Hoffnung, daß die Gewalt enden wird oder daß die Ehe sich mit der Zeit verbessern wird. Mißbrauch, der eine akzeptierte Grenze überschreitet, beendet ebenfalls andere Glaubenssätze. Harriet, die sich trotz des Mißbrauchs sehr darum bemühte, an ihrer Ehe festzuhalten, formuliert das so:

> «Als ich ihn schließlich verließ, verlor ich etwas von meiner Selbstachtung. Meine Mutter hatte mit meinem Vater viele Jahre lang zusammengelebt, obwohl er sie mißbrauchte, besonders wenn er betrunken war. Sie nahm ihr Eheversprechen noch ernst. Sie wissen: ‹in Krankheit und in Gesundheit›. Wenn Alkoholismus eine Krankheit ist, dann wußte sie, daß sie bei ihm bleiben mußte, selbst wenn er sie verletzte. So hielt sie an ihrem Versprechen fest, ich konnte das nicht. Ich wünsche nur, ich wäre so stark wie meine Mutter gewesen.»

Der Chefpilot und seine Verletzung

Dieser Begriff entstammt der Luftfahrtsprache. Der Pilot ist für die Sicherheit seiner Maschine verantwortlich und trifft die Entscheidungen im Cockpit. Wenn das Flugzeug eine schöne Reise mit einer Bilderbuchlandung krönt, dann hat der Pilot Anspruch auf Ruhm. Für jede schlechte Entscheidung trägt er ebenfalls die Verantwortung. Von seinen Fähigkeiten ist die Art des Flugs abhängig.

Neben dem Chefpiloten gibt es andere, die nicht verantwortlich sind. Sie navigieren vielleicht, äußern Vorschläge und Meinungen und fliegen sogar einen Teil der Strecke, aber sie sind Untergeordnete. Alles hängt vom Chefpiloten ab. Das Flugzeug macht das, was er anordnet.

Für Menschen, die eine Struktur wie der Chefpilot haben, beginnt eine unverzeihliche Verletzung mit einem unerwarteten Zweifel, ob sie ihre Umgebung noch meistern oder kontrollieren können. Ausgelöst wird dieser schockartige Zweifel gewöhnlich durch einen Untergeordneten, dem er vertraut. Die folgende Parabel illustriert den Punkt, um den es dabei geht:

«Crisp, ein barscher alter Pilot, wurde von Smith begleitet, dem stillen Navigator. Nun schon seit zehn Jahren. Crisp hat das Kommando. Crisp fliegt. Crisp erntet den Ruhm. Smith liest die Wetterkarten, schreibt die Tabelle, überprüft die Maschine und kommuniziert mit dem Tower.

Eines Tages blickt Crisp hinüber zu Smith und sieht, daß dieser einen Fallschirm angelegt hat. Er sagt: ‹Smith, warum der Fallschirm?› Smith antwortet: ‹Ich werde springen. Sieh zu, ob du dieses Ding fliegen kannst, oder sorge dafür, daß ich eine Gehaltserhöhung bekomme.› Crisp, getreu seiner Art, blickt starr geradeaus und sagt: ‹Ich fliege dieses Flugzeug.› Als Antwort öffnet Smith die Tür und springt. Crisp ist erstaunt, später wütend. Dann bemerkt er, daß er nicht weiß, wo er sich befindet. Er ist ein wenig benommen. Er fängt an, den Tower zu rufen, weiß aber nicht, wie. Er sieht eine Wetterfront vor sich, weiß aber nicht, wo deren Grenzen sind. Als er in eine große Bank von Kumuluswolken fliegt, schlingert das Flugzeug seitwärts, als Ergebnis von Crisps totaler Angst und nun seines Schwindelanfalls. Er katapultiert in einem Sturzflug geradewegs nach unten. Als er auf den Boden zuschießt, sieht er Smith durch die wirbelnden Wolken vor sich ganz ruhig in seinem Fallschirm gleiten. Als Crisps sinkende Maschine in Front von Smith kommt, gelingt es Crisp, mit dem letzten Rest Energie und mit vor Angst ausgedörrtem Hals das Fenster zu öffnen und in den Himmel zu schreien: ‹Verflucht, Smith, ich bin hier der Chefpilot, nicht du.›»

Ein Chefpilot glaubt, daß seine Ehe völlig unter seiner Kontrolle steht und daß sein Partner ihn stabil, kalkulierbar und untergeordnet unterstützt. Wenn ein untreuer Ehepartner die unerwartete Tat begeht, eine Affäre hat oder die moralischen Regeln auf irgendeine andere Art bricht, zerbricht der Typ des Chefpiloten – nicht, weil er seinen «Gehilfen» verloren hat, sondern weil er gezwungen ist, zu sehen, wie hilflos und zerbrechlich er wirklich ist. Diesmal hat nicht er das Sagen, sondern ein anderer.

Die dreiunddreißigjährige Janet schildert, wie sich diese Verletzung aus einem ehelichen Betrug entwickeln kann:

«Wir hatten eine Übereinkunft, daß er innerhalb von 24 Stunden die Stadt verlassen sollte, wenn er jemals eine Affäre hätte. Dann wurde die Saison eröffnet. Und das war kein Spaß mehr. Es warf mich einfach um. Zuerst war ich angeekelt, dann wütend. Schließlich fühlte ich mich machtlos, überwältigt, bloßgestellt. Mein Ego war zerschmettert. Ich fühlte mich hilflos, weil ich nicht wußte, was ich mit den Ursachen der Untreue machen sollte.

Meine Hilflosigkeit war einfach schrecklich. Ich hatte keine Möglichkeiten. Die einzige, auf die ich kam, war Mord. Ich sagte ihm, daß er damit aufhören sollte, und sonst nichts. Ich reagierte eher wie ein Mann, glaube ich. Ich konnte das nicht hinnehmen. Dann sagte er, daß er die Affäre beenden würde, tat es aber nicht. Und das bedeutete richtige Hilflosigkeit.

Meine Verwundbarkeit war der größte Schaden. Sehen Sie, ich bin ein sehr kontrollierter Mensch. So verletzlich zu sein war ganz furchtbar. Ich hatte nicht gewußt, daß ER mich SO verletzen konnte.

Die Untreue war das Finale, aber nicht der härteste und wichtigste Teil des Vorfalls. Das, was dazu geführt hatte, war wesentlich schwerwiegender. Es war wie das Ende eines Ideals, wie der Sturz auf die Erde. Es ist wie – er ist ein Mensch. Ich mußte meine Vorstellung von der Person aufgeben, die ich zu heiraten geglaubt hatte. Daher hatte ich die Wahl, mich mit der realen Person auszusöhnen oder mich scheiden zu lassen und jemand anderen zu finden, der ein neues Phantasiegebilde darstellte, und wieder von vorn anzufangen.»

Judy, die daran gewöhnt war, auf ihre eigene Art mit Beziehungen umzugehen, beschrieb ihre Chefpiloten-Verletzung folgendermaßen:

«Mit diesem Typen war ich dreieinhalb Jahre zusammen. Eines Nachts hatten wir einen Streit, und ich beendete die Beziehung. Es war zwischen uns so üblich, daß immer ich die Beziehungen beendete, er nach Hause ging und dann anrief. Einige Tage später überdachte ich die ganze Geschichte. Also, ich liebte ihn wirklich. Aber als ich versuchte, ihn telefonisch zu erreichen, war er mit einer anderen Frau zusammen. Ich konnte es nicht glauben. Diese Sache zog mich so runter wie noch nichts zuvor. Ich wurde depressiv und nahm ab, wurde richtig krank. Nun, ich war vorher richtig verwöhnt worden – ich bin eine wirklich selbstsüchtige Person. Aber das zwang mich in die Knie.»

Für den Betrogenen ist es erschreckend zu realisieren, daß er die vermeintliche Kontrolle über seine Welt durch die Handlungen des Partners verloren hat. Ein Chefpilot versucht wie alle durch Untreue Verletzte, die Kontrolle wiederzugewinnen. Wenn er aber feststellt, daß er keine Macht über seinen Partner hat, dann bemerkt er auch, daß er zusätzlich die Kontrolle über sich selbst und seine Welt verloren hat. Das Ergebnis ist Schrecken, angereichert mit Wut. Bei dieser Art der Verletzung fällt als erstes der Glaube an sich selbst. Dann realisiert er, daß er seinen Ehepartner nicht auf die richtige Weise wahrgenommen hat. Schließlich meint er, überhaupt keine Kontrolle mehr über andere Dinge wie Kinder, Schwiegereltern vielleicht, die zeitliche Koordinierung von Ereignissen oder die Bedingungen von Verträgen zu haben. Er steigert sich so weit hinein, bis die ganze Welt für ihn in Schutt und Asche liegt. Von diesem Punkt aus muß er den Prozeß des Verzeihens beginnen.

Der verteidigungslos Dahintreibende und seine Verletzung

Anders als der Verantwortung übernehmende Chefpilot glauben andere, daß sie sowieso nicht viel ausrichten können. Sie lassen sich durchs Leben treiben in der Hoffnung, daß sie Leute finden, die sie vor Schmerzen bewahren. Sie fühlen sich verteidigungslos und unfähig, sich selbst zu schützen oder ihren eigenen Lebenssinn zu finden. Die Ziele anderer machen sie sich zu eigen. In der Hauptsache suchen sie nach jemandem, der sie bedingungslos liebt und darauf achtet, sie vor dem Ansturm der Welt zu schützen. Verteidigungslos, ziellos Dahintreibende betrachten die Welt häufig als einen unsicheren, feindlichen Ort und hoffen, daß irgendein Beschützer sich zwischen sie und alles Bedrohliche stellen wird.

Auf irgendeine Art sucht jeder von uns einen Beschützer. Doch die meisten von uns lernen, sich selbst und andere zu schützen. Aber wenn die moralischen Übereinkünfte festsetzen, daß der verwundbarere Teil sicher ist, wird der Schmerz durch die Untreue eines Ehepartners fast unbeschreiblich. Ist ein Partner untreu oder überschreitet die Grenzen des tolerierten Mißbrauchs, wird der Verteidiger-Beschützer, der die Schrecken vor der Tür gebannt hat, zum Untier. Der Beschützer schadet. Der Verlust läßt Sicherheit zu einem Mythos werden, und der Glaube stürzt in sich zusammen.

Cheryl, eine Psychotherapeutin Anfang Dreißig, beschreibt das folgendermaßen:

«Ich fühlte mich immer verletzbar. Ich komme aus einer Mißbrauch treibenden Familie – ich erfuhr, daß Liebe verletzt. Also hatte ich kein Vertrauen. Ich war fett, und wenn man fett ist, verspotten einen die Freunde. Daher bedeutete Vertrauen bedingungslose Akzeptanz. Besonders deshalb brauchte ich ihn. Ich vertraute auf ihn. Als ich das mit seiner Affäre herausbekam, dachte ich: Mein Gott, er ist auch nur ein Mensch. Es berührte all jene Dinge, in denen ich enttäuscht worden war. (Sie fängt zu weinen an.) O Gott, das ist so verletzend. Meine Klienten glauben, daß ich so einfühlsam bin. Sie haben keine Ahnung, daß ich nichts anderes als weinen kann.»

Wie bei so vielen anderen, die als verteidigungslos Dahintreibende wegen der Untreue des Partners an einer Verletzung litten, brachte die Erinnerung an die Verletzung Tränen in die Augen dieser Schulaufsichtsanwältin, auch wenn mehrere Jahre seit ihrer Verletzung vergangen waren und ihre Ehe immer noch intakt war:

«Wir waren immer ein ganz enges Paar. Wir verabredeten uns nicht mal mit anderen. Und zwei Jahre lang dachte ich: Das ist der Himmel auf Erden. So habe ich mir das Leben vorgestellt. Es war intensiv und wundervoll, und ich war sehr glücklich. Aber im Rückblick muß ich sagen, daß ich ihn als Einzelperson nicht wahrgenommen habe. Für mich stand er auf einem Sockel. Er hatte eine bedeutende Position an der Universität. Und ich wußte, daß das ungesund war. Als ich ihn das erste Mal mit einer anderen Frau sah, fiel er vom Sockel. Anfänglich, wissen Sie, war ich emotional sehr abhängig. Ich meine, die Angst, ihn nicht zu haben und zu schnell erwachsen werden zu müssen, machte mir noch mehr angst, als wenn ich mich damit auseinandergesetzt hätte.»

Menschen, die als verteidigungslos Dahintreibende unter einer Verletzung durch Mißbrauch leiden, erfahren einen anderen Schmerz. Diana beschreibt ihn folgendermaßen:

«Gewöhnlich war er, nachdem er mich geschlagen hatte, wirklich bekümmert und kaufte mir etwas. Er glaubte wohl selbst, daß er es nicht wieder tun würde. Er hatte schon immer getrunken. Doch dieses Mal, nachdem er das Messer gezogen hatte, schien auch ihm klar zu sein, daß er es wieder tun würde. Es war meine zweite Ehe, und ich brauchte ihn. Ich wollte, daß es funktionierte. Aber ich mußte akzeptieren, daß es nicht ging. Ich hatte immer an das Ende des Mißbrauchs geglaubt, aber nach dem Angriff mit dem Messer mußte ich gehen.»

Es ist eine schmerzhafte Situation für jemanden, von einem Beschützer abhängig zu sein, der gleichzeitig der Schädiger ist. Weist man den Schädiger zurück, verliert man den Beschützer. Dies ist dennoch die Situation, in der sich der verteidigungslos Dahintreibende befindet, bevor er anfangen kann zu verzeihen.

Der Mathematiker und seine Verletzung

Für einige Menschen werden moralische Regeln in einer Beziehung zum Selbstzweck, statt sie als Mittel zu sehen, das «Richtige» und «Falsche» auszuhandeln. Sie sehen die Welt als eine Reihe von Gleichungen. Sie glauben, wenn sie sich kalkulierbar verhielten, täte dies auch ihr Partner. Sagt man selbst die Wahrheit, dann tut es der andere auch. Hält man selbst sein Versprechen, dann auch der andere. Ein Mathematiker kommt nicht auf die Idee, daß der andere die Regeln des Beziehungsangebots verändern kann, oder erst dann, wenn er dasselbe getan hat. Nichtkalkulierbarkeit paßt nicht in das regelhaft konstruierte Weltbild des Mathematikers. Geschieht also etwas Unvorhergesehenes, ist der Mathematiker vernichtet. Die Regeln haben ihn mehr als alles andere vor der Unordnung der Welt beschützt.

Der Polizist Dan beschreibt den Zerfall seiner kalkulierbaren Welt:

«Ich war einundzwanzig Jahre lang verheiratet. Ich wußte schon ziemlich früh, daß die Ehe ein Fehler war, aber ich glaubte, lebenslang daran festhalten zu müssen. (Ich bin presbyterianisch erzogen worden, und diese Vorstellung entsprach meiner Erziehung.) Ich hatte drei Söhne, und für sie blieb ich verheiratet. Als ich dann in finanzielle Schwierigkeiten geriet, erwartete ich natürlich von meiner Frau loyales Verhalten. Aber sie betrog mich. Weder fing sie wieder an zu arbeiten, noch versuchte sie, bei ihren Eltern etwas zu borgen, und das nach allem, was ich für sie getan hatte. Die Dinge gerieten ins Wanken. Sie blieb bei ihrer Haltung. Das alles führte zur Scheidung, aber mir ist doch klar, daß ich nicht das tat, was ich tun wollte. Ich meine, ich blieb nicht für immer verheiratet.»

Natürlich gibt es Persönlichkeitstypen wie den Chefpiloten, den verteidigungslos Dahintreibenden oder den Mathematiker nicht nur in der beschriebenen Reinform. Manche Menschen stellen eine Kombination aus allen drei Strukturen dar. Jemand kann beispielsweise abhängig und kontrollierend sein. Die meisten Menschen machen sich bestimmte Vorstellungen über ihre intimsten Beziehungen. Und genau die sind dafür verantwortlich, daß eine der drei Strukturbeschreibungen auf sie mehr zutrifft als die anderen beiden. Sollten Sie den Typus kennen, der am besten zu Ihren eigenen Vorstellungen paßt, werden Sie Ihre Verletzung besser verstehen können.

Es schmerzt, wenn man herausfindet, daß man nicht mehr die Kontrolle über die Geschehnisse des eigenen Lebens hat, man nicht länger auf die selbstverständliche Anwesenheit des Ehemanns oder der Ehefrau bauen kann oder die angenommenen Regeln nicht mehr funktionieren. Der Verlust bei jeder Art der Verletzung ist hoch. Verloren ist der Glaube, daß bestimmte Wahrheiten die Ehe untermauert haben. Verloren ist ein Teil der Vergangenheit, denn die Untreue beispielsweise reißt den Schleier fort und enthüllt Täuschung und Betrug. Eine Affäre kann eine geheime Geschichte bloßlegen, die sich ohne das Wissen des Verletzten entwickelt hat. Für den Betrogenen verliert auch die eigene Geschichte ihren Sinn. Der Rückblick auf das Geschehene führt zu mehr Fragen als Antworten: «Wann fing das an? Liebte er mich eigentlich jemals wirklich? War das eine Lüge, was er mir am Wochenende erzählte? Ist das der Grund, warum wir so wenig Geld haben?» Die Geschichte ist angefüllt mit Fragen. Die eigene Erfahrung ist dem Verdacht, der Wut und der Trauer ausgeliefert.

Auch die Zukunftsvision des Verletzten ist dahin. Wenn Vergangenheit und Gegenwart Lüge sind, so also auch die erwartete Zukunft.

Untreue und Mißbrauch können Herzen brechen. Ein betrügender Ehepartner hat die Lebensstruktur eines anderen Menschen mitgeschaffen. Untreue oder nicht akzeptable Gewalt offenbaren nur allzu schmerzvoll, daß zumindest ein Teil dieses Lebensgebäudes auf dem Fundament des Lügengewebes eines Heuchlers entstanden ist.

Teil I Anatomie einer unverzeihlichen Verletzung

Die Schäden durch Mütter und Väter

Wie Ehemänner und Ehefrauen formen Mütter und Väter unser Leben und machen uns zu dem, was wir sind. Ehepartner formen den Erwachsenen in uns. Mütter und Väter formen das Kind in uns und zum Teil auch den Erwachsenen, der sich aus dem Kind entwickelt. So wie Ehepartner können Eltern mißbrauchen, uns verlassen, gewaltsam Unterwürfigkeit erzeugen und Versprechen brechen. Aber anders als Ehepartner greifen Eltern, die ihre Kinder unverzeihlich betrügen, noch nicht festgeformte Glaubenssysteme an, sondern Glaubenssätze im Formungs- und Stabilisierungsprozeß. Sie schädigen Ideen im Entstehungsprozeß und noch nicht festverankerte Werte.

Ein Elternteil kann ein Kind unverzeihlich verletzen, wenn er einfach durch das Spielfeld des Kindes spaziert und grundlos einen von dem Kind liebevoll und mühevoll aufgebauten Turm umstößt. Da die meisten der unverzeihlichen Verletzungen, die Eltern Kindern zufügen, das Ergebnis von kontinuierlichen Verhaltensweisen sind und nicht das einmaliger Ereignisse, mag der Vergleich mit dem Turm stimmiger sein, wenn ein Elternteil die Türme des Kindes willkürlich und wiederholt zerstört. Ein Kind, dem solches widerfährt, lernt mehrere wichtige Lektionen: erstens, daß es nichts erschaffen kann, ohne fürchten zu müssen, daß sein Werk wieder zerstört wird, zweitens, daß es die Ergebnisse seiner Arbeit nicht voraussehen kann. Aus etwas, was einmal Form und Struktur erhalten hat, kann ganz rasch eine auseinandergestreute, unverständliche Ansammlung von unzusammenhängenden Teilen entstehen. Es lernt, daß selbst beim Wiederaufbau des Turms die Einzelteile nicht mehr so zusammengesetzt werden wie vorher, sondern in leicht veränderter Form oder Anordnung. Und es akzeptiert schließlich, daß seine Arbeit früher oder später immer zerstört wird und es noch einmal von vorn anfangen muß.

Wurden die Glaubenssätze wiederholt zerstört, irren Kinder durch ihr junges Leben: Sie probieren einen Satz persönlicher Maßstäbe nach dem nächsten aus, um herauszufinden, ob irgendeiner funktioniert. Einige Menschen, die in ihrer Kindheit verletzt wurden, brauchen Jahre, um sich eine feste Vorstellung von richtig und falsch bilden zu können und zu begreifen, daß es moralische Regeln zwischen Menschen gibt.

Carla, eine sechsunddreißigjährige Autorin politischer Themen, beschreibt den Mißbrauch durch ihre Eltern folgendermaßen:

«Ich hatte ein äußerst traumatisches Erlebnis durch meinen Vater, und ich brauchte fast zwanzig Jahre, um schließlich sagen zu können: ‹Ich verzeihe dir›, und das auch tatsächlich so zu meinen.

Als ich fünfzehn war, heiratete Vater eine Alkoholikerin. Meine Mutter war einige Jahre zuvor gestorben. Vaters Frau haßte mich so sehr, daß sie mich regelrecht aus dem Haus warf. Sie weigerte sich, weiterhin dort zu leben, solange ich auch dort blieb. Statt zu einer Familienberatung zu gehen oder nach einer anderen Alternative zu suchen, sagte Vater zu mir, er wisse, daß ich für mich selbst sorgen könne, und unterstützte meine Stiefmutter darin, mich gewaltsam von ‹zu Hause› zu vertreiben, als ich noch in der 10. Klasse war.

Ich brauche nicht zu sagen, daß ich durch die fehlende Fürsorge meines Vaters zutiefst verletzt war, und die dadurch entstandene emotionale Zerstörung über Jahre zu einer Vielzahl von Problemen führte, besonders mit meinen Ehemännern und Kindern.

Erst nachdem ich einen guten Therapeuten gefunden und dort Hilfe erhalten hatte, war ich in der Lage, meine feindseligen Gefühle meinem Vater gegenüber anzuerkennen und über das Geschehene zu diskutieren, und ich konnte ihm dann allmählich verzeihen.»

Einige meiner Interviewpartner waren von Vätern und Großvätern vergewaltigt worden. Die Mutter einer Frau hatte sie vom Fußboden essen lassen und stundenlang an einen Klavierfuß gebunden. Sylvias Eltern mißbrauchten sie wiederholt schwer. Doch ein Vorfall zerstörte ihr schwaches Selbstbewußtsein und Vertrauen zu ihren Eltern endgültig:

Teil I Anatomie einer unverzeihlichen Verletzung

«Ich bin zweiundfünfzig Jahre alt und verheiratet. Mein Vater war gemein, grausam, sadistisch und verrückt. Meine Mutter war dagegen abgestumpft und passiv. Sie hatte keine eigene Persönlichkeit. Mit Ausnahme des Hungers beginnt meine Erinnerung erst mit dem siebten Lebensjahr, als ich schreiben lernte. Ich war sehr stolz. Ich nahm Papier und Bleistift. Ich wollte meinen Eltern zeigen, wie schön ich schon schreiben konnte. Mein Vater drückte mich auf den Boden und ließ mich immer wieder: ‹Sylvia ist ein Dummkopf› schreiben. Von da an war ich nie mehr dieselbe.»

Sylvia verbrachte Hunderte von Stunden in der Therapie. Ihr Schmerz war unbeschreiblich, als ihr das Ausmaß ihrer Verletzungen klar wurde.

Bei Kindern wirken Verletzungen anders als bei Erwachsenen. Alle unverzeihlichen Verletzungen greifen Glaubenssätze an und zerstören moralische Verträge. Bei einem Erwachsenen treffen sie auf eine gefestigte Person. Kinder treffen sie, bevor sich Glaubenssätze überhaupt herausbilden konnten. Das ist die tückischste Seite der unverzeihlichen Verletzungen bei Kindern. Unverzeihliche Verletzungen beginnen mit einem Ereignis, das eine gemeinsame Definition von richtig und falsch zerstört, aber wenn man als Kind schwer verletzt wurde, braucht man viel Zeit, um die Wunden überhaupt zu erkennen. Ein Erwachsener kann ein moralisches Abkommen mit einem anderen Erwachsenen aushandeln und akzeptierte Verhaltensweisen eingrenzen. Ein Erwachsener weiß, wann diese Grenzen überschritten werden. Bei kleinen Kindern definieren die Eltern des Kindes, was richtig und was falsch ist. Das Kind akzeptiert die Definition der Eltern.[2] Deshalb empfindet ein Kind, das in seinem Elternhaus mit Schlägen großgeworden ist, Schläge nicht als unverzeihliche Verletzung. Sind verbale Angriffe normal, dann sind auch diese verzeihlich.

Mißbrauch und Bestrafung

Die meisten unverzeihlichen Verletzungen in der Kindheit entstehen durch körperlichen oder emotionalen Mißbrauch. Mißbrauch gegenüber Kindern ist eine komplizierte Angelegenheit. Im Gegensatz zu den meisten Erwachsenen können sehr junge Kinder nicht zwischen Bestrafung und ungerechtfertigtem Mißbrauch unterscheiden. Beides kann dieselbe Erscheinungsform haben. Schläge, Vorhaltungen, Klapse oder das Einsperren können sowohl Formen der Bestrafung als auch des Mißbrauchs sein. Das kann ein kleines Kind leicht verwirren. Aber Mißbrauch und Bestrafung sind zwei völlig verschiedene Dinge.

Sowohl Bestrafung als auch Mißbrauch machen jemanden zum Objekt des Willens eines anderen. Der Bestrafte oder Mißbrauchte muß sich dem anderen Willen beugen und verliert (zumindest zeitweise) seine persönliche Macht und Kontrolle über die stattfindenden Ereignisse. Aber Bestrafung unterscheidet sich noch durch drei weitere kritische Teilberichte von Mißbrauch. Bestrafung folgt auf den Bruch einer ganz bestimmten Regel. Beim Mißbrauch bedarf es keiner speziellen gebrochenen Regel. Das Ausmaß der Bestrafung richtet sich nach dem des Regelbruchs. Das ist fair. Mißbrauch folgt nicht auf einen Verstoß. Eine abgelaufene Parkuhr kann eine 10-Dollar-Strafe nach sich ziehen. Das ist eine Bestrafung, die von der Stadtverwaltung festgesetzt wurde. Müßte man 500 Dollar für dasselbe Vergehen zahlen, betriebe die Stadtverwaltung Machtmißbrauch. Die Bestrafung wäre der «Tat» nicht angemessen, also disproportional zur Tat. Genauso verhält es sich, wenn ein Kind Exkremente essen muß, weil es etwas zu spät aus der Schule kam. Eine Regel wurde gebrochen, aber die Bestrafung steht in keinem Verhältnis zur Tat. Mißbrauch steht nie in einem Verhältnis zu der gebrochenen Regel. Bestrafung dient der Lehre und will reinen Tisch machen. Mißbrauch ist eine Verletzung

Carla, deren Vater und Stiefmutter sie aus dem Haus warfen, erzählt mehr über ihren Mißbrauch:

«Ich log über mein Alter und konnte mit ungefähr sechzehn eine kleine Wohnung finden. Aber sie wußten, wo ich mich aufhielt, und holten mich immer dann, wenn sie etwas von mir wollten. Zum Beispiel wenn meine Stiefmutter Besuch von Verwandten aus ihrer Heimatstadt hatte, dann kamen sie und staffierten mich aus – so wie den Affen eines Leierkastenmanns. Ich wurde vorgeführt, und wenn alles vorbei war, dann schmissen sie mich wieder raus. Aber ich versuchte immer noch, es ihnen recht zu machen.»

Mißbrauch durch Mütter und Väter wird vom Kind in der Regel für Bestrafung gehalten. Manchmal wächst es sogar in dem Glauben heran, daß der erlittene Mißbrauch die Beziehung zu seinen Eltern wieder bereinigt.[3] Schließlich erlaubt Bestrafung einen Neuanfang. Daher ist es nicht verwunderlich, wenn kleine Kinder nicht zwischen Bestrafung und Mißbrauch unterscheiden können und glauben, daß Mißbrauch ihnen einen Neubeginn der Beziehung ermöglicht.

Das Kind glaubt, es habe die Beziehung mit den Eltern gebrochen und müsse das irgendwie ausbügeln. Es hält die elterliche Verletzung häufig für verdient.[4] Durch Sühne wird die Harmonie wiederhergestellt. Einige Kinder sehen den Schmerz als Signal dafür, daß der Riß zwischen ihnen und den Eltern gekittet ist. So wird für einige Kinder Mißbrauch zu einer «Reparatur» der Beziehung. Manchmal dauert es sehr lange, bis der Verletzte realisiert, daß Mißbrauch keine Bestrafung ist. Mißbrauch bleibt Mißbrauch.

Carla suchte schließlich Hilfe bei ihrem Schulleiter. Als sie das Büro verlassen hatte, rief der Leiter sofort den Vater und die Stiefmutter an, die sie dann am Abend gnadenlos schlugen. Doch immer noch versuchte Carla, es beiden recht zu machen, in der Hoffnung, daß sie sie schließlich zurückholen würden. Sie dachte, die Schläge würden ihr Exil beenden und die Liebe ihres Vaters erneuern.

Verletzungen durch Mütter und Väter können die Glaubenssätze ihrer Kinder auf verschiedenste Weise angreifen: Für als Kinder verletzte Erwachsene ist die Welt ein Ort permanenter Verletzung. Sie empfinden sich selbst als Menschen, die dem Willen anderer unterworfen sind und kaum Entscheidungsgewalt über ihr eigenes

Leben haben. Nach ihrer Erfahrung kittet körperliche Gewalt zerstörte Beziehungen. Sie glauben, Verletzungen verdient zu haben, halten Mißbrauch für die Norm und sehen keinen Sinn in Regeln.

Maria, die im Alter von acht Jahren von ihrem Vater sexuell mißbraucht und dann verlassen wurde, empfand das folgendermaßen:

> «Ich fühlte mich illegitim – wie ein Bastard. Ich fürchtete mich davor, allein zu sein. Ich hatte immer Angst davor, verlassen oder allein gelassen zu werden. Das Gefühl begleitete mich lange Zeit, und manchmal habe ich es immer noch. Ich weiß nie, was ich erwarten kann.»

Carla, Maria und andere in ihrer Kindheit Verwundete bezeichnen ihre Verletzungen als unverzeihlich, aber erst dann, wenn sie entdecken, daß nicht sie es waren, die die moralischen Verpflichtungen nicht einhielten, sondern ihre Eltern.

Die unverzeihlichen Verletzungen durch Mütter und Väter sind manchmal so tief, daß sie nicht mehr wahrgenommen werden. Sie sind wie Nägel, die in einen wachsenden Apfel getrieben werden. Gerade wenn sich das süße Fleisch um das Kerngehäuse heranbildet, dann wird der Fremdkörper in der Wunde zu einem integrierten Teil der Frucht. Anders als die unerwarteten, vernichtenden Verletzungen durch Ehepartner und Geliebte sind die Wunden durch Eltern heimtückisch. Sie vereiteln alle Versuche des Kindes, seinen Eltern zu verzeihen, denn es braucht Zeit, bis der Erwachsene begreifen kann, was ihm als Kind widerfahren ist. «Das war falsch, und ich wurde nicht fair behandelt.» Erst mit diesem Satz zeigt der Erwachsene, daß er endlich die unverzeihliche Verletzung erkennen und sich damit auseinandersetzen kann. Erst jetzt fängt er an, das ganze Ausmaß der ihm angetanen Zerstörung auszuloten.

Mißbrauch an Kindern verändert wie Verletzungen durch Ehepartner den Leidenden dauerhaft. Ein Glaubenssatz nach dem nächsten wird aufgrund der unverzeihlichen Verletzung besudelt.

Randy haßte seine Mutter viele Jahre lang, weil sie eine Affäre hatte und wieder heiratete. Er verlor mehrere bedeutende Glaubenssätze, auch den wichtigsten: daß es gut ist, mit anderen über seine Gefühle zu sprechen:

> «Ich lernte, daß man nicht wirklich mit irgendeinem anderen Menschen reden kann. Wer will schon mit deinen Gefühlen belastet werden? Daher behielt ich alles für mich. Wahrscheinlich übernahm ich den Kummer meines Vaters. Dann ging alles in die Brüche. Ich machte eine dreiwöchige Sauftour. Ich kündigte meinen Job. Die Arbeit erschien mir sinnlos. Ich fing an zu spielen, und schließlich brach ich zusammen. Zu der Zeit hatte ich Magengeschwüre bekommen, saß nur herum und heulte.»

Kinder sehen die Welt in der Regel nicht als einen Ort, an dem sie der Chefpilot sein können und jeder vertrauenswürdig ist. Einmal geschädigt, konzentrieren viele die geringen Kontrollmöglichkeiten, über die sie verfügen, einzig und allein auf ihre eigenen Handlungen. Dabei können sie schließlich etwas Oberwasser gewinnen. Ist ein Kind zu jung, sein Leben selbst zu kontrollieren, und zu mißtrauisch, jemandem die Beschützerfunktion zu übertragen, schafft es sich zumindest eine Zeitlang seine eigene sichere kleine Welt. Eines Tages dann, als Erwachsener, wird es wieder mit seinen Wunden konfrontiert und mit der Notwendigkeit, etwas zu verzeihen, was vor vielen Jahren geschah.

Die Schäden durch Freunde und Mitarbeiter

Auch Freunde und Mitarbeiter können unverzeihliche Verletzungen verursachen. Sie sind vielleicht seltener als die durch Eltern und Ehepartner, können jedoch ebenfalls großen Schmerz hervorrufen.

Freundschaft wird, wie andere enge Beziehungen, von Vertrauen getragen. In starken Freundschaften öffnen die Menschen, wie in einer Ehe, ihre Herzen, teilen ihren Besitz, ihre Geheimnisse und vertrauen darauf, daß keiner die Freundschaft zum eigenen Vorteil ausnutzt oder bewußt dem anderen Schaden zufügt. Die Schäden durch Freunde können vielfältiger Natur sein, von einem scheinbar geringfügigen Vorfall wie dem verspäteten Erscheinen bei einer Verabredung zum Abendessen bis zur Ruf- und Zukunftsschädigung durch finanzielle Transaktionen. Hier ist die Geschichte von Martha, deren Leben nie mehr dasselbe sein wird, weil sie von ihrer Freundin betrogen wurde:

> «Ich hatte das Geld aus fünf Jahren Lehrerpension in Diamanten angelegt. Um Umsatzsteuern zu sparen, hatte ich einer Freundin, die in einem anderen Bundesland wohnte, die Papiere geschickt. Sie bewahrte sie ein Jahr lang in ihrem Banksafe auf. Dann rief ich sie an und bat um die Rücksendung. Auf dem Weg zur Post (wo sie eine entsprechende Versicherung abschließen wollte) ging sie noch einkaufen. Sie ließ ihre Geldbörse versehentlich auf dem Tresen liegen. Als die den Verlust bemerkte und zurücklief, war die Börse weg. Und auch meine 14 000 Dollar in Diamanten. Sie wurden niemals gefunden. Da sie nicht versichert waren, habe ich alles verloren.»

Unverzeihliche Handlungen sind nicht immer beabsichtigt. Nicht die Absicht macht etwas unverzeihlich, sondern die Zerstörung der grundlegenden Glaubenssätze. Martha hatte gehofft, ihr Haus endlich abbezahlen zu können. Nach all den Jahren harter Arbeit und emsigen Sparens konnte sie ihre finanzielle Zukunft nicht mehr planen. Die unbeabsichtigte, aber sorglose Handlung ihrer Freundin hatte ihren Lebensplan dauerhaft verändert.

Auch weniger dramatische Verletzungen können schwere Folgen nach sich ziehen. Kollegen, die zu Freunden geworden sind, können ebenfalls Schlimmes anrichten. Die folgende Situation ist typisch: Zwei Kollegen werden schon bald zu engen Freunden. Da sich aber zwei Menschen nie gleichmäßig weiterentwickeln, wird einer befördert oder erhält eine größere Gratifikation. Bis zu diesem Punkt hält die Freundschaft, obgleich Konkurrenzkampf, Eifersucht und Neid sie besudelt haben mögen. Aber wenn einer seinen Vorteil auf Kosten des anderen sucht (beispielsweise behauptet, er hätte die Arbeit des anderen gemacht, oder Informationen des anderen über wichtige Beiträge zu einem gemeinsam

Projekt zurückhält), ist die Freundschaft zu Ende. Das geschieht häufig, wenn zwei Freunde um eine Beförderung rivalisieren. Der Betrogene glaubt, Arbeitsfreunden nicht länger vertrauen zu können, und kann anderen Kollegen nur schwer verzeihen, weil sie möglicherweise von der Doppelzüngigkeit des Betrügers gewußt haben.

Jeanette und ihr Ehemann gründeten zusammen mit einer sehr guten Freundin und deren Mann ein Unternehmen. Jeanette wurde die Vertraute ihrer Freundin, Mitglied desselben Kartenclubs und vermittelte bei Streitigkeiten. Plötzlich verkündete das andere Paar, daß es aus dem Unternehmen aussteigen und ein eigenes gründen wolle. Sie ließen Jeanette und ihrem Mann weniger als eine Woche Zeit, um sich zu entscheiden, sie auszuzahlen oder das Geschäft aufzugeben. Jeanette beschreibt den Bruch folgendermaßen:

«Das war das Schlimmste, was mir je im Leben passiert ist. Ich hielt das andere Paar für unsere engsten Freunde. Nachdem sie sich von uns getrennt hatten, verhielten sich viele unserer gemeinsamen Freunde so, daß wir den Eindruck hatten, sie hätten die anderen lieber. Wir kamen uns wie Knirpse vor. Wir hatten das Gefühl, daß unsere früheren Freunde sie uns vorzogen und sich nicht mit uns verbündeten, wenn das andere Paar dabei war. Dann meinte mein Schwager, daß sein neuer Job sich nicht bezahlt machte, und tat sich mit unseren früheren Partnern zusammen! Das war ein solcher Verrat für uns!»

Freunde können sich auch durch Klatsch verletzen. Der Geschäftsmann Joe erzählt, wie die Gerüchteküche sein Geschäft und seine Ehe ruinierte:

«Ich bin dreiunddreißig Jahre alt und habe mich vor zweieinhalb Monaten nach fast zwölf Jahren von meiner Frau getrennt. Seit anderthalb Jahren leidet sie an unheilbarem Krebs, wurde mehrfach operiert, bekam eine Reihe von Bestrahlungen und chemotherapeutischen Behandlungen. Ihre gegenwärtige Chemotherapie scheint den Krebs einzudämmen. Das verbessert die Prognose bedeutend. Der Grund für unsere Trennung ist tatsächlich, daß einige Leute, die für mich und mit mir zusammen arbeiten, sich eingemischt haben. Sie verbreiteten Gerüchte und Geschichten über mich und mein Verhalten. Als meiner Frau durch einige sogenannte gemeinsame ‹Freunde› so eine Geschichte zu Ohren gekommen war – durch Leute, die immer noch für mich arbeiten –, forderte meine Frau, daß ich ging.»

Joe mußte entscheiden, ob er alle seine Leute entlassen oder sie lieber behalten sollte, damit sein Geschäft ruhig weiterlaufen konnte. Seine Reaktion ähnelte der eines betrogenen Ehepartners, der nach dessen Untreue weiter im gemeinsamen Haus lebt. Beide können wütend bleiben, oder aber sie verzeihen und versuchen, ihre Ehe bzw. ihr Geschäft zu retten. Wie auch immer die Entscheidung ausfallen mag, das Wesen der Beziehung wird sich nachhaltig verändert haben, weil durch die Verletzung Glaubenssätze verändert worden sind.

Freundschaften und Beziehungen zu Mitarbeitern und Kollegen sind im Leben der meisten Menschen mit die wichtigsten Beziehungen. Neben Familienmitgliedern verbringen die meisten von uns die verbleibende Zeit mit Freunden. Für manche Menschen sind die besten Freunde fast ebenso wichtig wie der Ehepartner, besonders wenn es um Gefühle geht. Eine Frau sagte, als sie herausfand, daß ihre beste Freundin eine Affäre mit ihrem Mann hatte:

«Sie brach mir das Herz. Ich liebte sie so sehr und schon so lange, daß ich nach Hause ging und krank wurde, als ich es herausfand. Es war, als hätte sie mir das Herz herausgerissen.»

Wir haben besondere Erwartungen an unsere Freunde. Mit Freunden teilen wir weder unsere finanziellen Angelegenheiten noch unsere Familienbeziehungen, wie wir es mit unseren Ehepartnern tun. Deshalb können Freundschaften reiner als eheliche Beziehungen sein. Wir suchen uns unsere Freunde wie unseren Ehepartner selbst aus.

Langjährige Freunde helfen bei Konflikten und wichtigen Entscheidungen. Die moralische Geschichte zwischen guten Freunden kann die Verpflichtung beinhalten, ehrenhaft zu sein, wechselseitige Hilfe bereitzustellen, Geheimnisse zu bewahren und, was wichtiger ist, sich gegenseitig nicht zu schaden. Kränkungen durch Freunde können zutiefst verletzen, aber anders als der Mißbrauch bei Kindern oder die Untreue eines Ehepartners. Sie können das Konzept des reinen Vertrauens zerstören. Die unverzeihliche Lüge eines Freundes kann zum Signal dafür werden, daß es nirgendwo auf der Welt einen Menschen gibt, dem man vertrauen könnte. Das gleicht dem Verlust anderer Glaubenssätze. Er trifft das Innerste des Menschen. Unverzeihliche Verletzungen durch Freunde und Mitarbeiter können so schwer sein wie die von Ehepartnern und Kindern. Nur der zerstörte Glaube ist ein anderer. Eine solche Wunde, die dem Vertrauen selbst zugefügt wurde, verändert für immer die Vorstellung, die sich jemand von der Menschheit, dem Selbst und der Welt macht.

Die Schäden durch Kinder

Kinder können ihre Eltern auf vielerlei Weise verletzen. Dennoch empfinden Eltern eine Kränkung nur selten als unverzeihlich. Die meisten, mit denen ich sprach, verziehen ihren Kindern umgehend, auch wenn es ihnen im allgemeinen schwerfiel zu verzeihen.

Moralische Verträge zwischen Eltern und Kindern haben für gewöhnlich sehr dehnbare Grenzen. Kinder können stehlen, Schiffbruch erleiden, lügen, Geld verspielen, ihre Ehen ruinieren oder das Gut ihrer Eltern verschleudern und werden immer noch akzeptiert. Möglicherweise billigen Eltern das Verhalten ihrer Kinder nicht, aber sie sehen ihre Taten nur selten als provozierende, unverzeihliche Brüche an. Es gibt Ausnahmen: wenn die Kinder den Kontakt zu ihren Eltern ohne erkennbaren Grund abbrechen oder sich weigern, die Warnung der Eltern zu beherzigen, und dann in Schwierigkeiten geraten. Beides signalisiert Disloyalität.

Für die moralischen Verträge zwischen Eltern und Kindern gibt es eine zentrale Regel: Das Kind darf Schiffbruch erleiden oder Mißerfolg haben, muß aber immer loyal bleiben. Ausbleibende Loyalität kann zu einer ganz und gar unverzeihlichen Kränkung führen. Beatrice beschreibt das wie folgt:

> «Als ich meine Tochter das letzte Mal sah, nannte sie mich ein Arschloch. Ich konnte nicht glauben, daß sie so tief gesunken war. Sie war sauer auf mich, weil ich früher nach Hause zurückfliegen wollte. Aber so etwas zu tun? Bevor ich ging, versuchte ich mich mit ihr auszusöhnen. Selbst ihre Freunde kamen vorbei und versuchten zu vermitteln, aber sie wollte nicht. Sie wurde nur wütend und sagte, sie wolle nichts mehr mit mir zu tun haben. Ich konnte ihr die Beschimpfung verzeihen, aber das nicht. Seit über zwei Jahren habe ich sie nicht mehr gesehen.»

Wenn Eltern von ihrem Kind derart gekränkt werden, stellen sie sich Fragen: «Was war mein ganzes Opfer wert?» und «Was habe ich falsch gemacht?» Handelt es sich um einen dauerhaften Bruch, so verlieren die Eltern ihre Enkelkinder – ein schrecklicher Verlust.

Zusammenfassung

Unverzeihliche Kränkungen treffen das Zentrum der Glaubenssätze. Bei Verletzungen durch Ehepartner droht der Verlust der Kontrolle über das eigene Schicksal. Man fragt sich, ob man dem anderen noch vertrauen kann. Kinder, denen dieses Schicksal widerfahren ist, vertrauen in puncto Überleben und Wohlergehen nur noch sich selbst. Nie wieder werden ihnen andere das Gefühl der Sicherheit vermitteln können. Von Freunden, Mitarbeitern oder Kollegen Gekränkte verlieren ihr Vertrauen in ihr eigenes Urteil oder ihre Berufung. Eltern, die von ihren Kindern zutiefst verletzt werden, verlieren den Glauben an die Zukunft.

Immer zerstören unverzeihliche Verletzungen Glaubenssätze über sich selbst, andere Menschen und die Welt im allgemeinen. Welche Glaubenssätze zerstört werden, hängt davon ab, wer die tödliche Wunde verursacht hat. Aber alle Wunden verändern den Verletzten dauerhaft.

Kränkungen durch Geliebte und Ehepartner, Mütter und Väter, Kinder und Freunde und Bekannte sind die schlimmstmöglichen überhaupt. Sie sind unverzeihlich. Sie können den Menschen um seinen Verstand bringen, oder sie können schließlich überwunden werden. Doch ein unverzeihlich Verletzter ist ein veränderter Mensch. Dennoch können sich Menschen durch das Verzeihen siegreich hindurchkämpfen.

Die Folgen der Verletzung

Und nun zerspringt eine Seifenblase,
und nun eine Welt.
ALEXANDER POPE

Randy Simpson fuhr mit dem Fahrrad den vertrauten Weg von seiner Grundschule nach Hause. Es war später Vormittag, und er radelte mit einer schriftlichen Nachricht seiner Schulschwester heim. Er hatte im Sportunterricht Nasenbluten bekommen, und als die Schwester Mrs. Simpson telefonisch nicht erreichen konnte, entschied sie, Randy nach Hause zu schicken, damit er sich ausruhen könne.

Randy schob sein Fahrrad auf den Hof und betrat das Haus durch die Hintertür. Aus irgendeinem Grund rief er nicht wie üblich nach seiner Mutter, sondern ging den Flur hinunter auf sein Zimmer zu. Als er am Schlafzimmer seiner Eltern vorbeikam, hörte er befremdliche Geräusche. Er schrie laut auf, als er dort seine Mutter und einen fremden Mann nackt im Bett seiner Eltern sah.

An die folgende Zeit erinnert sich Randy nur verschwommen. Er wußte, daß er trotz der Bitten seiner Mutter alles seinem Vater erzählt hatte, erinnerte sich an das Schreien und Streiten seiner Eltern Nacht für Nacht und besonders an das flaue Gefühl im Bauch, als seine Mutter ihr Bündel packte und schließlich wegfuhr. An seine Aussage vor Gericht, während seine Mutter vornübergebeugt und weinend dasaß. Immer blieben ihm ihre dunklen, bitteren Augen, die ihn voller Haß durchbohrten, im Gedächtnis.

Randys Mutter heiratete den «fremden» Mann. Randy machte sich selbst Vorwürfe, haßte seine Mutter, geriet in Schwierigkeiten, brach alle Beziehungen zur Familie seiner Mutter ab und bedauerte seinen Vater. Er verstrickte sich selbst in ein Netz von Haß, aus dem er sich fünfzehn Jahre lang nicht befreien konnte.

In *Life after Marriage* [1] beschreibt Alfred Alvarez die Auswirkungen der Scheidung auf eine Frau, die er kannte:

«Sie litt unter einer seelischen Verstümmelung und stand unter Schock, wie das Opfer eines terroristischen Anschlags: Ein Teil von ihr war hinweggefegt worden, und nichts konnte ihn wieder zurückbringen.»

Als Folgen einer unverzeihlichen Verletzung werden alle Gefühle umgewälzt. Diese Zeit nenne ich die Folgezeit.

Die Folgezeit ist erfüllt von Sinnlosigkeit. Man versucht, wie das Opfer eines Bombenanschlags, ein abgetrenntes Gliedmaß wieder anzunähen, und das schmerzt. Diese Zeit ist charakterisiert durch Schock, Verwirrung, Ungläubigkeit, Wut, Hilflosigkeit und eine Art schrecklicher Ohnmacht. Dazu kommt, daß viele seelisch verletzte Menschen körperlich krank werden. Einige leiden unter Kopfschmerzen, Schlaflosigkeit, Darmblutung, Gewichtsverlust, Fehlgeburten, Halluzinationen und gastrointestinalen Problemen. Einige fangen an zu trinken. Dieser Abschnitt kann Wochen oder auch Monate dauern und für den Verletzten und den tröstenden Begleiter bedrückend sein. Aber – das ist für das Verständnis wichtig –: Das ist völlig normal.

Die Folgeperiode ist so hoch belastet und emotional komplex, weil die Opfer eines unverzeihlichen Ereignisses nicht wissen, ob die Verletzung beendet ist oder nicht. Mit anderen Worten, sie können nicht sagen, ob das schon alles war. Daher können Wut und Kummer nicht rein sein. Konkurrierende Gefühle werden aufeinandergestapelt: Kummer auf Wut, Trauer auf Liebe und Hoffnung auf verzweifelte Angst. Der Gekränkte verliert alle Kontrolle, alles passiert beinahe willkürlich, und er wird gleichsam zur Geisel seiner eigenen Verwundbarkeit. Wenn die Komplexität der Folgen einer unverzeihlichen Verletzung verstanden wird, können Verletzte und ihre Tröster diese turbulente Periode als eine akzeptieren, die vielleicht verkürzt, aber nicht vermieden werden kann. Sie ist unverzichtbarer Teil einer unverzeihlichen Verletzung.

Die emotionalen Ausmaße der Verletzung

Es gibt zwei übliche Fallen, über die Verletzte und ihre Tröster stolpern können, wenn sie nichts über die Folgeperiode wissen oder zu schnelle Urteile fällen. Der Gekränkte erwartet von sich, seinen Freunden und Familienmitgliedern, den Verletzer zu verurteilen, «in den sauren Apfel zu beißen» und weiterzumachen. Das ist jedoch verfrüht. Eine Frau, die von ihrem Mann verlassen worden war, stellte fest:

> «Oh, meine Familie sagte nur: ‹Er war schon immer ein Idiot. Sei froh, daß das passiert ist. Nun bist du ihn los und kannst endlich dein Leben leben.›»

Sie war aber noch nicht darüber hinweg. Geht ein zutiefst Gekränkter zu schnell durch die Folgezeit, verschiebt er unter Umständen nur den notwendigen Trauerprozeß, der jeden Verlust begleitet.

Er kann aber auch zu lange an diesem Abschnitt festhalten. Wenn diese Zeit zu lange dauert, werden die Freunde ungeduldig und wenden sich ärgerlich vom Opfer ab. Die Folgen können in die Länge gezogen werden, weil grundlegende Glaubenssätze verlorengegangen sind, so daß das volle Ausmaß der Zerstörung erst nach längerer Zeit wahrgenommen wird. Manchmal kann der Verletzte auch nicht aufhören, sich selbst zu verurteilen. Selbstanklage gehört zu den unverzeihlichen Verletzungen.

Selbstanklage

In der Folgezeit suchen Verletzte nach Gründen. «Wie konnte das bloß geschehen?» oder «Was hätte ich tun können, um dem vorzubeugen?» sind die geläufigsten Fragen. Einem Geliebten oder Freund, der den Gekränkten unter der unverzeihlichen Verletzung leiden sieht, scheint die Selbstanklage sinnlos. Warum häuft jemand zusätzlich die Last der Selbstanklage auf das schon angeschlagene Ego und sein gebrochenes Herz? Die Frau eines Mannes, der sich auf homosexuelle Beziehungen eingelassen hatte, drückte das so aus:

«O ja. Ich machte mir Selbstvorwürfe. Ich sagte: ‹Was wäre gewesen, wenn ich eine bessere Geliebte gewesen wäre? Wenn ich schlanker geworden wäre. Vielleicht hätte er es dann nicht getan.›»

Eine Frau, deren Mann sie ohne Vorwarnung verlassen hatte, sagte:

«Ich dachte, wenn ich mit ihm die Reise gemacht oder mich mehr um ihn gekümmert hätte, dann wäre er vielleicht nie auf die Idee gekommen, eine Affäre zu beginnen. Ich konnte den Schmerz nicht ertragen – daran zu denken, daß ich mich anders hätte verhalten müssen. Ich wußte nur nicht, wie.»

Ein Mann, den sein alkoholkranker Vater gefeuert hatte, erzählte mir:

«Er brauchte so dringend Liebe und bekam nie welche, daher verletzte er immer wieder andere. Ich dachte, wenn ich ihn mehr liebte, könnte ich auch in ihm Liebe auslösen.»

Selbstvorwürfe scheinen unnötig hart zu sein. Doch es gibt einen wichtigen, fast allgemeingültigen Grund für diese Folgereaktion bei außerordentlich schmerzhaften Verletzungen. Selbstvorwürfe erlauben dem Verletzten zumindest, einen Sinn darin zu sehen, daß sich die Welt auf den Kopf gestellt hat. Damit kann er eine Regel in seiner zersplitterten Welt finden. Selbst Menschen, die von völlig Fremden verletzt werden, reagieren mit Selbstvorwürfen.[2]

Selbstvorwürfe geben den Menschen Hoffnung. Sie glauben, wenn sie sich selbst änderten, könnten sie dem vollständigen Verlust durch eine unverzeihliche Verletzung vorbeugen. Wenn sie sich selbst kontrollieren können, gewinnen sie auch die Kontrolle über die Ereignisse ihres Lebens zurück. Auch bei anderen schweren

Kränkungen (z. B. dem Tod eines Kindes, einer Vergewaltigung durch Fremde, Flugzeugabstürze, bei denen geliebte Menschen starben, Einbrüche und selbst dem Tod zu Kriegszeiten in weitentfernten Ländern) durchleben die Überlebenden einige Stufen des Selbstvorwurfs.[3]

Eine Mutter Ende Fünfzig, deren erwachsener Sohn schon lange nicht mehr zu Hause lebte, klagt sich selbst immer noch an, weil ihr Sohn an einer Überdosis gestorben ist:

«Wir sagten: ‹Warum haben wir ihn nicht besser behandelt? Warum haben wir ihn angeschrien? Warum haben wir ihn so oft kritisiert?› Dann dachte ich: Vielleicht hätte ich nicht fünf Kinder haben sollen. Vielleicht war ich keine gute Mutter. Das gehörte alles zu meiner Schuldenlast.»

Die Selbstanklage gab ihr einen Grund für den Tod ihres Sohnes. Er war kein zufälliges, bedeutungsloses Ereignis mehr.

Selbstvorwürfe stehen im Zentrum der Folgezeit. Sie sind Teil einer äußerst komplexen Folge von Gefühlen. Verletzte und die, die ihnen sofort danach zur Seite stehen, sollten Verständnis für dieses paradoxe, wenn auch bittere Nebenprodukt einer tiefen Wunde aufbringen und es akzeptieren. Sie mögen sinnlos erscheinen, dienen jedoch letztlich der Stabilisierung des Verletzten, so daß er später mit dem Verzeihensprozeß beginnen kann.

Wut

Die meisten unverzeihlich Verletzten verlieren nicht nur den Glauben an sich selbst und machen sich Vorwürfe, sie fühlen auch Wut. Die Psychotherapeutin Cheryl geriet in einen zweitägigen Wirbelsturm der Wut, nachdem sie die Untreue ihres Mannes entdeckt hatte. Sie kannte seine Geliebte und wußte, wo sie wohnte. Sie wußte auch, wo die Berichte der Frau in der psychologischen Abteilung der Universität aufbewahrt wurden.

«Ich haßte diese Frau wie die Pest. Ich wollte sie körperlich verletzen. Daher – ich kann kaum glauben, daß ich es tat – stahl ich ihre Unterlagen aus der Ablage und fand heraus, daß sie das Kind meines Mannes abgetrieben hatte! Es fällt mir schwer, das zu sagen – ich zerriß alle Fotos von ihm und fuhr in der Stadt herum wie eine Verrückte. Als ich ihre Wohnung betrat, eskalierte alles. Ich nahm ein Messer und schlitzte alle Polster auf, besonders ihr Bett. Wenn ich heute zurückblicke, dann fällt es mir schwer zu glauben, daß ich das alles getan habe!»

Wenn uns Dinge genommen werden, reagieren wir wie wutentbrannte Kinder auf dem Spielplatz. Nimmt man uns unsere Glaubenssätze, sind wir voller Wut. Einige zeigen sie offen, andere richten sie gegen sich selbst.

Der erwachsene Verletzte läßt in der Folgezeit meist einen Teil seiner Wut nach draußen. Menschen, die als Kinder von ihren Eltern verletzt wurden, wenden sie dagegen in der Regel gegen sich selbst. Der im Erwachsenenalter Geschädigte scheint Selbstvorwürfe leichter in Anklagen an andere umzuwandeln als der als Kind Geschädigte. Letzterem fällt es schwerer, seine Wut von sich auf seine Eltern zu lenken. Nach innen gewandte Wut kann sich als Selbstmordversuch äußern. Tatsächlich haben fast alle von ihren Eltern Mißbrauchte, mit denen ich sprach, an Selbstmord gedacht oder einen Versuch unternommen. Carla, deren Vater und Stiefmutter sie mißbrauchten, erzählt:

«Ich beschloß, mich umzubringen. Wenn ich es nicht tat, dann würden sie es sicherlich tun. Sie konnten mir alles nehmen, aber nicht das Leben.»

In der Folge der Verletzung kann Wut alle treffen. Sie wechselt schnell von einer Person zur anderen. Sie trifft – Freunde, Familienmitglieder, Kinder oder Mitarbeiter –, und einen trifft sie schließlich mitten ins Gesicht oder verschwindet allmählich. Nat, der nachts dasaß und sich vorstellte, seine Frau und ihren Geliebten zu ermorden, rief seine angeheirateten Verwandten an und verfluchte sie. Er schnauzte Mitarbeiter an. Er trank und war depressiv. Schließlich setzte sich die Wut als blanker Haß fest und hielt über ein Jahr an.

Wut ist eine unangenehme Begleiterscheinung der Verletzung, die akzeptiert werden muß. Man kann verletzte Freunde dazu ermutigen, Wut auf die am wenigsten zerstörerische Art rauszulassen (bei der Autofahrt auf fast leeren Straßen, in ein Kissen zu schreien). Wut muß nicht gefürchtet werden, aber man möchte weder von ihr beherrscht noch besudelt werden.

Liebe

Zugleich mit der Wut fühlt der Verletzte Liebe. Aber die Kombination von Liebe mit Wut ist wie Öl vermischt mit Essig. Liebe ist in ihre kleinsten Teilchen zerschlagen worden, die nun in einem Giftsee liegen. Wenn diese Teilchen sich einander annähern, versucht die Liebe sie wieder zu einem Ganzen zu vereinigen. Liebe in ihrer reinsten Form gibt nicht so leicht auf. Sie kämpft wie ein sterbender Organismus um ihren Fortbestand. Nach einer unverzeihlichen Kränkung ist die Liebe zersetzt von Wut, Haß, Trauer, Schuld und ohnmächtiger Wut. Doch trotzdem kämpft sie darum, wieder ein Ganzes zu werden, kämpft ums Überleben.

Aubrey, die ich in der Einleitung schon erwähnt habe und die mit ansah, wie ihr Vater ihre Mutter ermordete, hielt selbst dann noch an ihrer Liebe zu ihrem Vater fest, nachdem er sie mißbraucht hatte. Sie erzählte mir das folgende:

«Natürlich liebe ich ihn, und er liebt mich. Väter lieben ihre Kinder, und Kinder lieben ihre Eltern. Das sagt schon die Bibel, und so wird es immer bleiben.»

Fast alle Verletzten hören nicht auf (zumindest eine Zeitlang), diejenigen zu lieben, die ihnen Schlimmes angetan haben. Liebe ist nicht nur ein Gefühl, sondern auch eine Gewohnheit, und Gewohnheiten kann man nur schwer ändern. Einige Ehepartner schlafen beispielsweise weiterhin mit ihren untreuen Partnern. Einige versuchen, ihnen beizustehen. Am schwersten geben Kinder Liebe auf. Wo sollen sie überhaupt noch Liebe finden, wenn nicht bei ihren Eltern? Die Liebe der Ehepartner soll Krankheit und schwere Zeiten überstehen. Auch Ideale sind nicht leichter über Bord zu werfen als Gewohnheiten. Der Verlust von Gewohnheiten und Idealen gleicht dem Verlust des Selbst. Für einen Verletzten ist es schwer genug, daß man ihm einen Teil seines Selbst entrissen hat. Er kann nicht auch noch den Rest aufgeben, die Liebe im Herzen. Das hieße, alles zu verlieren. Um die Liebe aufgeben zu können, muß der Mensch erst die ganze Macht einer unverzeihlichen Verletzung spüren. Er muß um den Verlust eines anderen Menschen und die gemeinsame Zukunft, mit ihm trauern. Er muß auch um die verlorenen Teile des eigenen Selbst trauern.

Wenn jemand an der Liebe festhält, dann hält er an einer wie auch immer gearteten Kontrolle fest, die er über den Verlust hinübergerettet hat. Er wird einen Glaubenssatz nach dem nächsten verlieren, doch die Liebe zu schnell aufzugeben bedeutet sich selbst zu verlieren. Zur Heilung eines Leidenden ist jedoch ein intaktes Selbst vonnöten.

Haß

Auch Haß erfährt der Verletzte wie Wut und Liebe direkt nach der Verwundung. Haß, eine kalte, bittere Emotion, die nahezu überfallartig in das Innere fährt, muß nicht wie Zorn von einem Wutanfall begleitet werden. Haß kann im Magen brodeln oder im Hals brennen oder Kälte durch das Blut pumpen.

Dave, der Mann, dessen Geliebte ihn während der Krankheit seines Sohnes verließ, sagte:

«Ich haßte Rebecca dafür, daß sie mich fallengelassen hatte, und ich wollte sie körperlich verletzen oder ihren Ruf ruinieren. Glücklicherweise versuchte ich das nie wirklich. Aber dann erreichte ich einen Punkt, an dem ich wirklich alles haßte: Ich haßte die Tatsache, daß mein Sohn gestorben war. Ich haßte Rebecca.

Die Folgen der Verletzung

Ich haßte dieses Stadium zwischen Ehe und Scheidung. Ich haßte Gott, und ich haßte mich selbst.

In der Zeit bekam ich Brustschmerzen und schreckliche Nackenverspannungen. Ich hatte schlimmstes Sodbrennen. Ich konnte nicht schlafen. Daher fing ich wieder an, nachts die Bibel zu lesen. Trotzdem fühlte ich mich einfach nur schmutzig.»

Verletzte hassen und lieben gleichzeitig. Die konkurrierenden Gefühle erschöpfen sie noch mehr. Schlaflose Nächte, gepeinigt von Haß und gefolgt von scheinbar endlosen Tagen, die von Erschöpfungszuständen überschattet sind, bringen viele der Verwundeten an den Rand des Zusammenbruchs.

Haß ist ein oft verstecktes Gefühl. Schon als kleine Kinder lernen wir Haß als etwas Verbotenes kennen. Die meisten, die trotz allem verzeihen können, kommen dahin, ihren tiefen Haß zuzugeben. Und dies ist in der Tat eine unerläßliche Erfahrung im Prozeß des Verzeihens. Ich sprach mit einer Frau, die ihre Mutter so sehr haßte, daß sie ihre Ermordung geplant hatte. Und eine Tochter, deren Vater sie zu einer Abtreibung gezwungen hatte, beschrieb ihre Gefühle so:

«Ich *haßte* meinen Vater. Kalter Haß. Er tat das alles nur für sich, nicht für mich. Lange Zeit war ich wie betäubt. Ich konnte nichts für niemanden empfinden. Mein Vater sprach über ein Jahr danach nicht mehr mit mir, und ich haßte ihn um so mehr. Die ganze Zeit über litt ich an Kopfschmerzen. Ich bedauerte meine Mutter und meinen Bruder, daß sie mit ihm zusammenleben mußten.»

Gerade weil Liebe, Haß und Wut so nahe beieinander liegen, so intensive und extreme Gefühle sind, folgt eine Zeit angstvoller Verwirrung und hochbeladener Erschöpfungszustände. Diese Erfahrung erzeugt Angst, auch bei dem, der sie nur beobachtet. Ein Gekränkter sollte versuchen, dies zu durchleiden. Die Freunde sollten den Leidenden verständnisvoll akzeptierend annehmen. Früher oder später werden die Symptome der Folgephase weniger komplexen Gefühlen und der Suche nach Befreiung weichen.

Die Folgeperiode kontrollieren

Der Drang zum emotionalen Überleben läßt Verletzte nach Wegen zur Kontrolle der Zerstörung suchen, die unweigerlich der Verletzung folgt. Eine von mir schon angesprochene Möglichkeit ist die, daß der kürzlich Verwundete weiterhin an der Liebe festhält. Dazu besteht Hoffnung. Dasselbe trifft auf die Selbstvorwürfe zu. Selbstbeschuldigungen verändern vielleicht doch den Lauf der Ereignisse. Wenn sie abnimmt, denkt eine Ehefrau, könnte sie möglicherweise ihren Gatten zurückgewinnen. Die Tochter überlegt, ihren Vater zu besuchen und ihm ein Geschenk zu machen, so daß er sie endlich lieben wird. Liebe und Selbstvorwürfe verlangsamen das Realisieren der vollen Wucht der Kränkung und der Endgültigkeit. Es gibt für den Verletzten noch andere Möglichkeiten, den Lauf der Ereignisse in der Folgezeit zu regulieren: Forderungen aufstellen, den Verletzer bitten, sich zu verändern, krank oder abhängiger von ihm werden, einen Selbstmordversuch unternehmen oder seine Gefühle ausleben.

Marian begann, fast jede Nacht mit ihren Freunden zu trinken, nachdem ihr Mann sie verlassen hatte. Sie lebte ihre Gefühle aus. War sie erst einmal betrunken, rief sie ihn an und weinte oder drohte mit Selbstmord. Eine Zeitlang hörte er auf ihren Hilferuf. Aber dann wollte er nicht mehr und weigerte sich weiterzumachen. Sie mußte akzeptieren, daß ihre Ehe in Scherben lag. Die in der Folgeperiode gewählte Kontrollmethode hängt gewöhnlich davon ab, wieviel Macht der Verletzte über den Verletzer besitzt und welchen Einfluß ihm diese Macht gestattet.

Jemand, der normalerweise andere kontrolliert, wird sich auch als Verletzter eine Methode zur Wiederherstellung dieses Musters ausdenken. Er will die alten Regeln wieder in Kraft setzen und versucht so, den moralischen Vertrag wieder aufleben zu lassen, ihn dem Angreifer ins Gesicht zu schleudern und seine Rechte einzufordern. Das ist vor allem die Taktik der Chefpiloten. Dabei werden einige aggressiv, andere stellen Ultimaten, und wieder andere rufen ihre Anwälte an. Einige wenige wenden vielleicht sogar körperliche Gewalt an.

Die Folgen der Verletzung

Eine Frau rief den Pastor ihrer Gemeinde an und erzählte ihm von der Affäre ihres Mannes. Damit wollte sie an Einfluß gewinnen und ihren Mann dazu veranlassen, die andere Frau nicht mehr zu treffen:

> «Ich war so schwer verletzt, daß ich es keine Sekunde länger glaubte aushalten zu können. Ich mußte mit jemandem darüber reden. Er wäre blamiert, und das Ganze würde aufhören. Daher erzählte ich es herum. Ich rief meinen Pastor an und sagte: ‹Jim hat eine Affäre mit Gail.› Dann erzählte ich meinem Mann, was ich getan hatte. Der war vielleicht geschockt!»

Ist man an Machtausübung und Kontrolle über Untergeordnete gewöhnt, wendet man eine der vertrautesten und gewöhnlich wirksamen Methoden an, um andere dazu zu bringen, das zu tun, was man will. Genauso, wie ein Elternteil seinem Kind befiehlt, sich nicht mehr schlecht zu betragen, fordert der Chefpilot, daß der Verletzer einfach damit aufhört, ihn zu verletzen. Im schlimmsten Fall wendet er körperliche Gewalt an. Doch normalerweise verliert der Chefpilot, wenn sein übliches Repertoire an Kontrollmöglichkeiten nicht funktioniert, sein Überlegenheitsgefühl im allgemeinen. Das ist der Punkt, an dem die Flut des Schmerzes mit ihrer ganzen Wucht über ihn hinwegfegt.

Für Menschen, die auf den Ehepartner als Beschützer vertrauen, sieht die Machtverteilung anders aus. Untergeordnete haben wenig Kontrollmöglichkeiten. Wird dieser Typus betroffen, dann klagt er oftmals den Schädiger an oder versucht, ihn irgendwie zu Zugeständnissen zu bringen. Oder er versucht, den Schaden klein zu halten, und leugnet, daß der andere zu solch einer Tat fähig sei. Diese Taktik ist üblich. Besonders verletzte Ehepartner kontrollieren den Schmerz, indem sie ihren Partner entschuldigen. Häufig erklären sie die unverzeihliche Verletzung durch Trunkenheit oder irgendeine Krankheit, so wie diese geschlagene Frau:

> «Ich muß mir sagen: ‹Das geschah gestern. Heute ist heute.› Man lebt von einem Tag auf den nächsten. Er hatte sich einfach nicht unter Kontrolle. Sonst hätte er das nicht getan. Er konnte sich

nicht dagegen wehren. Er war betrunken, dachte ich, daher war es keine Absicht.»

Hätte sie sich die Absicht eingestanden, dann hätte sie ihre Verletzung und den Anteil ihres Mannes daran zugeben müssen.

Die Frau, die herausfand, daß ihr Mann homosexuelle Neigungen auslebte, überlegte, daß er sich vor lauter Scham selbst das Leben nehmen könnte. Erst später realisierte sie, daß er während ihrer ganzen Ehe homosexuelle Beziehungen gehabt hatte:

«Zuerst war ich mehr um ihn besorgt als um mich selbst. Ich hatte Angst, er könnte sich von einer Brücke stürzen oder so. Wissen Sie, er sagte: ‹Was stimmt nicht mit mir? Warum empfinde ich diese Zwänge und diesen Druck?› Ich war so bekümmert, daß ich keine Zeit hatte, böse zu werden.»

Der sich Unterordnende versucht ebenso wie der Mächtigere, alle nur verfügbaren Werkzeuge einzusetzen, um seine unverzeihliche Verletzung etwas unter Kontrolle zu bringen. Hat demütiges Zurückweichen in der Vergangenheit funktioniert, dann wird das weiter eingesetzt. War es der Sex, das Bitten oder Weinen oder die Krankheit, dann versucht man es wieder damit. Doch nicht nur den Mächtigeren, sondern auch den weniger Mächtigen wird schließlich klarwerden, daß nichts mehr den gewünschten Erfolg bringt. Bei der Verletzung handelt es sich um eine permanente, und all die alten Regeln sind sinnlos geworden.

Die Folgeperiode für Kinder

Kinder können wie Erwachsene in der Folgeperiode einen Selbstmordversuch begehen. Den Machtlosen mag das als die einzige Form der Kontrolle überhaupt erscheinen. Das traf auf ein schwer mißbrauchtes Mädchen im Teenageralter zu, das Selbstmord für die einzige Möglichkeit hielt. Sie hatte ihrem Arzt von dem jahrelangen Mißbrauch durch ihre Eltern erzählt. Auch für sie war es das erste Mal, daß sie überhaupt zu jemandem darüber sprach. Obgleich die Eltern ihre Tochter vorher fast umgebracht hatten, rief der Arzt die in der Gemeinde wohlbekannten Eltern an und erzählte ihnen, daß er den Mißbrauch melden wolle.

> «Ich verfiel geradezu in Panik. Ich hatte die beiden nie vorher provoziert. Als unser Arzt sah, was sie getan hatten, erzählte er mir, daß er es melden müßte. Da fürchtete ich zum ersten Mal um mein Leben, aber ich entschied mich, wenn es dazu käme, mich vorher selbst umzubringen.»

Selbstmord wäre für dieses junge Mädchen ein Weg zur Kontrolle ihrer Verletzungen gewesen. Glücklicherweise überlebte sie. Andere Kinder wählen typischere Formen wie «Flucht» oder «Kampf» als Kontrollmechanismen des Schmerzes.

Flucht ist der Versuch, dem Schaden zu entkommen, und Kampf ist ein Versuch, ihm standzuhalten. Flucht oder Kampf können vier verschiedene Formen annehmen: Einige Kinder benutzen alle, andere nur jeweils eine.

Vergessen oder Verdrängen sind normale Fluchtformen. Menschen, die Ereignisse vergessen, können sich an sie erinnern, sobald jemand einige wenige provokante Details liefert. Andererseits können Leute, die Ereignisse verdrängen, sie selbst dann nicht erinnern, wenn sie jemand an die Einzelheiten erinnert. Verdrängen und Vergessen gehören zu den Erfahrungen verletzter Menschen.

Eine Frau, die von ihrem Vater in der Kindheit vergewaltigt worden war, erinnerte sich an diese Übergriffe, so wie viele Vietnamveteranen von ihren Alpträumen über den Krieg berichteten:

> «Für mich ist das Erinnern das halbe Verzeihen. Ich war wirklich dabei durchzudrehen, daher hatte mein Freund mich in die Klinik einweisen lassen. Ich kam dann in eine Therapie zu einem guten Psychoanalytiker, der auch Hypnose machte. Und unter Hypnose berichtete ich von diesen schrecklichen Überfällen, die jahrelang stattgefunden hatten. Ich erinnerte mich überhaupt nicht mehr daran.»

Eine andere Frau, von einem älteren Bruder wiederholt geschlagen und gewürgt, erinnert sich an einige dieser Geschehnisse, aber den längsten Teil ihrer Kindheit hat sie vergessen:

> «Ich erinnere mich wirklich an nichts aus meiner Kindheit. Ich erinnere mich an die dritte und achte Klasse. Ich fühlte mich in der dritten Klasse als etwas Besonderes. Ich hatte einen Lehrer, der mich wirklich mochte. Warum ich mich an die achte erinnere, weiß ich nicht.»

Vergessen und Verdrängen sind für Kinder und Erwachsene gleichermaßen Mechanismen des Selbstschutzes. Werden sie eingesetzt, flüchten wir vor dem Schaden, wenn auch nur zeitweilig. Flucht in die Phantasie hat eine ähnliche Funktion.

Viele in ihrer Kindheit Verletzte nehmen Zuflucht zu reichen Phantasiewelten. Einige verschlingen Bücher, andere flüchten sich in die Kunst oder das Geschichtenerzählen. Ein weibliches Inzestopfer berichtete, daß sie Geschichten erfand und erst viel später realisierte, daß die von ihr erfundenen Charaktere sie selbst in verschiedenen Situationen darstellten:

> «Mit zwölf fing ich an, ihm zu entfliehen. Ich versteckte mich oder ging raus. Dann, einige Zeit später, passierte etwas Merkwürdiges. Ich fuhr in die Ferien und fing an zu schreiben. (Ich habe immer viel geschrieben.) Und ich bemerkte, daß ich das Geschehen auf Charaktere verteilte, die ganz anders waren als ich. Sie drückten Gefühle aus! Dann realisierte ich schließlich, daß es sich immer um mich handelte – ich erzählte mir etwas. Ich sprach mit mir selbst und erkannte meinen eigenen Ärger und Ekel.»

Ihre Phantasien hatten sie vor dem Schaden geschützt. Andere Formen der «Phantasie als Flucht» beinhalten das Gedichteschreiben, Schauspielern oder, im schlimmsten Fall, die Entwicklung verschiedener Persönlichkeiten (bis hin zur multiplen Persönlichkeit). All das sind Methoden, um etwas Kontrolle über die Zerstörung zu gewinnen.

Eine andere Reaktion auf Grausamkeit oder Verletzung ist Kampf. Kampf wird sowohl von Kindern als auch Erwachsenen als Kontrollmöglichkeit eingesetzt. Eine Methode des Kämpfens wird deutlich an dem Beispiel der Frau, die dem Pastor telefonisch von der Affäre ihres Mannes erzählte. Konfrontation und Öffentlichmachung der Verletzung sind beides Kampfverhalten. Andere kämpfen körperlich, einige geraten in der Schule in Schwierigkeiten oder werden Unruhestifter.

Viele Kinder flüchten und kämpfen. Eine junge Frau beispielsweise blieb lange Zeit von zu Hause weg, fühlte sich dann schuldig, weil sie dachte, daß ihre Mutter sie bräuchte, kam nach Hause zurück und beendete den Besuch immer mit Kampfgeschrei. Weder Flucht noch Kampf funktionierten, da die Brutalität der Mutter ganz real war.

Zusammenfassung

Wut, Liebe, Haß, Selbstvorwurf, Flucht und Kampf sind alles Teile der Strukturverwirrung in der Folge einer unverzeihlichen Verletzung. Diese Periode kann genau wie die Verletzung selbst erschreckend sein. Denn es handelt sich um eine extrem kritische Zeit im Leben eines Verletzten. Für Menschen, die eine solche Zeit durchmachen, ihre Freunde und ihre Familie ist es wichtig und weise, die extremen Positionen in dieser Periode als normal anzunehmen, ohne allerdings darin zu verharren. Denn das führt zu emotionaler, körperlicher und geistiger Erschöpfung. Und, was weit wichtiger ist, es kommt dazu, daß eine einzige Verletzung den Rest des Lebens beherrscht. Handelt es sich um eine dauerhafte Veränderung, dann müssen sich auch die Menschen auf Dauer ändern. Die tief Verwundeten haben gar keine andere Wahl: Sie können sich entweder ändern oder langsam im tiefen Loch des Hasses versinken.

Die Folgeperiode ist eine, in der man seinen Verstand sammelt, etwas Zeit gewinnt, die Endgültigkeit der Veränderung akzeptiert und entscheidet, ob man weitermacht oder nicht. Es ist die Zeit, nach der ein Verletzter entscheiden muß, ob er für sich bessere Bedingungen suchen oder den Rest des Lebens durchtränkt von Haß verbringen will, indem er immer wieder etwas wiederherzustellen versucht, was nicht wiederherstellbar ist. Realitäten, Hoffnungen, Träume und selbst Phantasien, die den Menschen durch eine unverzeihliche Verletzung entrissen werden, sind für immer verloren. Die Folgeperiode gibt ihnen Zeit, langsam die Tatsache zu akzeptieren und anzufangen, Entscheidungen über die von ihnen gewünschte Zukunft zu treffen.

Teil II
Die Reise des Verzeihens

Verzeihen bedeutet die Verletzung überwinden. Es ist der Prozeß, durch den sich ein Verletzter hindurchkämpft, der ihn anfänglich behindert und den er dann siegreich beendet, nachdem die Situation ihn fast zerstört hätte.

Verzeihen ist auch ein Geschenk an sich selbst. Es erlöst von den Lasten und Erschütterungen des Hasses und wird zum endgültigen Befreier, ist jedoch nicht leicht zu erreichen.

Eine Person, die bereit ist, sich auf die Reise des Verzeihens einer unverzeihlichen Verletzung einzulassen, muß auf diesem Schiff mit stürmischer See rechnen. Verzeihen ist also nur etwas für die Mutigen, für die, die sich ihrem Schmerz stellen wollen, sich selbst als permanent verändert akzeptieren und andere Entscheidungen treffen.

Zahllose Menschen geben sich damit zufrieden, sich weiter zu ärgern und die zu hassen, die ihnen weh taten. Sie schmoren im Saft ihres eigenen inneren Gifts und vergiften auch ihr Umfeld. Die Verzeihenden dagegen sind nicht damit zufrieden, im Sumpf festzustecken. Sie wollen nicht den Rest ihres Lebens von der Ungerechtigkeit und den verletzenden Handlungen anderer beherrscht werden. Statt dessen gehen sie das Risiko ein, ihr Leben neu zu formen.

Verzeihen ist eine Reise, und eine Reise ist ein Prozeß. Auf einer normalen Reise sucht man sich ein Ziel aus, plant eine Route, packt schließlich und zieht los. Einem Verletzer zu verzeihen ist unglücklicherweise kein so klar umrissener Prozeß. Manchmal erscheint der Bestimmungsort unklar. Manchmal ist die Route nicht erkennbar.

Doch es gibt den Prozeß des Verzeihens – einen, den man durchreisen kann, mit spezifischen, vorhersehbaren Hindernissen und bestimmten Zwischenstationen. Dieser Prozeß wird in diesem Teil beschrieben.

Der Prozeß des Verzeihens beginnt mit der Abfahrt, dem Benennen der Verletzung, und endet am Reiseziel, dem Erscheinen eines neuen Selbst. Die Zwischenstationen sind das Ansprucherheben auf die Verletzung, das Anklagen des Verletzers, das Ausbalancieren der Waagschalen und die Entscheidung für das Verzeihen. Der Abfahrtspunkt, das Benennen der Verletzung, wird im nächsten Kapitel beschrieben. Davor aber müssen einige falsche Konzepte beiseite geräumt werden.

Mit dem Verzeihen zu beginnen heißt nicht, notwendigerweise es auch abzuschließen. Der Prozeß treibt sich nicht selbst voran. Weil das Verzeihen signifikante persönliche Veränderungen sowohl der Gefühle als auch der Glaubenssätze fordert, entscheiden sich manche vielleicht dafür, ihn kurzerhand abzubrechen. Verzeihen geht nicht ruhig und leidenschaftslos vonstatten, ist kein sachlicher Akt wie die Begnadigung eines Kriminellen durch den Gouverneur. Verzeihen hat seine Leidenschaften und seinen Preis. Anders als ein begnadigter Krimineller, von dem man nicht erwartet, daß er einen Preis zahlt, wird das von einem Verletzer erwartet. Ein Verzeihender spricht den Schädiger keineswegs einfach von der Bestrafung oder Wiedergutmachung frei. Der Verletzte zahlt nichts zurück, nicht etwa, weil der Verwundete keinen Ausgleich gesucht hätte, sondern weil der Verletzer sich geweigert oder, schlimmer noch, sich entzogen hat.

Verzeihen kann man nicht durch Mystik oder nur mit Hilfe einer höheren Macht erreichen. Einige sagen zwar, daß Gott ihnen dabei hilft, andere schaffen es aber allein oder mit der Unterstützung von Freunden.

Verzeihen ist ein rationaler Prozeß, bei dem es um die Wandlung des Selbstbildes und der Einschätzung der anderen geht. Verzeihen resultiert darin, daß man einen neuen Begriff dafür findet, wie man selbst in ein größeres Muster der Dinge einpaßt.

Menschen, denen es gelingt, jemandem zu verzeihen, teilen zwei Merkmale: Am Ende des Prozesses sind sie befreit vom Haß auf ihre Verletzer und wünschen ihnen nichts Schlechtes. Sie entwickeln auch ein neues System von Glaubenssätzen über die Ereignisse in ihrem Leben. Ihr Glaubenssystem beinhaltet auch das Verstehen von intimen Verletzungen. Hat jemand den Prozeß erst einmal abgeschlossen, dann kann ihm kaum jemals wieder etwas unverzeihlich erscheinen.

Verzeihen fängt, wie alle Reisen, mit dem ersten Schritt, mit der Abfahrt an. Die Benennung der Verletzung ist diese Abfahrt, der Beginn des Verzeihens.

1. Schritt:
Die Verletzung benennen

Alles veränderte sich, alles veränderte sich völlig;
Eine schreckliche Schönheit war geboren.
W. B. YEATS, «*Easter 1916*»

Douglas, Sally, Frank und Billy Newcomb spielten Baseball auf dem Feld am Bach neben ihrem Haus. Wie immer war Sally unruhig. Sie hatte schlecht gespielt, und sie wußte, mit welch schrecklicher Laune Douglas darauf reagierte.

Den anderen Newcomb-Kindern kam es so vor, als würde er mit seinen Gemeinheiten durchkommen, weil er der älteste war. Die Eltern wandten ihre Köpfe ab, wenn er in Wut geriet. Sie hatten nichts unternommen, als Douglas seine jüngere Schwester mit einer Bratpfanne schlug. Daher wußte Sally, als sie Franks Flugball nicht fing und in Douglas' Gesicht die Bösartigkeit sah, daß sie später Probleme haben würde. Sie fragte sich, ob er sie wieder vergewaltigen oder würgen würde, wie er es mit ihrer jüngsten Schwester gemacht hatte. Nachdem Frank und Bill irgendwohin gegangen waren, kam Douglas, bevor die Eltern wieder zu Hause waren, in Sallys Zimmer und befahl ihr wortlos mit dem Zeigefinger, ihm zu folgen. Sein Gesicht war rot vor aufgestauter Wut. Sally folgte ihm schnell.

Douglas brachte sie zu dem Baseballfeld, nahm einen Schläger und benutzte Sallys Kopf als Ball. Dann zerrte er sie zu dem Bach und drückte ihren Kopf vier- oder fünfmal unter Wasser, bis sie das Bewußtsein verlor.

Als ihr Vater sie ins Krankenhaus brachte, gab er an, sie sei die Treppe hinuntergefallen. Keiner verlor jemals wieder ein Wort darüber.

Sally, siebenundzwanzig Jahre alt, als ich mit ihr sprach, beschrieb ihr Leben als gezeichnet von gescheiterten Beziehungen und geringer Selbstachtung. Sie sagte, daß sie achtmal verlobt gewesen sei und eine kurze Ehe, inklusive Fehlgeburt, hinter sich hatte. Und sie beschrieb ihr Bedürfnis, Liebe von sich weg zu schieben. Wenn sie sich verliebte und ihre Liebe nicht erwidert wurde, fühlte sie sich sicher. Doch verliebte sich jemand in Sally, dann bekam sie Angst und war aufgewühlt. Geschah das, dann beendete sie die Beziehung.

Viele Jahre mußten vergehen, ehe Sally das volle Ausmaß dessen, was Douglas ihr angetan hatte, begreifen und schließlich die Auswirkungen auf ihr Leben benennen konnte. Sally erkannte, daß sie Angst vor der Kombination Liebe und Sex hatte. Beides für sich war auszuhalten, doch beides zusammen versetzte sie in Angst und Schrecken. Die sexuellen Übergriffe von Douglas und andere Brutalitäten hatten ihr Vertrauen grundlegend zerstört. Beides schloß sich gegenseitig aus. Nachdem es ihr einmal gelungen war, die wahre Verletzung zu benennen und ihre zerstörten Glaubenssätze zu identifizieren, konnte sie anfangen zu verzeihen.

Die erste Phase des Verzeihens, das Benennen der Verletzung, hat einen übergeordneten Zweck. Es soll helfen, die Bedeutung der Verletzung und die entsprechenden Glaubenssätze zu interpretieren. Nach Abschluß der Benennungsphase kommt der Punkt, an dem Rahmen und Tiefe der erlittenen Verletzung erkannt werden, vom verletzenden Ereignis angefangen bis hin zur Identifizierung spezifischer Zerstörungen verschiedener Glaubenssätze. Das Benennen hilft beim Herausfiltern dessen, was es zu verzeihen gilt. Sally Newcomb erkannte schließlich, daß Verzeihen ebensoviel mit der Zerstörung ihrer Fähigkeit zu Intimität zu tun hatte wie mit der Brutalität von Douglas. Das Benennen des zu Verzeihenden führt dazu, auch dessen wahre Natur zu erkennen.

Die drei Fragen, die Sie sich selbst in der Benennungsphase stellen müssen

Es gibt drei Fragen, die Sie in diesem ersten Schritt des Verzeihens beantworten sollten:
1. Welche moralischen Regeln wurden gebrochen? Wie brach das Betrugsereignis jene Regeln?

Teil II Die Reise des Verzeihens

2. Waren Sie ein Mathematiker (oder Chefpilot oder verteidigungslos Dahintreibender) in Ihrer Beziehung zu dem Verletzer?
3. Was bedeutet diese Verletzung? Wie lange wird sie sich wohl auswirken? Welche, wenn überhaupt, Kontrollmöglichkeit haben Sie darüber? Was sind die Konsequenzen?

Die Antworten auf diese Fragen werden sich aus Ihrer Bereitschaft ergeben, die Wunde sorgfältig zu analysieren, indem Sie sich den Anforderungen der Benennungsphase stellen. Das heißt also, daß Sie in dieser Phase, wie in allen anderen auch, einige Hausaufgaben erledigen müssen. Das Benennen erfordert, daß Sie über die Gefühle der Folgeperiode hinausgehen. Wenn Sie sich auf die Reise des Verzeihens begeben, dann müssen Sie über die Verletzung ebensoviel nachdenken wie fühlen. Die Analyse der Wunde wird Ihnen zeigen, was Sie tatsächlich tun müssen, um zu verzeihen.

Eine Möglichkeit dazu bieten die obigen drei Fragen.

Um die erste Frage zu beantworten – Welche moralischen Regeln wurden gebrochen? –, müssen Sie die Bedeutung von richtig und falsch, wie sie zwischen Ihnen und Ihrem Verletzer galt, einschätzen. Wer setzte die Begriffe fest? Wie wurden sie festgelegt? Wie beeinträchtigte das Betrugsereignis die Übereinkunft? Wenn Sie als Kind verletzt wurden: Wie hätten die moralischen Regeln zwischen Ihnen und Ihren Eltern sein sollen? Halten Sie die Regeln für fair? Verstanden beide sie gleich? Könnte es unterschiedliche Interpretationen gegeben haben?

Wenn Sie Ihre Verletzung benennen, dann identifizieren Sie ganz klar, wie das Verhalten des Verletzers eine Übereinkunft verletzt hat. Unverzeihliche Verletzungen können Gefühle verletzen, nicht aber persönliche Vorstellungen von richtig und falsch. Im Verzeihensprozeß müssen Sie entweder daran festhalten, diese Glaubenssätze zu verurteilen, oder Sie müssen sie später etwas abwandeln. In jedem Fall müssen Sie zuerst herausfinden, was Sie vor der Schädigung für richtig und falsch hielten, so daß Sie jene Vorstellungen später neu definieren und sich ihnen dann wieder anvertrauen können.

Um eine Antwort auf die zweite Frage – Waren Sie ein Mathema-

1. Schritt: Die Verletzung benennen

tiker, Chefpilot oder verteidigungslos Dahintreibender? – geben zu können, müssen Sie herausfinden, was Sie von anderen und besonders von Ihrem Verletzer erwartet haben. Sollte er sich an irgendwelche rigiden Regeln halten, auf die er vielleicht keinen Einfluß hatte? Könnten Ihre Erwartungen unrealistisch gewesen sein? Unbegründet? Sie müssen sicher sein, daß Sie mit Recht die Einhaltung der Regeln erwarteten, die Ihr Verletzer und Sie zur Grundlage der Beziehungen gemacht hatten. Waren Ihre Erwartungen gerechtfertigt, dann wird sich Ihre Verwirrung und Ihr Selbsttadel verringern. Halten Sie Ihre Erwartungen für ungerechtfertigt, dann werden Sie die Gründe der Verletzung in einem anderen Licht neu herausarbeiten.

Drittens wird gefragt: Was bedeutet diese Verletzung, wie lange wird sie sich auswirken, und was sind ihre Konsequenzen?

Werden Sie krank, dann möchten Sie mehr darüber wissen. Vielleicht fragen Sie Ihren Arzt: «Wodurch entstand die Krankheit? Wie ernst ist sie? Wie lange wird sie dauern? Was kann ich tun, um mich schneller zu kurieren? Wie wird die Krankheit mich beeinträchtigen?» Je mehr Sie über die Krankheit wissen, desto besser können Sie damit umgehen. Die Krankheit ist mit dem Leiden an einer unverzeihlichen Verletzung vergleichbar. Man möchte wissen, was sie bedeutet. Sie haben schon erkannt, daß Ihre Glaubenssätze über Ihr Selbst, Ihren intimen Verletzer und Ihre Welt darunter gelitten haben. Nun wollen Sie wissen, was der Verlust der Glaubenssätze für Sie bedeutet. Wer verursachte die Verletzung? Wie lange wird das Leiden andauern? Haben Sie irgendeine Kontrolle über den Verlauf? Sind schon alle Konsequenzen zutage getreten oder noch weitere zu erwarten?[1] Ihre Entscheidungen über den Grund, die Dauer, die Kontrollierbarkeit und die Konsequenzen Ihrer Verletzung wird Ihnen klarmachen, ob und wann Sie verzeihen.

Grund

Während der Benennungsphase, in der Sie noch immer die Folge der Verletzung erwarten, forschen Sie weiter nach den Gründen für das Ereignis. Die vollständige Erforschung des Grundes ist jedoch eine

Extraphase des Verzeihens (siehe Kapitel 6). Für den Moment lassen Sie es damit bewenden, bis Sie mehr darüber wissen, was Ihnen widerfahren ist. Sie werden zu diesem Zeitpunkt ohnehin noch nicht festlegen können, wer welchen Part gespielt hat. Sally Newcomb wußte, daß Douglas sie verletzt hatte, aber erst später erkannte sie das volle Ausmaß seiner Taten und akzeptierte seine brutale Veranlagung und höchstwahrscheinliche Geisteskrankheit als hauptverantwortlich dafür. Ihre Eltern trugen die Verantwortung dafür, sie nicht geschützt zu haben. Die Verantwortlichkeit für eine unverzeihliche Verletzung zu fixieren dauert länger als das Erkennen der Dauer, Kontrollierbarkeit und der Konsequenzen. Mit dem Wissen können Sie arbeiten, um nun die anderen Dimensionen Ihrer Wunde zu verstehen, womit auch der Grund der Verletzung immer weiter enthüllt wird.

Dauer

Die Antwort auf die Frage nach der Dauer der Auswirkungen Ihrer Verletzung ist folgende: Sie sind dauerhaft geschädigt worden, aber ein Wandel Ihrer Glaubenssätze muß nicht negativ sein.

Unverzeihliche Verletzungen sind leider nicht wie eine Erkältung oder eine andere kurzfristige Krankheit, sondern eher wie eine chronische. Beide dauern ein Leben lang, verändern Menschen dauerhaft. Aber es gibt einen entscheidenden Unterschied. Chronische Leiden enden häufig in körperlicher und geistiger Erschöpfung (auch wenn viele Menschen daraus friedvolle und scharfsinnige persönliche Philosophien entwickeln). Unverzeihliche Verletzungen führen, sobald sie vergeben wurden, zu einer neuen persönlichen Lebenseinstellung und dem Gefühl, eines Tages wieder gesund zu sein.

Wenn Sie die Dauerhaftigkeit der Verletzung annehmen, dann schaffen Sie die Voraussetzung, sich mit der Wunde direkt auseinanderzusetzen und neue Glaubenssätze zu entwickeln, die die alten ersetzen werden.

1. Schritt: Die Verletzung benennen

Kontrollierbarkeit

Sie haben schon gelernt, daß Sie die Verletzung nicht verhindern konnten. Auch waren Sie nicht in der Lage, Abkommen wieder in Kraft zu setzen oder Ihre ursprüngliche Beziehung mit dem Verletzer wiederherzustellen. Marta, eine Frau in den Fünfzigern, versuchte jahrelang, ihre Mißbrauch treibende, gewalttätige Mutter zufriedenzustellen. In all den Jahren konnte sie ihre Verletzung nicht benennen, weil sie nicht sehen konnte, was mit ihrem Konzept von Kontrolle geschehen war. Eine verteidigungslos Dahintreibende, so schildert Marta ihre Erfahrung:

> «Ich glaubte wohl, daß ich ihre Launen kontrollieren konnte, wenn ich ihr weiterhin Dinge gab, obwohl sie schon immer gemein zu mir war, manchmal auch gewalttätig. Einmal brachte ich ihr ein antikes Teegeschirr. Sie liebte Antiquitäten. Und – ich kann es immer noch sehen – sie warf eine Tasse und eine Untertasse gegen ihre Verandatür, als wir zusammensaßen und Tee tranken.
>
> Es dauerte lange, bis ich erkannte, daß ich weder sie noch ihre Launen kontrollieren konnte. Tatsächlich konnte ich mich selbst nicht kontrollieren, nicht einmal meine Besuche bei ihr, um mir diesen Mißbrauch von ihr abzuholen. Sie ließ mich in dem Glauben, ich könnte alles kontrollieren, aber in Wirklichkeit hatte sie mich noch mit fünfzig unter Kontrolle.»

Wenn Sie Ihre Verletzung benennen, dann können Sie sehen, daß Sie sich dauerhaft verändert haben und daß Sie die Kontrolle über den erfahrenen Schaden verloren haben. Chefpiloten haben es schwer, ihre Unfähigkeit zur Kontrolle ihrer Untergeordneten zu akzeptieren. Verteidigungslos Dahintreibende versuchen, sich selbst mit der Tatsache auszusöhnen, daß sie mit keinem Beschützer rechnen können. Mathematiker geben ihre Gleichungen über Verletzungen auf. Jeder Persönlichkeitstypus muß anerkennen, daß seine Vorstellung von der Kontrolle über persönliche, unverzeihliche Angriffe irgendeinem anderen Set von Glaubenssätzen weichen muß.

In der Benennungsphase werden Sie die Frage beantworten müssen: «Welche Kontrolle habe ich über die Verletzung?» Die Antwort lautet: «Fast keine.» Sie können jedoch das Abfallprodukt der Verletzung kontrollieren, zumindest bis zu einem gewissen Grad. Sie können beispielsweise immer noch wählen, was Sie in Ihrer Freizeit machen oder wie Sie versuchen, jeden Tag neu mit Ihren Gefühlen umzugehen. Sie haben also nicht die Kontrolle über Ihr Leben verloren. Außer Kontrolle ist Ihr Glaube, daß die moralischen Bindungen in Ihrer Beziehung zu dem Schädiger überhaupt noch gegenseitig definiert werden können. Außer Kontrolle ist auch jede Wahrscheinlichkeit, daß Ihre Träume und Hoffnungen über eine ehemals vorgestellte Zukunft wiederkommen können.

Dies sind die Schlüsse bezüglich Kontrolle, die Sie aus der Benennungsphase der Verletzung ziehen werden. Je schneller Sie sie akzeptieren können, desto schneller werden Sie möglicherweise in der Lage sein, zur nächsten Phase des Verzeihens fortzuschreiten.

Konsequenzen

Die tiefsten Verwundungsaspekte Ihrer Verletzung und deren Bedeutung werden in einer anderen Dimension offenbart – in den Konsequenzen. Die Auswirkungen von unverzeihlichen Verletzungen sind grundlegend und beunruhigend, weil sie in das Innerste des menschlichen Herzens vordringen, wo der Glaube und die Fragen des Lebens wohnen.

Wer kann mich verletzen?
Welcher Schadensart kann ich vorbeugen?
Wer verdient es, verletzt zu werden?
Was ist Gerechtigkeit?

Jeder, ob zutiefst gekränkt oder nicht, stellt ein Glaubenssystem zusammen, in dem die Antworten auf die obigen Fragen unabhängig voneinander einen Sinn ergeben und sich zu einem logischen Glaubenskonstrukt zusammenfügen.

1. Schritt: Die Verletzung benennen

Stellen Sie sich vor, Sie beantworten die Fragen vor Ihrer Verletzung wie folgt: Nur Ihrem Chef gegenüber waren Sie verletzlich. Sie hatten die Kontrolle über persönliche, intime Verletzungen, weil Sie mit wichtigen Leuten in Ihrem Leben übereinstimmten in puncto Loyalität und Wahrhaftigkeit. Wenn Menschen verletzt werden, und es ist kein Unfall, dann müssen sie etwas Dummes getan haben. Belohnungen, Bestrafungen und Gerechtigkeit sind logisch. Menschen ernten, was sie säen. Diese Antworten bilden ein komplettes Bild der Art, wie Sie über Fairneß und Schaden gedacht haben mögen. Hat dann Ihre beste Freundin eine Affäre mit Ihrem Mann, würde jeder Glaubenssatz sich als falsch erweisen und das ganze Konstrukt in sich zusammenbrechen.

Jeder organisiert seine Vorstellungen von der Welt in ein ordentliches Konstrukt, in dem Belohnungen und Bestrafungen rational ermessen werden und Menschen aus gutem Grund belohnt und geschädigt werden. Die meisten Menschen akzeptieren die Welt nicht als zufällig oder chaotisch. Wenn jemand aus Ihrem Büro eines Tages gefeuert wird, dann meinen Sie, daß dafür ein guter Grund vorliegen muß. Die gefeuerte Kollegin muß sich falsch verhalten haben.

Psychologen nennen diese Prinzipien, mit denen Menschen versuchen, ungerechte Ereignisse gerecht erscheinen zu lassen, das «Die-Welt-ist-gerecht-Prinzip.»[2] Dieses Prinzip wird aufgestellt, weil Menschen glauben, daß jeder Schaden einen logischen Grund haben muß. Es wäre psychologisch nicht aushaltbar, glauben zu müssen, daß ein Schaden zufällig ist oder das Ergebnis eines chaotischen, unergründlichen Naturgesetzes. Da das so ist, konstruieren Menschen Vorstellungen über Gerechtigkeit, um dem, was ungerecht erscheint, einen Sinn zu geben. Das «Die-Welt-ist-gerecht-Prinzip» eines Menschen ist ein wesentlicher Teil seiner Weltsicht. Eine unverzeihliche Verletzung zerstört das Modell von einer gerechten Welt. Hier sind einige Versionen von gerechten Weltprinzipien, an die Menschen glauben:

– Wird jemand eingesperrt, dann muß er gegen das Gesetz verstoßen haben.
– Bekommt eine Frau Krebs, dann wird sie wohl zu viel rotes Fleisch gegessen haben.

Teil II Die Reise des Verzeihens

— Ist einer arm, dann arbeitet er nicht hart genug.
— Verläßt ein Mann seine Frau, wird sie ihn dazu gebracht haben.
— Stirbt ein Kind, muß es Gottes Wille sein.
— Stirbt ein Mann an Aids, dann wird er es verdient haben.
— Gibt es in einem Land eine Hungersnot, dann wird es Gottes Wille sein.

Alle diese Versionen machen die Welt nett und sauber. Widerfährt jemandem Übles, hat er es mit aller Wahrscheinlichkeit verdient.

Wenn es aber um Ihre eigenen unverzeihlichen Verletzungen geht, glauben Sie nicht, sie verdient zu haben. Wie steht es dann aber mit anderen Gekränkten? Ist dieser Mann vielleicht unverschuldet arm und diese Frau zufällig krank? Trifft das «Die-Welt-ist-gerecht-Prinzip» nur bei Ihnen nicht zu? Der Gekränkte sucht nach Gerechtigkeit. Er kann zwischen zwei Möglichkeiten wählen: Sie können nach einem Grund für Ihre Verletzung suchen, oder Sie müssen Ihre Vorstellungen von Gerechtigkeit aufgeben, zumindest zeitweise. Normalerweise geschieht letzteres. Ein unverzeihlich Verletzter denkt ungefähr so:

«Ich dachte, ich wüßte, was Gerechtigkeit ist, und daß die Welt gerecht ist. Ich ging immer davon aus, daß Unglück oder Tragik irgendwie verdient sein müßten. Ich verdiente meine Verletzung nicht, daher weiß ich nicht mehr, ob die Welt gerecht ist.»

Sam arbeitete für seinen Vater und tat alles für das Geschäft, das er eines Tages zu übernehmen glaubte. Plötzlich, ohne Vorwarnung und grundlos, feuerte ihn sein Vater. Sams Frau war zu der Zeit mit ihrem ersten Kind schwanger. Sam versuchte, die unbegründeten Handlungen seines Vaters zu entschuldigen:

«Ich wußte, daß keiner wegen nichts rausgeschmissen wird. Ich war schon lange Zeit in dem Geschäft. Ich hatte wirklich gute Arbeit geleistet (zumindest hatte man es mir so gesagt). Mein Vater und sein Buchhalter hatten sich nie über meine Arbeit beklagt.

1. Schritt: Die Verletzung benennen

Keiner kommt einfach herein und sagt: «Räumen Sie Ihre Sachen aus dem Schreibtisch, und holen Sie sich Ihr Geld ab», wenn es keinen Grund dafür gibt. Ich hatte keine Ahnung, was der Grund war, aber alle, die ich kannte, waren nur gefeuert worden, wenn sie es verdient hatten. Daher dachte ich lange Zeit, daß ich es verdient hätte.»

Sally Newcomb glaubte, daß die Übergriffe ihres Bruders gerecht gewesen seien. Warum hätte ihre Mutter den Mißbrauch sonst zugelassen?

«Meine Mutter war von beiden Eltern geschlagen worden. Sie sprach nicht viel darüber, doch selbst als Kind glaubte ich, sie wüßte Furchtbares von uns, und deshalb schützte sie uns nicht vor Douglas. Vielleicht wußte sie etwas über sich selbst, und dafür schien alles gerechtfertigt zu sein.»

Unverzeihlich Gekränkte leiden sehr unter dem Verlust ihres Glaubens an die Gerechtigkeit der Welt. In der Benennungsphase wird Ihnen bewußt, daß dieser Glaube zerstört ist. Sie müssen den verlorengegangenen Glaubenssatz identifizieren und akzeptieren, daß Sie die Person liebten, die zu seiner Zerstörung beigetragen hat.

Nachdem Sie einmal die Bedeutung einer unverzeihlichen Wunde geklärt haben, können Sie seine Bedeutung entdecken. Langsam wird Ihnen klar, wer Schuld an der Verletzung trägt. Sie werden jeden nur möglichen Aspekt Ihres Lebens wieder unter Ihre Kontrolle bringen müssen. Sie müssen entscheiden, wie Sie die Erfahrung nutzen werden, um den Rest Ihres Lebens besser gestalten zu können, und sich überlegen, wie Sie Ihre Vorstellungen über Gerechtigkeit neu definieren. Haben Sie die Verletzung erst einmal benannt, dann haben Sie die Voraussetzungen für den Rest des Vergebensprozesses geschaffen.

Teil II Die Reise des Verzeihens

Der unverzeihlichen Verletzung einen Sinn geben

Die Bedeutung der Ereignisse im Leben und die daraus resultierenden Glaubenssätze werden konstruiert. Sie werden von kulturellen und sozialen Faktoren beeinflußt.

Sie fallen beispielsweise durch den ersten Schultest und versuchen, Ihr Versagen zu interpretieren. Sie wissen, daß in unserer Gesellschaft Verlieren geringgeschätzt wird. Sie wissen, daß sich Ihre Klassenkameraden über Versager lustig machen. Versagen ist unattraktiv. Aber es hilft Ihnen, wenn Sie dem Versagen einen Sinn geben.

Ihre Eltern meinen, Sie hätten zu wenig gearbeitet. Ihre Mitschüler sagen Ihnen, daß über die Hälfte der Klasse durchgefallen ist. Ihre ältere Schwester brüstet sich damit, in demselben Test im Jahr zuvor eine «1» erhalten zu haben. Sie geben dem Versagen eine Bedeutung und formulieren im Ergebnis einen Glaubenssatz, der sagt, warum Sie so schlecht abgeschnitten haben.

Derselbe Prozeß findet im täglichen Leben statt. Freunde, Mitarbeiter, Eltern, Ehepartner und Kinder tragen zu der Interpretation Ihrer Erfahrungen bei – nicht nur zu den schlechten, sondern auch zu den guten. Wie die Vorstellungen von zwei Menschen aufeinander wirken, um in einer gemeinsamen Meinung zu resultieren, zeigt das Folgende:

Das Paar, Harvey und Carol, sieht seine zuletzt verbrachten Ferien mit unterschiedlichen Augen. Harvey ist begeistert, weil alle Straßenkarten in Ordnung waren, das Auto rechtzeitig vorher zur Inspektion war und es keine langen, nicht vorausgeplanten Umwege gab. Für Carol waren die Ferien wunderbar, weil sie beide die richtige Kleidung mitgenommen hatten, das Wetter toll war und sie sich nie gestritten hatten. Nach ihrer Rückkehr erzählten Harvey und Carol verschiedensten Freunden von ihrer Reise. Nachdem sie ihre Geschichte mehrfach erzählt hatten, begann jeder, etwas vom Standpunkt des anderen zu übernehmen. Zusammen eliminierten sie einige Details und wiederholten andere. Schwelgten sie in Erinnerungen, fingen sie an, eine Konstruktion zu teilen: Die Ferien waren toll, die besten überhaupt, weil jeder glücklich war, daß es dem

1. Schritt: Die Verletzung benennen

anderen so gutging. Durch die sorgfältige Vorbereitung konnten sich beide entspannen.

Auch die Bedeutung von schwierigen Zeiten wird so konstruiert. Wenn sich Leute streiten oder Regeln überschreiten, dann beginnen sie über die Bedeutung der Regelüberschreitung zu verhandeln. Ebenso wie Harvey und Carol über die Bedeutung ihrer Ferien verhandelten, versuchen unverzeihlich Verletzte, in der Benennungsphase die Bedeutung der Kränkungen auszuhandeln.[3] Durch Diskussionen, Streit und Überzeugungsversuche kommen beide zu einer gemeinsamen Interpretation.

Die Forschung hat bei dieser gemeinsamen Sinnkonstruktion interessante Ergebnisse zutage gebracht: Die Angreifer versuchen, die von ihnen Verletzten so zu manipulieren, daß sie glauben, die Verletzung verdient zu haben.[4] Sie versuchen, sich selbst vor jedem Tadel zu schützen.[5] Ihr Hauptziel ist es, die Eindrücke des anderen zu steuern.[6] Der andere soll gut von einem denken, selbst nach einer Lüge, einem Betrug oder dem Brechen eines Versprechens. Liegt allerdings beiden am Fortbestand der Beziehung, werden sie die Überschreitung dazu nutzen, Probleme zu lösen, ihre eigene Verantwortlichkeit zu akzeptieren, und ihren moralischen Vertrag zu erneuern.[7] So verläuft der Prozeß der Sinnkonstruktion, wenn zwei Menschen sich streiten, ihre Beziehung aber nicht zerstört ist. Auch wenn die gemeinsame Konstruktion von dem Angreifer manipuliert wurde, bietet das Miteinanderreden die günstige Möglichkeit, zusammen Schlüsse über Gründe, Dauer und Konsequenzen des Problems zu ziehen. Der Angreifer hilft dem Angegriffenen, so daß er weiß, was er glauben kann und was nicht. Auf die meisten unverzeihlichen Verletzungen trifft dies nicht zu.

Wenn Sie nicht in der glücklichen Lage sind, über die Bedeutung Ihrer Verletzung mit dem Verletzer verhandeln zu können, dann bleibt Ihnen nichts anderes übrig, als selbst ihren Sinn herauszufinden. Das kann ein einsames, verwirrendes und schwieriges Unterfangen sein. Die Schritte der Benennungsphase machen es etwas leichter.

Teil II Die Reise des Verzeihens

Die Schritte der Benennungsphase: Zugeben, Sondieren, Sprechen

Die Schritte der Benennungsphase sind Zugeben, Sondieren und Sprechen. Jeder Schritt hilft Ihnen, Ihre Verletzung und seine Bedeutung zu interpretieren, so daß Sie sich selbst Glaubenssätze konstruieren können. Das Wichtigste am Zugeben ist es, sich einzugestehen, daß die Verletzung dauerhaft ist. Durch das Sondieren erkennen Sie die Konsequenzen. Im Gespräch können Sie alle Aspekte Ihrer Wunde und Ihre Gefühle interpretieren.

Aufgabe 1: Sich eingestehen, daß die Veränderung dauerhaft ist

Da Sie nicht in der Lage sind, die Dauer der Verletzung mit Ihrem Angreifer auszuhandeln, müssen Sie versuchen, sich selbst davon zu überzeugen, daß Ihr Leben weitergehen wird und Sie dieselbe Person bleiben werden. Der Verletzer wird nicht weiter an Ihrem Leben teilnehmen. Da Sie mit dem Verletzer moralische Verträge geteilt und eine einzigartige persönliche moralische Geschichte geschrieben haben, kann Ihr Leben nicht einfach weitergehen, als ob sich nichts verändert hätte. Ihr Vertrauen hat sich verändert. Ihre moralische Geschichte mit dieser Person hat aufgehört oder wird einen neuen Verlauf nehmen. Ihre Vorstellungen von Gerechtigkeit und Schaden sind nun andere. Menschen, die nach ihren Verletzungen allein gelassen wurden, versuchen, das Gleichgewicht in ihrem Leben wiederherzustellen. Auch als Verletzter müssen Sie zur Arbeit gehen und Ihr tägliches Leben weiterführen. Diese Anstrengung könnte Sie dazu verleiten, Ihre Gefühle zu begraben und die Tatsache zu leugnen, daß Sie sich verändern und verändern müssen. In der Benennungsphase ist es wichtig, sich einzugestehen, daß Ihr Leben sich dauerhaft verändert hat und daß Sie Ihre Glaubenssätze über Gerechtigkeit, Vertrauen und Betrug neu konstruieren müssen.

Sie müssen sich Ihre zerstörende Wunde eingestehen. Die Wunde ist dauerhaft. Das verändert einiges. Sie leugnen die Realität nicht mehr. Mythen werden zerstört. Sie sehen die Zerstörung völlig klar. Betty, eine Frau Anfang Vierzig, deren Mann sie wegen einer jünge-

1. Schritt: Die Verletzung benennen

ren Frau verlassen hatte, beschreibt, wie sie sich schließlich das ganze Ausmaß der Zerstörung eingestand: Es war wie ein plötzlicher Platzregen:

«Es fällt mir schwer, darüber zu sprechen, aber an seinem Geburtstag fuhr ich hinaus aufs Land. Es war ein schöner, warmer Tag, und ich war verwirrt und verletzend wie üblich... Ich versuchte, die Zeit mit einer Freundin zu verbringen, einfach, um den Tag herumzubringen, aber mitten am Nachmittag mußte ich einfach da raus. Sie dachte wahrscheinlich, ich sei verrückt. Ich *war* es – irgendwie. Daher fuhr ich nach Hause und dachte die ganze Zeit an ihn (ich wußte, daß er mit seiner Freundin zusammen war), und ich fing an zu weinen. Und dann war alles ganz unwirklich. Es fing in meinen Rippen oder meinem Bauch oder sonstwo an. Es war wie ein Wimmern. Ich heulte wie ein angeschossenes Tier. Und mir war klar, daß das Geräusch aus meinem Hals kam, aber ich konnte nichts dagegen tun. Es war so, als wäre es etwas oder jemand anderes – so, als hörte ich etwas sterben. Vielleicht tat ich das, irgendwie.»

Es ist für jeden schwer zuzugeben, daß ein Teil von ihm gestorben ist. Jeder möchte persönliche Veränderungen kontrollieren können. Aber ein Verletzter durchläuft eine Veränderung. Wenn man diese Tatsache akzeptiert, dann kann man sich so weit öffnen, daß der Blick auf die Veränderungen frei wird.

Aufgabe 2: Sondieren der Verletzung
Beim Sondieren wird der Grad der Zerstörung deutlicher herausgestellt. Welche Konsequenzen zieht diese Erfahrung nach sich? Das Sondieren der Verletzung bringt verletzte Gefühle zutage, die bisher unterdrückt worden sind.

Ann Roland, die Krankenschwester aus Kapitel 1, lernte viel über sich selbst, nachdem ihr Mann sie verlassen hatte. Zuerst überraschte er sie mit seinem Weggang, dann mit der Offenbarung, daß er eine langjährige Geliebte hatte. Sie hatte die Kontrolle über ihr Leben verloren. Ihr Glaube an Wahrheit und Loyalität brach zusammen. Als ihre Familie sich weigerte, sie finanziell zu unterstützen, verlor sie auch diesen Halt. Sie konnte nicht mehr an die Gerechtigkeit in der Welt glauben. Ihre Kinder stellten sich auf die Seite des Vaters. Sie fühlte sich alt, unattraktiv und glaubte, sexuell versagt zu haben. Sie hatte ihre Ehe nicht retten können. Bei der Arbeit fühlte sie sich zum ersten Mal nicht professionell und tüchtig, sondern gestreßt. Wenn sie Freunde anrief und weinte, empfand sie sich selbst als bedauernswert und schwach. Wenn ihre Freunde ärgerlich wurden, war sie sich selbst lästig und sah sich nur als Hindernis bei gesellschaftlichen Ereignissen. Ihr Glaube an die Gerechtigkeit war zerstört, und sie begegnete fremden Menschen mit Mißtrauen. Die Welt war für sie ein korrupter, gewalttätiger Ort, und alle Leute waren auf der Suche nach dem eigenen Vorteil. Ihr ganzes Weltbild war zusammengebrochen. Sie mußte ihre Glaubenssätze und Gefühle, die intakt geblieben waren, wieder in den Griff bekommen. Eine Möglichkeit dazu bietet das sorgfältige Sondieren dessen, was unverändert geblieben ist und was sich verändert hat.

Das Sondieren sollte systematisch vorgenommen werden. Sie können damit beginnen, indem Sie sich selbst folgende Fragen stellen:

1. Wen/Was verletze ich?
   Wen/Was nicht?
2. Was habe ich unter Kontrolle?
   Was nicht?
3. Was kann ich verhüten?
   Was nicht?
4. Welche Gefühle sind durch diese Verletzung verändert worden?
   Welche sind nicht zerstört worden?
5. Was erscheint mir immer noch als gerecht?

Durch die Antworten auf diese Fragen werden die Ausmaße der Verletzung deutlich. Und es zeigt sich, welche Glaubenssätze und Gefühle unberührt geblieben sind.

Während der Bennungsphase müssen Sie erkennen, daß einiges in Ihrem Leben durchaus noch kontrollierbar ist. Selbst wenn Sie ver-

1. Schritt: Die Verletzung benennen

lassen, von einem Elternteil belästigt oder völlig zusammengeschlagen wurden, können Sie Ihr Leben noch bestimmen.

Sie können z. B. erste Maßnahmen treffen. Carol, ein mißbrauchtes Kind, die dann einen Mann heiratete, der sie wiederum mißbrauchte, beschreibt das so:

> «Zwei Wochen später fuhr er wieder für mehrere Tage weg. Ich wußte, daß er trinken würde, und ich hatte Angst, daß er mich töten könnte. Daher erwartete ich ihn an der Tür mit einem Beil. Ich bedrohte ihn nicht körperlich, doch ich ließ ihn nicht herein. Er ging, aber dann kam er mit seinen Brüdern zurück und zerstörte das Haus und schlug mich... Da ging ich und nahm mir eine Wohnung.»

Die Übernahme der Kontrolle bewahrte Carol nicht davor, weiteren körperlichen Mißbrauch zu erleiden, doch es veranlaßte sie, wichtige lebensrettende Veränderungen vorzunehmen. Sie sah, daß sie immer noch viel Kraft besaß.

Aufgabe 3: Darüber reden
Viele Leute setzen einfach voraus, daß das Reden über Probleme mit anderen hilfreich ist. Andere sind der Meinung, daß das überhaupt nichts bringt. Wenn das Reden über Probleme nicht sofort ein besseres Gefühl in Ihnen erzeugt, dann hat es eine andere wichtige Funktion. Das Reden hilft Ihnen dabei, die Bedeutung Ihrer Verletzung herauszufinden.[8]

Menschen, die mit ihren Verletzern über ihre Wunden reden, beginnen mit der Lösung ihrer Probleme, weil sie zusammen neue Glaubenssätze über das Geschehen konstruieren. Sind erst einmal Glaubenssätze festgelegt, dann können Probleme identifiziert und Lösungen diskutiert werden. Wenn Ihr Ehepartner Sie schlägt und Ihnen dann erzählt, daß er gerade eine neue Arznei eingenommen hat, die manchmal unberechenbares Verhalten produziert, dann können Sie entscheiden, ob Sie ihm glauben. Dann können Sie über Ihre Gefühle sprechen und zusammen überlegen, wie man einer Wiederholung der Gewalttätigkeit vorbeugen könnte. Verläßt er

Sie dagegen, dann müssen Sie allein Ihre Gefühle sondieren und den Vorfall interpretieren.

Sprechen Sie mit jemand anderem als dem Verletzer, so hilft Ihnen das auch. Das Reden hilft Ihnen, die Ereignisse Ihres Lebens zu interpretieren und ihnen Sinn zu geben. Wenn Sie sich selbst Ihre eigene Geschichte erzählen hören und die Reaktionen der anderen beobachten, dann bestätigen Sie sich Ihre Interpretation und fangen an, die Bedeutung der Verletzung zu verstehen.[9]

Als Sally Newcomb anfing zu reden, konnte sie schließlich die Dimensionen ihrer Erfahrung ausloten:

> «Vor sechs oder acht Monaten fing ich an zu reden. Ich erzählte Leuten – nein, ich erzählte jedem – von Douglas und dem Mißbrauch. Wahrscheinlich habe ich für einige Leute zuviel geredet!
>
> Vorher wurde ich sehr böse, wenn ich Geschichten über Inzest hörte. Aber ich hatte meine Gefühle so lange zurückhalten müssen. Dann fing ich an, mich zu erinnern und zu reden. Und zu fühlen. Man muß sich erinnern. Dann muß man reden – irgend jemandem alles erzählen. Ich redete sogar mit meiner Mutter, und sie weinte.»

Reden Sie mit jemand anderem als dem Verletzer, dann kommen Sie zu Glaubenssätzen über Ihre Wunde, die sich deutlich von denen Ihres Verletzers unterscheiden. Ohne den Schädiger müssen Sie sich darüber klarwerden, was Ihnen geschehen ist.

Das Reden mit einem Freund oder Beistand ordnet Ihre Erfahrung. In Ihrem Denken können Sie Anfang und Ende der Verletzung identifizieren. Das Reden hilft Ihnen auch dabei, zu erfahren, daß sich andere um Sie sorgen. Aber der wichtigste Aspekt des Redens ist, daß es Ihnen erlaubt, Gefühle auszudrücken, während Sie zugleich Ihre Glaubenssätze über den Grund der Verletzung, Dauer und Konsequenzen formulieren. Nachdem das einmal geschehen ist, kann Ihr Gesprächspartner anfangen, Lösungen vorzuschlagen. Das Reden in der Benennungsphase hilft Ihnen dabei, Ihre Glaubenssätze zu konstruieren, so daß Sie weiter vorwärts gehen können.

1. Schritt: Die Verletzung benennen

Zusammenfassung

Um jemandem zu verzeihen, müssen Sie wissen, worum es sich handelt. Es ist sinnlos, einer Person zu verzeihen, daß sie Ihnen einen Finger abgeschnitten hat, wenn Ihnen der Arm an der Schulter abgetrennt wurde. Sie müssen wissen, welche Verletzung Sie verzeihen wollen und was sie Ihnen wirklich bedeutet.

In der Benennungsphase geben Sie der Verwundung Sinn. Sie geben zu, getroffen zu sein. Sie sondieren die Dimensionen der Verletzung und sprechen mit anderen, um Ihre Gefühle und Eindrücke zu festigen. Bei der Benennung der Verletzung identifizieren Sie auch die Dauer, Kontrollierbarkeit und Konsequenzen und vielleicht den Grund. Haben Sie die Ziele erreicht, dann sind Sie soweit, daß Sie zum nächsten Schritt des Verzeihens übergehen können, weil Sie nun verstehen, was Sie zu verzeihen versuchen.

2. Schritt:
Die Verletzung für sich beanspruchen

Sie können versuchen, Ihren eigenen Wunden davonzulaufen,
aber Sie werden in jedem Fall eine Blutspur zurücklassen.
MONA, *Eine verlassene Frau*

Deborah hatte gelernt, mit dem Alkoholismus ihres Vaters zu leben. Sie hatte nie eine andere Art zu leben kennengelernt. Manchmal war er gewalttätig, manchmal nicht. Wenn er es war, war jeder in Gefahr – ihre Mutter, ihre beiden Brüder und sie selbst.

Deborahs Bruder, Timmy, war schlecht in der Schule. Ihr anderer Bruder, Patrick, hatte die ganze Zeit Angst. Fast jede Nacht machte er ins Bett. Mit ihren zwölf Jahren war Deborah die älteste, die gelernt hatte, sie alle zu schützen, aber manchmal gelang es ihr nicht.

Eines Nachts hörte das Mädchen einen schrecklichen Streit, der unten stattfand. Sie sprang aus dem Bett, und als sie die Treppe erreichte, hörte sie die Schreie ihrer Mutter deutlicher. Was sie sah, konnte sie nie wieder vergessen.

Das Auge von Deborahs Mutter war aus der Höhle gesprungen und lag auf ihrer Wange. Deborah nahm eine Milchflasche und schlug ihrem Vater damit auf den Kopf, bis er bewußtlos war. Kurz danach wurde sie in ein Waisenhaus gebracht. Jeder ihrer Brüder kam in ein anderes Heim. Ihre Mutter erholte sich zwar von den Schlägen, starb aber später eines natürlichen Todes, und ihr Vater verließ das Bundesland. Mit der Zeit verlor Deborah jeglichen Kontakt zu ihrer Familie.

Nach ihrem achtzehnten Geburtstag fing Deborah an, nach ihrer Familie zu forschen. Sie fand Patrick, der mit den Jugendbehörden in Konflikt geraten war. Sie suchte beständig nach Timmy. Doch auch zehn Jahre später hatte sie ihn noch nicht gefunden.

Deborah trug die Gewalttätigkeit ihres Vaters mit sich herum, wo auch immer sie war. Sie konnte ihrer Mutter nicht vergeben, daß sie ihre Brüder nicht geschützt und vor einer Trennung bewahrt hatte.

2. Schritt: Die Verletzung für sich beanspruchen

Sie konnte ihrem Vater nicht vergeben, daß er ihre Mutter verletzt hatte. Sie übernahm Patricks Schmerz, der sich schuldig fühlte, weil er Deborah nicht geholfen und Timmy nicht geschützt hatte. Die Gewalttätigkeit ihres Vaters wurde zum seelischen Treibsand. Die junge Frau wurde langsam von Haß, Schuld und Verwirrung aufgefressen.

Deborah konnte nicht mehr zwischen dem unterscheiden, was ihr und was anderen Familienmitgliedern geschehen war. Um verzeihen zu können, mußte sie wissen, was sie selbst zu verzeihen hatte und was nicht. Sie mußte ihre eigenen Verletzungen akzeptieren und die ihrer Brüder hinter sich lassen.

Der zweite Schritt des Verzeihens, bei dem der Verletzte seine Verletzung für sich in Anspruch nimmt, ist eine Phase der Aneignung. Weil ein unverzeihliches Ereignis Wellen schlägt und vieles in der Erinnerung durcheinander gerät, müssen die einzelnen Teile voneinander getrennt werden. So kann die Verletzung begrenzt werden.

Wie bei anderen Schritten des Verzeihens müssen Sie in dieser Phase bestimmte Anforderungen erfüllen. Das Hauptziel der Aneignung ist es, nicht vor der Verletzung davonzulaufen. Wenn Sie die Verletzung für sich in Anspruch nehmen, dann hören Sie auf, sich selbst zu verteidigen. Sie leugnen nicht länger, daß Ihr Angreifer die Fähigkeit hat, Menschen zu verletzen. Sie akzeptieren die anhaltenden Veränderungen, die aus diesem Angriff resultieren. Sie rationalisieren das Verhalten des Angreifers nicht mehr und suchen keine weiteren Rechtfertigungen für sein Verhalten. Sie geben nicht mehr vor, daß eigentlich nichts passiert sei. Alle Ihre Verteidigungsmaßnahmen – Leugnung, Rationalisierung, Unterdrückung oder Projektion – machen Platz für eine ehrliche Auseinandersetzung. Hören Sie auf, sich um die Verletzungen anderer zu kümmern! Ihre eigene ist entscheidend! Akzeptieren Sie, daß Sie Ihre eigene nicht ungeschehen machen können, lassen Sie die Ihrer Kinder, Eltern, Geschwister oder Freunde hinter sich. Es geht darum, daß Sie Ihre eigene Verletzung verzeihen müssen.

Die Hauptaufgaben in dieser Phase des Verzeihens sind folgende: Zuerst müssen Sie Ihre Verletzung von denen anderer herausfiltern und trennen. Zweitens müssen Sie die Verletzung als eine dauerhafte anerkennen. Sie müssen die Wunde als Ihre eigene annehmen und sie Teil der Person werden lassen, die Sie in Zukunft sein werden. Diese Aufgaben werden Trennung und Eingliederung genannt. Beide können Sie allein oder mit Hilfe von Freunden oder Fachleuten lösen, allerdings erfordern beide Ihre aktive Teilnahme bei einer Art Dialog mit der Verletzung. Stellen Sie sich vor, Sie blicken jemandem direkt in die Augen und sagen: «Ich sehe dich, ich verstehe dich – und ich akzeptiere dich.»

Die Phase der Aneignung

Trennung
Die erste Aufgabe ist es zu sagen: «Dies ist meine Verletzung – nur meine. Andere sind vielleicht auch verletzt worden. Aber dagegen kann ich nichts tun. Ich muß diese Verletzung verzeihen, weil es die ist, die mir geschadet hat.» Das Herausfiltern rückt den von Ihnen zu bewältigenden weiteren Verlauf des Verzeihensprozesses in den Brennpunkt. Das braucht Zeit. Doch es muß getan werden, ob nun sofort oder viele Jahre später.

Es ist eine schwierige Aufgabe, Ihre Verletzung aus den Bruchstücken von unverzeihlichen Verletzungen herauszufiltern und damit zu beginnen, nur Anspruch auf Ihren Teil zu erheben. Deborah mußte Anspruch auf ihre eigenen Wunden erheben, auch wenn drei andere Leute von der Gewalttätigkeit ihres Vaters zerstört worden waren. Auch ihre Mutter, Patrick und Timmy hatten unverzeihliche Verletzungen erfahren, doch andere als sie. Jede Verletzung unterscheidet sich von der eines anderen, weil die beschädigten moralischen Regeln von einzelnen Menschen unterschiedlich wahrgenommen werden. Noch wichtiger ist, daß alle über Grund, Dauer und Konsequenzen unterschiedliche Ansichten haben. Die Wunde jedes Opfers ist einzigartig. Für Deborah war der Anblick ihrer Mutter in jener Nacht das unverzeihliche Ereignis. Patrick dagegen wurde unverzeihlich verletzt, als er von der Sozialfürsorge in ein Waisenheim gebracht wurde, ohne daß seine Mutter Einspruch erhob.

2. Schritt: Die Verletzung für sich beanspruchen

Die erste Aufgabe bei der Aneignung Ihrer persönlichen Verletzung ist, daß Sie über die Unterschiede zwischen dem, was Ihnen geschah, und dem, was jemand anderem passierte, sorgfältig nachdenken müssen. Dann können Sie anfangen, Ihre Verletzung in verschiedene «Verletzungshaufen» zu sortieren, einen Haufen für Sie, den Sie zu bewältigen haben, und einen für andere Leute.

Das Sondieren und Herausfiltern einer Verletzung ist eine schwierige Aufgabe, besonders dann, wenn Sie wie Deborah miteinander kombinierte Elemente erfahren haben. Hatten Sie eine Beschützerrolle und mußten beobachten, daß Ihre unverzeihliche Verletzung auch Ihre Schützlinge überrollte, dann ist es sicher schwierig, Ihre eigene Wunde von denen Ihrer Schützlinge zu trennen. Ein Teil Ihrer eigenen Verletzung ist, daß Sie sich selbst und andere nicht erfolgreich davor bewahren konnten.

Bei einer Scheidung sind die eigenen Verletzungen der Frau nicht die einzigen, mit denen sie zu kämpfen hat. Auch Kinder und Eltern sind involviert.

Glaubenssätze der Frau, die versagen:
Glaube an persönliche Werte
Glaube an persönliche Kontrolle
Glaube an Vertrauen
Glaube an Gerechtigkeit
Glaube an die Beweggründe ihrer Familie

Glaubenssätze des Kindes, die versagen:
Glaube daran, daß die Eltern für immer zusammenbleiben
Glaube, daß die Welt sicher ist
Glaube, daß Mütter Felsen in der Brandung sind
Glaube, daß Väter loyal und vertrauenswürdig sind

Glaubenssätze der Großeltern, die versagen:
Glaube, daß ihre Enkel in einem glücklichen Zuhause leben
Glaube, daß sie immer Zugang zu ihren Enkeln haben werden
Glaube, daß ihre Erziehung gut war

Die demolierten Glaubenssätze der Frau greifen die ihrer Kinder an, die wiederum die Zukunftsvorstellungen der Großeltern zum Kippen bringen. Zusätzlich zu diesen Verlusten ist die Frau häufig diejenige, die sich um die gebrochenen Herzen ihrer Kinder kümmert und mit den Anklagen und der Verwirrung ihrer Eltern umgehen muß. Allein gelassen, muß sie versuchen, den Handlungen des Vaters und Ehemanns Sinn zu geben und ihn den betrogenen Kindern zu vermitteln. Täglich wird sie mit ihren eigenen Ängsten und denen aller Betroffenen konfrontiert. Dadurch wächst ihre eigene Verletzung. Sie sieht die Auswirkungen der Verletzung und kann ihnen nicht entfliehen. Dadurch wird für sie alles noch schlimmer. Das Leben wird unerträglich hart.

Das trifft auch auf Situationen zu, die nichts mit Scheidung oder Verlassen zu tun haben. Bei fast jeder unverzeihlichen Verletzung werden andere im Gefolge der Verletzung betroffen. Deborah mußte hilflos mit ansehen, wie ihre Familie auseinanderbrach. Sie mußte sich den Zorn und den Schmerz ihrer Mutter anhören. Später sah sie die Trauer ihres Bruders und verstand, wie die ganze Familie gelitten hatte wegen der Krankheit und gewalttätigen Natur des Vaters. Und doch waren weder die Verletzungen ihrer Mutter ihre eigenen, noch die ihres Bruders. Wenn man die Trauer eines anderen teilt, wird es schwierig, sich davor zu schützen, weil die Erfahrung des anderen sich als Barriere vor das eigene Verzeihen schiebt.

Es gibt auch einige allgemeine Schwierigkeiten. Als Kinder Verletzte brauchen normalerweise länger zum Herausfiltern ihrer Verletzungen als diejenigen, denen als Erwachsene etwas zugestoßen ist. Viele Kinder haben zur Zeit der Verletzung noch keine vollständige individuelle Identität entwickelt. Die verschwommene eigene Identität läßt auch die der Opfer und der Täter im unklaren. Je älter der Mensch zum Zeitpunkt der Verletzung ist, desto einfacher gestaltet sich der Filterungsprozeß.

Eine andere Schwierigkeit kann darin liegen, daß die ursprüngliche Verletzung vielleicht sehr lange zurückliegt. Man erinnert sich möglicherweise nur lückenhaft. Über die Jahre hat ein in der Kindheit verletzter Erwachsener sich gewöhnlich um viele Leute

2. Schritt: Die Verletzung für sich beanspruchen

gekümmert, sich bei seiner Arbeit engagiert und sich auf seine Verantwortlichkeiten als Erwachsener konzentriert. Erinnert er sich an seine Verletzung, dann vermischt er seine eigene Erfahrung mit der seiner gesamten Familie. Ein Erwachsener, der auf seine in der Kindheit stattgefundene Verletzung zurückblickt, muß irgendwann sagen können: «Das ist mir geschehen. Es ist meins. Ich vergebe es.»

Eleanor war von ihrem Vater mißbraucht worden, aber sie erinnerte sich erst in einer Sitzung mit ihrem Therapeuten daran. Sie hatte sich in Behandlung begeben, weil sie unglücklich war. Die ständigen Mißhandlungen ihrer Mutter durch ihren Vater standen ihr deutlich vor Augen, aber nie ihre eigenen Erfahrungen. Plötzlich jedoch kam die Erinnerung. An jenem Tag fing sie an, ihre Wunde von der aller anderen zu trennen und sie für sich in Anspruch zu nehmen. Und sie erkannte, daß sie ihrem Vater verzeihen mußte.

Sowohl Erwachsene als auch Kinder sträuben sich manchmal unterbewußt gegen die Abtrennung ihres eigenen Schmerzes, aus Angst, andere könnten ihnen ihre Versuche übelnehmen. Das Aneignen signalisiert, daß jemand seine eigenen Verletzungen für einzigartig hält. Einigen Leuten verursacht es schon ein Schuldgefühl, wenn irgend etwas nur ihre Person betrifft. Dieses Gefühl kann dem Herausfiltern der eigenen Verletzung im Wege stehen. Doch jemand, der seine Wunde von denen anderer trennt, sagt in Wirklichkeit: «Ich habe anderen Schmerz als du erlitten und will etwas dagegen tun.»

Es gibt auch die alltäglichen Barrieren, die das Ordnen der Verletzungen in «Haufen» behindern, z. B. die Anforderungen an persönliche Eigenschaften und ineinander verflochtene Selbstbilder.

Im Zustand der Verwirrung und des Schmerzes fehlen die psychologischen Grundlagen zur Selbstverteidigung, besonders wenn auch die Bedürfnisse anderer eine Rolle spielen. Die Erschöpfung kann so gravierend sein, daß man unfähig ist, seine eigenen Verletzungen von denen anderer zu trennen. Dazu braucht man Freiraum und Zeit.

Roseanne war Anfang Dreißig, als eines Abends ihr Mann zu

Hause verhaftet wurde. Er hatte scheinbar schon über einen längeren Zeitraum Scheckbetrügereien an seinem Arbeitsplatz begangen. Plötzlich mußte diese unerfahrene Hausfrau sich gegen Rechnungseintreiber wehren, Berufsentscheidungen treffen, die Kinder allein erziehen und versuchen, die Würde ihrer Familie in der Gemeinde aufrechtzuerhalten. Sie war nicht nur schockiert über den Charakter ihres Mannes, sondern ebenfalls überrollt von den Anforderungen an ihre zeitlichen und psychischen Reserven. Das erste Mal in ihrem Leben versuchte sie trotz Demütigung zu funktionieren:

> «Meine früheren Werte waren vor die Hunde gegangen. Die ganze Arbeit, die ich für ihn und mit ihm geleistet hatte – der ganze emotionale Input –, alles verloren. Alles war kaputt.
> Blickte ich in die Zukunft, gab es keine Sicherheit. Mein ganzes Leben war vergeudet durch die selbstsüchtigen Handlungen meines Mannes. Mein guter Ruf, meine persönlichen Referenzen, meine Kreditwürdigkeit – meine ganze Sicherheit war dahin. Etwas war mir entrissen worden. Und ich arbeite daran, es zurückzubekommen.»

Roseanne brauchte Zeit, um sich darüber klarzuwerden, was ihr Mann ihr wirklich angetan hatte, was sie vergeben mußte. Sie mußte es von dem trennen, was ihren Eltern und den Kindern geschehen war. Roseannes Eltern warfen ihr anfänglich vor, sie habe ihren Mann zu seinem Verhalten getrieben. Sie hätte einen zu kostspieligen Lebensstil gehabt. Das verletzte sie, doch schließlich konnte sie erkennen, daß ihre Eltern sich zwar nicht in sie einfühlen konnten, sie ihnen jedoch nichts verzeihen mußte. Sie wußte, daß sie die Reputation ihres Mannes bei ihren Eltern nicht wiederherstellen konnte. Ihre Eltern mußten sich mit ihren eigenen Verlusten herumschlagen. Das Herausfiltern der Verletzung dauerte lange, weil Roseannes Reserven am Nullpunkt angekommen waren. Sie mußte sich zuerst um die Krisen kümmern, bevor sie sich mit ihren eigenen Veränderungen befassen konnte.

Die zweite Barriere beim Sondieren der unverzeihlichen Verlet-

2. Schritt: Die Verletzung für sich beanspruchen

zung sind die verquickten Bindungen, die zwischen Leuten entstehen, die sich gegenseitig gut kennen. Eine Mutter versteht sich als solche, weil sie Kinder hat. Dieser Teil des Selbstbildes einer Frau kommt nur durch die Existenz von Kindern zustande. Dasselbe gilt für andere reziproke Rollen. Ehemänner existieren nicht ohne Ehefrauen, Großeltern nicht ohne Enkel. Wenn ein Teil dessen, was einen selbst ausmacht, nur auf der Grundlage der Existenz eines anderen möglich ist, dann ist es ganz natürlich, daß sich Selbstbilder zumindest teilweise durch andere Menschen definieren.

Somit ist es leicht, den Schmerz eines anderen zu erfahren, weil er einen teilweise definiert. Wenn Sie Anspruch auf die eigene Verletzung erheben, dürfen Sie diesen Fehler nicht machen.

Wird Ihr Kind von einem Lehrer gedemütigt, setzen Sie sich mit seinen verletzten Gefühlen auseinander und sind auf den Lehrer böse. Doch die Demütigung gehört dem Kind, auch wenn Sie seinen Schmerz nachfühlen können. Wenn Ihr Mann um eine Beförderung betrogen wird, weil sein bester Arbeitsfreund gelogen hat, können Sie seine Enttäuschung und seinen Ärger mitfühlen, aber er wird selbst entscheiden müssen, ob er seinem Freund verzeihen will oder nicht. Das können Sie nicht für ihn tun.

Jeder, dessen Identität mit der eines anderen verwoben ist, muß dieses Schloß aufbrechen, bevor er die einzelnen Wunden voneinander trennen kann. Es ist nicht falsch oder schlecht, den großen Schmerz eines anderen anzuerkennen. Falsch oder schlecht ist es, dabei nicht seinen eigenen Schmerz von dem des anderen trennen zu können. Ein Kind, das einen Tornado miterlebt, kann monatelang trauern, weil sein Lieblingsspielzeug zerstört wurde. Sein Vater mag wortlos um die finanzielle Zukunft der Familie bangen. Beide sprechen vielleicht von «dem Tornado», aber jeder hat Anspruch auf das für ihn Besondere. Nur dann kann der tatsächliche Verlust betrauert werden.

Der Psychologe Fritz Perls wird weltweit für seine Beschreibung von Trennung gelobt:

Wenn ich ich bin, weil du du bist,
Und du bist du, weil ich ich bin,

> Dann bin ich nicht ich,
> Und du bist nicht du.
> Aber wenn ich ich bin, weil ich ich bin,
> Und du du bist, weil du du bist,
> Dann bin ich ich,
> Und du bist du,
> Und wir können miteinander reden.

Der Kampf, das «Ich» vom «Du» im Prozeß des Verzeihens zu trennen, endet in der Aneignung einer Verletzung. Es bedeutet: «Meine Verletzung gehört mir. Deine dir. Wenn wir das verstehen, können wir miteinander reden.»

Im Herausfiltern der persönlichen Aspekte einer Wunde sagt der Verwundete so etwas wie:

> Indem ... das tat, löste er eine Spirale des Schmerzes aus, die viele Menschen in einen Strudel zog. Aber meine Verletzung ist eben meine. Sie gehört mir und keinem anderen. Auch wenn ich andere von Herzen liebe, die ebenfalls verletzt wurden, und auch wenn ich mich um sie kümmern muß, muß ich trotzdem meine eigenen Verluste erkennen und nur sie betrauern. Diese Wunde ist meine. Dieser Schmerz ist meiner. Es ist meine Wunde, die ich verzeihen muß – nicht die eines anderen.

Die eigenen Verletzungen von denen eines anderen nicht trennen zu können kann zu einem Mechanismus geworden sein, den Sie unabsichtlich zur Kontrolle Ihres eigenen Schmerzflusses einsetzen. Wenn Sie den Schmerz eines anderen in den Mittelpunkt stellen, sind Sie nicht gefordert, Ihren eigenen zu erfahren. Trennen Sie Ihre eigenen Wunden nicht von denen eines anderen und lassen sich auf seine Kämpfe ein, dann verzögern Sie zwar die volle Wucht Ihrer Gefühle, gleichzeitig aber auch Ihre Entscheidung zu verzeihen.

Aufgabe 1: Annehmen

Ihrem Schatten können Sie nicht entkommen, und vor Ihren Verletzungen können Sie nicht davonlaufen. Wir sind alle durch unsere

2. Schritt: Die Verletzung für sich beanspruchen

Bildung, unsere Schulung und durch zufällig erfahrenes Glück geprägt. Wir sind Produkte der Liebe, des Hasses, der Bestätigung und des Unglücks, die uns begegnet sind. Es ist relativ einfach für uns, die guten Dinge anzunehmen und sie zu einem funktionierenden Teil unseres täglichen Selbst zu machen. Wir sonnen uns in unseren Erfolgen, vielleicht prahlen wir sogar ein wenig damit. Hat das Kind Erfolg, sind die meisten Eltern stolz. Schwieriger ist es, den Schaden, der uns angetan wird, mit Bedacht anzunehmen. Meistens nehmen wir ihn statt dessen unbewußt auf, wandeln ihn innerlich in Depression oder Krankheit um oder in nach außen gewandte Aggression.

Etwas annehmen meint wortwörtlich, es seinem Körper einzuverleiben. Das bedeutet, Neues mit schon Vorhandenem zu vereinigen oder, ohne vorheriges Filtern, zu vermengen. Schaden wird normalerweise unbewußt adaptiert. Das ist eine der wichtigsten Überlebensstrategien des Menschen und ein Schutzmechanismus gegen Verletzungen. Unverzeihliche Verletzungen allerdings sollten so schnell wie möglich bewußt angenommen werden, so daß die Zerstörung nicht ganz unter der Oberfläche verschwinden kann.

Ist die Zerstörung nur unbewußt absorbiert worden, kann sie ein langsam wirkendes Gift werden und letztlich die Seele vergiften. Die meisten der von mir Interviewten berichteten, daß sie im wahrsten Sinne des Wortes dachten, sie würden sterben, wenn sie ihrem Verletzer nicht verzeihen könnten. Ihr eigener Haß und ihre Trauer hatten sie «vergiftet». Das unbewußte Annehmen einer unverzeihlichen Zerstörung kann ein furchtbares Gefühl von Unbehagen erzeugen. Neben Kummer und Haß kann Scham hervorgerufen werden. Scham ist ein Gefühl des Versagens. Es entsteht nicht durch einen Regelverstoß wie Schuld. Scham resultiert aus einem Gefühl des Zukurzkommens als Mensch.

Es kann sein, daß eine Person, die zwar keine Regel überschritten hat, eine Verletzung aber eher unbewußt als bewußt annimmt, diese als unverzeihlich empfindet, nur weil es sie gab.

Hannah, eine Krankenschwester in den Dreißigern, sagt:

«Meine Mutter war immer schon verrückt. (Ich mußte erst erwachsen werden, um das zu verstehen.) Sie behandelte mich immer als eine Art von Tier. Sie und mein Vater waren beide Lehrer, und beide waren verrückt. Sie haßte jeden, besonders mich. Sie sagte, ich sei fett, schmutzig, blöd. Ich hatte niemals etwas wirklich Falsches getan. Wie konnte ich wissen, daß sie einfach nur grausam war, als sie mich zwang, vom Boden zu essen? Erst Jahre später erkannte ich, daß ich alle ihre Botschaften verinnerlicht hatte. Als ich akzeptierte, daß sie jeden haßte, fing ich an zu sehen, daß sie wirklich eine ziemlich böse Frau war. Ich mußte meinen Widerwillen gegen mich selbst loswerden, und ich mußte sie loslassen.»

Der Trick der positiven Annahme ist, daß sie bewußt vorgenommen wird. Dafür muß die Verletzung benannt und von denen anderer getrennt werden. Erst dann ist es möglich, sich selbst anzunehmen.

Bei der Annahme der Verletzung gleichen sich Verzeihende in zwei Punkten: Sie lassen ihren Schmerz für sich arbeiten, und sie fangen an, in die Zukunft zu blicken. Das erste ist ein vorsätzliches Unterfangen, durch das die Zerstörung auf einer bewußten Ebene verwaltet wird, so daß der Schmerz nicht unbewußt seinen Tribut von der körperlichen oder geistigen Gesundheit fordern kann. Das bedeutet ganz schlicht, in ihm etwas – irgend etwas – Positives zu finden. Das mag fast unmöglich erscheinen, wenn man sich im Schmerz windet, aber es ist möglich.

Was könnte am Schmerz gut sein? Tatsächlich kann jeder Nebeneffekt von Schmerz positiv sein, sofern man es wirklich zuläßt. Eine der schnell spürbaren positiven Wirkungen, die häufig zitiert wird, ist die Freundlichkeit anderer Menschen. In der Folge einer Verletzung kommen gewöhnlich Leute «zur Rettung» herbei. Freunde, Nachbarn, Familienmitglieder, selbst Fremde zeigen sich besorgt und hilfreich. Der Schmerz eines Menschen erzeugt Zuwendung anderer. Aber der Verletzte muß sie auch bemerken und schätzen. Liebevolle Unterstützung, selbst die durch das Unglück gewonnene, ist ein Geschenk. Viele Interviewte waren überwältigt von der Liebe, die sie unerwartet von anderen erhielten, als sie sich in einem höchst

2. Schritt: Die Verletzung für sich beanspruchen

verwundbaren Zustand befanden. Mona, die von ihrem Mann verlassen wurde, fand Trost bei ihrer Freundin:

«Ich rief eine Psychologin an und ging zu ihr, doch sie hatte nicht genug Zeit. Sie konnte mich nur alle zwei Wochen sehen. Und ich war dabei zu zerbrechen. Eines Nachts rief ich den Notruf an, und man riet mir: ‹Seien Sie geduldig.› Geduldig sein!

Daher ging ich nicht mehr zu der Psychologin. Meine beste Freundin nahm quasi ihre Rolle ein. Das ist lustig. In der Zeit wurde sie fast mein zweites Ich. Sie sagte: ‹Du mußt Vertrauen haben.›

Sie war eine phantastische Freundin... Sie akzeptierte mich vollkommen und half mir dabei, zu erkennen, daß es nicht mein Fehler war.»

Ein anderer positiver Aspekt des Schmerzes in der frühen Phase des Verzeihens ist häufig ein nicht vorhersehbares Gefühl von Erlösung. Viele Verletzte berichten, daß sie dieses Gefühl dazu benutzten, dem Schmerz Einhalt zu gebieten. Sam, dessen Vater ihn ohne Erklärung gefeuert hatte, sagt:

«Er hatte mich und meine Frau verletzt, nur die Kinder nicht. Aber in einigen Familien überträgt sich die Verletzung von Generation zu Generation. Sehen Sie sich nur Irland an. Wie tief verwurzelt sie dort ist. Man muß an den Punkt kommen, daß man sagen kann: ‹Genug ist genug.›

Wie sehr meine Frau und ich uns auch verletzt fühlten, wir wollten den Schmerz nicht weitergeben. Er sollte für die Kinder etwas Positives bringen. Ich bin nicht sehr religiös, aber dort heißt es doch, wenn dich einer auf die Wange schlägt, dann halte ihm auch die andere hin, oder?»

Eine unbewußte Internalisierung der Zerstörung kann größeren Schaden anrichten als die ursprüngliche Verletzung. Die Kontrolle der Zerstörung sollte ein bewußter und aktiver Prozeß des Annehmens der Verletzung sein.

Ein anderer positiver Effekt des Schmerzes ist der, daß dadurch Freiheit für neue Erfahrungen entstehen kann. Mona beschreibt die Freiheit, die sie nach ihrer Scheidung erfuhr:

> «Oh, ich lernte klarzukommen. Ich tat Dinge, die ich normalerweise nicht getan hätte. Früher hing ich oft vor dem Fernseher, nun überhaupt nicht mehr. Ich lernte einen Piloten kennen und flog mit ihm in einem kleinen Flugzeug mit. Und ich hatte nicht mal mehr Angst vor Fahrstühlen! Ich fühlte mich so wie: ‹Wenn ich sterbe, macht mir das nichts.›
>
> Ich hatte mich vor etlichen Dingen gefürchtet. Nun hatte ich keine Angst mehr. Ich war geistig nicht gesund, aber ich tat eine Menge. Ich war frei.»

So kurz nach der Scheidung war Mona nicht in der Lage, ihren neuen Lebensstil beizubehalten. Sie lernte allerdings, daß es auch für sie andere Möglichkeiten der Lebensführung gab, für die sie sich später entscheiden könnte. Im weiteren Verlauf des Prozesses versucht sich der Verzeihende an neuen Glaubenssätzen und Erfahrungen, wobei allerdings der Wunsch nach Regulierung und mehr Wahlmöglichkeiten und weniger Zufall im Vordergrund steht.

Der Schmerz kann auch eigene Fähigkeiten bewußt machen, deren Existenz vorher nicht wahrgenommen worden waren. Roseanne, die die Geschäfte ihres Mannes weiterführte, nachdem er ungedeckte Schecks ausgeschrieben hatte, erkannte ihre organisatorischen Fähigkeiten, aber erst, als sie durch die Verletzung dazu gezwungen wurde.

So kann sich ein Verletzter schon sehr bald im Prozeß des Verzeihens mit einigen seiner grundlegenden Werte ganz direkt konfrontiert sehen. Mona erkannte als ihren Leitwert, daß sie das Leben liebte. Daran hielt sie sich fest. Andere Menschen machen weiter wegen ihrer Kinder. Plötzlicher Schmerz klärt Werte ab.

Schmerz durch unverzeihliche Verletzungen zeigt schnell positive Aspekte. Er ist wie eine bitter schmeckende Pille, deren Inhaltsstoffe es dem Patienten aber bessergehen lassen. Jeden Tag muß er eine

2. Schritt: Die Verletzung für sich beanspruchen

der Pillen schlucken und ihre Bitterkeit schmecken. Aber mit jedem Schlucken erinnert er sich daran, daß er neue Freunde gefunden, Werte wiederentdeckt, neue Erfahrungen gemacht und neue Fertigkeiten entwickelt hat.

Könnten Sie sich außerhalb ihres eigenen Leidens stellen und mit vollständiger Objektivität darauf blicken, dann könnten Sie die Gewinne sehen, die Sie aus Ihrer Verletzung ziehen. Leider ist dies nicht machbar, aber Sie könnten sich eingestehen, daß Sie ein neues Selbst finden könnten. Um die Annahme ins Verzeihen münden zu lassen, müssen Sie sich sagen: «Ich möchte, daß es mir bessergeht, nicht, daß ich verbittert werde.»

Trennen und Annehmen sind die Schlüssel zur Aneignung einer Verletzung. Grundlegend in dieser Phase ist das Aufgeben des Kampfes gegen die durch die unverzeihliche Verletzung hervorgerufenen Veränderungen. Letzten Endes kann man nur aus einer Haltung der Stärke heraus erfolgreich verzeihen. Je eher Sie also aus Ihren schlechten Erfahrungen Befähigung ziehen können, desto schneller werden Sie die Stärke gewinnen, sie zu überwinden.

Chefpiloten müssen etwas Stärke aus der Erkenntnis ziehen, daß sie weder andere Leute noch den vollständigen Verlauf ihres eigenen Lebens kontrollieren können. Verteidigungslos Dahintreibende können Stärke aus ihrer Fähigkeit ziehen, ohne die Hilfe ihres Verteidigers/Beschützers weiterzumachen. Sie können anfangen, ihre eigene Unverwüstlichkeit und Unabhängigkeit, so zerbrechlich sie auch erscheinen mag, zu respektieren.

Für den, dessen Gleichung im Leben nicht funktioniert hat, kann positives Annehmen dadurch beginnen, daß er einer noch ungelösten Gleichung etwas Gutes abgewinnt. Der Mathematiker muß anfangen, in der Tatsache etwas Positives zu sehen, daß nicht alles im Leben Patentformeln folgt. Es gibt immer noch Unerforschtes, und das kann eine Freudenquelle darstellen.

Derjenige, der schließlich verziehen hat, kann eine größere Bedeutung in seiner Verletzung sehen. In der Phase der Aneignung fängt das Bittere an, sich in Gutes umzuwandeln. Das bedeutet aktive Arbeit. Der Verletzte muß sich selbst sagen: «Dies ist dein Leben. Was willst du?» Dann muß er seine eigene Zerstörung von der anderer trennen und damit beginnen, für sich selbst zu arbeiten. Hat er das einmal geschafft, dann hat er das akzeptiert, was er allein zu verzeihen versucht, und er kann weiter vorwärts gehen.

3. Schritt:
Den Verletzer anklagen

Leute klagen immer die Umstände an...
Wer es in dieser Welt zu etwas bringt,
macht sich auf und sucht nach den Umständen,
die er will, und wenn er sie nicht findet,
dann schafft er sie sich selbst.
GEORGE BERNARD SHAW, *Mrs. Warren's Profession*

Annabelle wurde mit dreizehn Novizin. Über dreißig Jahre lang diente sie der Kirche voller Überzeugung, obwohl das Leben nicht immer leicht war. Als sie an einer Schule in der Innenstadt arbeitete und sich für offene Unterbringung einsetzte, weigerten sich einige Schwestern ihres Ordens, mit ihr zu sprechen. Man nannte sie Verräterin, als sie versuchte, den Bedürfnissen der Gemeinde durch eine veränderte Lehre gerecht zu werden. Doch sie überlebte. Dann folgte eine so heftige Auseinandersetzung, daß sie es nicht mehr aushalten konnte.

Eine ältere Nonne, Schwester Camilla, wurde kränklich und konnte ihren kirchlichen Pflichten nicht mehr nachkommen. Der Orden war nicht wohlhabend, und so wollten die Mutter Oberin und einige andere Schwestern Camilla aus dem Kloster in ein Armenheim umziehen lassen. Annabelle war entsetzt. Sie bot an, ihr Zimmer mit Camilla zu teilen, und bat die Mutter Oberin, das zu ehren, was sie als die Verantwortung der Kirche gegenüber der alten Frau ansah.

Die anderen Schwestern wurden in den Konflikt mit hineingezogen, einige standen auf der Seite der Mutter Oberin, andere auf Annabelles. Immer mehr Freunde wandten sich ab. Camilla wurde zu einem Netten abgeschoben, und Annabelle verließ verzweifelt und wütend den Orden.

Mit fünfzig mußte Annabelle neu anfangen. Lange Zeit wußte sie nicht, wen sie anklagen sollte. Die Kirche? Die Schwestern? Sich selbst? Sie konnte den Verlust ihres Glaubens an die Gemeinschaft der Schwestern nicht verzeihen. Sie brauchte viele Monate, um herauszufinden, daß einzelne Menschen anzuklagen waren. Selbst wenn die Kirche aus Erwachsenen Kinder macht – zu der Überzeugung kam sie –, so konnten Kinder doch richtig von falsch unterscheiden. Betrachtete man die anderen Schwestern als Kinder, nahm ihnen das nichts von der Verantwortlichkeit für ihr Verhalten. Es waren die Schwestern, und besonders die Mutter Oberin, denen Annabelle vergeben mußte.

Verzeihen setzt Anklagen voraus. Wenn niemand anzuklagen ist, dann gibt es niemanden, dem etwas zu verzeihen wäre.

Der dritte Schritt des Verzeihens ist das Anklagen des Verletzers. Sie beschließen, jemanden dafür zur Rechenschaft zu ziehen, daß etwas Falsches geschah. Bis Sie zu diesem Punkt kommen, werden Sie die Räder immer wieder durch den Morast der Verletzung ziehen, bis Sie in einer Mischung aus Selbstanklage, Verwirrung und Wut versinken.

Die schlechte Form der Anklage

Die ersten beiden Phasen des Verzeihens beantworten das Was. «Was ist mit mir geschehen? Was wurde beschädigt?» Die dritte Phase, das Anklagen, beantwortet das Wer. «Wer hat mich verletzt, und warum?» Ohne Antwort auf diese Fragen sind Sie psychologisch paralysiert, unfähig weiterzuleben und unfähig zu verzeihen.

Die Vorstellung, anzuklagen, ruft bei vielen ein unangenehmes Gefühl hervor, das durch mindestens drei starke und sich widersprechende Botschaften entsteht:

1. Anklagen ist nicht nett.
2. Wenn etwas schlecht läuft oder jemand ein gewünschtes Ziel nicht erreicht, muß jemand Schuld haben.
3. Da es schwierig ist, auf legale Weise herauszufinden, wer in Situationen Fehler macht, so wie bei einem Autounfall (oder einer Scheidung), sollten die Beteiligten als «schuldlos» betrachtet werden.

3. Schritt: Den Verletzer anklagen

Die erste Botschaft erreicht uns als Kinder durch unsere Eltern. Die zweite ist Teil unserer Kultur, die Konflikte als Duell zwischen «guten» und «schlechten» Jungs begreift. Versagt ein Individuum, dann muß es die Schuld des schlechten Jungen sein. Die dritte Botschaft kommt aus der Versicherungsbranche und der Juristerei. Ihre Versuche, die Kosten und den Papierkram zu vermindern, machen das Konzept von fehlerlosen Unfällen oder Scheidungen zu einer lukrativen und attraktiven Alternative bei Streitfällen. Bei allen drei Botschaften wird jedoch Anklagen mißverstanden.

Im allgemeinen ist Anklagen eine schlechte Klage geworden. Ein Verletzter kann es sich nicht leisten, durch Mythen über das Anklagen in den Sumpf gezogen zu werden. Sich für negative Gefühle persönlich verantwortlich zu fühlen ist falsch und potentiell selbstzerstörerisch. Wut, die aus Betrug resultiert, ist keine grundlose Wut. Klagt der Verletzte niemanden an, dann bleibt er auf seine eigenen Gefühle fixiert und kann sich nicht der Logik der Verletzung zuwenden. Anklagen bedeutet, jemand wird für die Verletzung verantwortlich gemacht. Jemand ist schlecht. Jemand sollte identifiziert werden. Dann kann ihm auch verziehen werden.

Die meisten, die niemanden anklagen, haben Angst davor, den Fehler bei sich selbst zu finden. Die Ankläger wiederum haben Angst, weil sie nicht «nett» sind und weil sie sich scheinbar über den Beschuldigten erheben.

Die Ziele des Anklagens

Jemanden anzuklagen bedeutet zuerst, diese Person für ein Geschehen für verantwortlich zu halten.[1] Es bedeutet zweitens, darauf zu bestehen, daß die verantwortliche Person etwas Falsches getan hat.[2] Man klagt einen anderen immer wegen einer schlechten Sache an. Das Anklagen besteht aus zwei Schritten: Sie müssen feststellen, wer das Geschehen verursachte und daß die verantwortliche Person falsch handelte. Sie hat eine moralische Regel übertreten, der Sie zugestimmt hatten, und diese Person ist für ihr Tun verantwortlich.[3]

Das Anklagen selbst ist weder gut noch schlecht. Anklagen bedeutet jemanden moralisch zur Verantwortung ziehen.

Darin liegt nichts Verwerfliches. Anklagen heißt nicht notwendigerweise, daß der Zorn verraucht ist. Auch beinhaltet es nicht immer böse Gegenbeschuldigung. Anklagen verfolgt zwei Ziele: (1) Es trennt Sie vom Verletzer, klärt die Rollen und (2) rückt sowohl Ihre Intentionen als auch die des Verletzers in den Mittelpunkt. Sie können dadurch erkennen, welche Rolle jeder Beteiligte bei der unverzeihlichen Verletzung gespielt hat. (Jeder Beteiligte trägt zu jeder Verletzung bei.) Anklagen versetzt Sie in die Lage, Ihre Aufmerksamkeit nach außen zu richten und nach Lösungen für die Verletzung zu suchen.

Antworten auf die Fragen nach dem Wer und Warum zu finden ist ein schwieriges Unterfangen. Es repräsentiert im Verzeihensprozeß den Schritt, an dem Sie wieder beginnen, Kraft zu schöpfen.

Sie müssen sich aber auf den Heilungsprozeß einlassen. Das Benennen und die Aneignung sind eher reflektive und ruhige Phasen des Verzeihens. Anklagen aber bedeutet Handeln. Das Handeln wiederum gibt Ihnen die Möglichkeit, Kontrolle über Ereignisse in Ihrem Leben auszuüben.

Zuerst muß sich der Verletzte entscheiden, wer anzuklagen ist. Wer steht der Anklage als «Zielscheibe» zur Verfügung?

Die Übertragung des Anklagens: Die Zielscheibe finden

Vom permanenten Selbstvorwurf zum Anklagen einer anderen Person zu kommen bedeutet Zeitaufwand und Arbeit (Darstellung 3). Wie in den anderen Phasen des Verzeihens sind auch hier Aufgaben zu bewältigen. Versucht man, sie zu lösen, dann kann die Umwandlung vom Selbstvorwurf zur Anklage einer anderen Person beginnen. Die Übertragung fängt an, wenn Sie entscheiden, wer unter all den Beteiligten angeklagt werden könnte, und dann herausfinden, wer angeklagt werden muß.

Für die Anklage gibt es drei mögliche Zielscheiben: (1) der Ver-

3. Schritt: Den Verletzer anklagen

Darstellung 3: Übertragung von der Selbstanklage zur Anklage

Verletzung ⟶ Folgeperiode ⟶ Benennung und Anklage ⟶ Aneignung

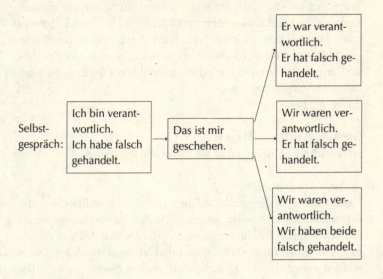

letzer allein, (2) der Verletzte oder (3) eine Kombination von beiden. Andere Beteiligte sieben Sie im Entscheidungsprozeß aus (zum Beispiel Verwandte, die «andere Frau», informierte Freunde und so weiter). Doch am Ende beschließt der Verletzte fast immer, daß sein Verletzer, oder er selbst zusammen mit ihm, für das unverzeihliche Ereignis anzuklagen sind.

Die Übertragung der Anklage bedeutet, daß der Verletzte nun nicht mehr sich selbst, sondern seinen Verletzer zumindest teilweise verantwortlich macht. Er ändert seinen Standpunkt. In der ersten Übertragung beschließt der Verletzte, daß der Verletzer verantwortlich ist, falsch handelte und nur er für die Verletzung anzuklagen ist. Der zweite Beschluß sagt dann, daß beide gleichermaßen als verantwortlich erachtet werden, aber nur der Verletzer, der den moralischen Vertrag brach, anzuklagen ist. Der dritte Beschluß besagt, daß beide verantwortlich waren, beide falsch handelten, beide anzuklagen sind und beiden verziehen werden muß.

Übertragung ist kein planmäßiger Prozeß. Ist der Verletzer ein Triebtäter, ein Dieb oder ein scheinheiliger, nur auf seinen eigenen Vorteil bedachter Lügner, dann ist es leichter für Sie, vom Selbstvorwurf zur Anklage überzugehen. Haben aber beide Beteiligten gleichmäßig zu dieser Situation beigetragen, kann es viel Zeit kosten, zu entscheiden, wer etwas Falsches tat. Nach der Entscheidung kann die Anklage beginnen.

**Die Aufgaben des Anklagens:
Herausfiltern, Abwägen und die Tatsachen feststellen**

Aufgabe 1: Herausfiltern
Herausfiltern ist die erste Aufgabe bei der Umwandlung von der Selbstanklage zur Anklage anderer. Wie das Wort «Herausfiltern» schon sagt, erfordert die Aufgabe, daß alle denkbaren Täter gesammelt und dann einem «Filter» der Logik ausgesetzt werden. Dabei werden einige sofort ausgeschlossen, andere bleiben zurück. Die Aufgabe des Filterns ist vergleichbar mit der einer Geschworenenjury nach den Schlußplädoyers: Information muß gesiebt und gefiltert werden, um dann herausfinden zu können, wer schuldig sein könnte, und dann, wer schuldig ist. Allerdings muß sich die Jury im Unterschied zum Verletzten einzig und allein um die Fakten des Falls kümmern. Der unverzeihlich Verletzte neigt dazu, sein ganzes Leben sowie die gesamte Lebenserfahrung des Verletzers Revue passieren zu lassen. Die «alten Gründe» kommen neben den «neuen Gründen» ins Spiel.

Jedes Ereignis hat alte und neue Gründe. Beispielsweise ist die Tatsache, daß Sie jetzt an einem bestimmten Ort sitzen und lesen, das Ergebnis einer langen Kette von alten plus neuen Ereignissen. Vielleicht sitzen Sie in Ihrem Lieblingssessel. Sie sitzen da, weil jemand den Sessel entworfen hat. Ein Schreiner hat ihn hergestellt. Weihnachten haben Sie Überstunden gemacht, um ihn sich kaufen zu können. Der Sessel steht unter dem Fenster in Ihrem Wohnzim-

3. Schritt: Den Verletzer anklagen

mer, weil er wegen seiner Größe sonst nirgendwo hinpaßt. Sie ruhen sich nun aus, weil die Kinder draußen sind und Ihr Ehepartner noch nicht nach Hause gekommen ist. Da sitzen Sie nun. Sie sehen also, daß das, was Sie gerade tun, das Ergebnis einer Kette von vielen Ereignissen ist, zu denen viele Leute beigetragen haben.

Der Grund dafür, daß Sie jetzt in diesem Sessel sitzen, könnte z. B. sein, daß Sie müde sind und einen Augenblick Pause machen möchten, bevor die Kinder nach Hause kommen. Ein anderer Grund jedoch ist der, daß ein Handwerker diesen Sessel vor fünfzehn Jahren hergestellt hat und Sie ihn gekauft haben. In jeder Kette von Ereignissen gibt es alte und neue Gründe.

Wenn Ereignisketten lang werden, dann gibt es Glieder, die vor sehr langer Zeit, und andere, die erst kürzlich entstanden. Das Auftreten einer unverzeihlichen Verletzung ist keine Ausnahme. Man kann an alte Geschehnisse denken, die zu dem Grund für die Verletzung beigetragen haben mögen, und auch an eben Geschehenes. Das Filtern erfordert, die alten und neuen Ereignisse, die mit der unverzeihlichen Verletzung in Verbindung stehen, zu sieben und zu filtern, um sich entscheiden zu können, wer dafür verantwortlich ist. Ein gutes Beispiel dafür sind die frühen, verwirrten Versuche einer kürzlich Geschiedenen, ihre Verletzung herauszufiltern, indem sie die alten und neuen Gründe durchgeht.

Wenn die Frau von Joe Smith ihre Ehe beendet, um eine neue Beziehung einzugehen, könnte Joe ungefähr folgendes denken:

«Ihre Mutter ist verantwortlich. Sie gab immer nach. Als ich meinen eigenen Standpunkt vertrat, verließ sie mich, weil ich nicht nachgab, so wie es ihre Mutter immer getan hat.

Ihre beste Freundin ist verantwortlich. Ihre Freundin hatte eine Affäre nach der anderen. Meine Frau fühlte sich außen vor. Hätte es diese Freundin nicht gegeben, dann wäre meine Frau monogam geblieben.

Ihr Vater ist verantwortlich. Er hatte immer Affären. Hätte es ihn nicht gegeben, dann hätte meine Frau ein besseres Vorbild für die Ehe gehabt.

Ihr Chef ist verantwortlich. Sie mußte so hart arbeiten, daß sie etwas total Unverantwortliches machen und dem Stress entgegensetzen mußte.

Ich bin verantwortlich. Ich habe mich in der letzten Zeit viel mehr mit meiner Arbeit beschäftigt, als gut war. Kein Wunder, daß sie eine Affäre hatte.

Meine Frau ist verantwortlich. Sie log. Sie brach unser Eheversprechen. Sie hat mich ausgenutzt.»

Ausgehend von einer solchen Liste fängt der Verletzte an, sich mit der Aufgabe des Filterns zu befassen.

Das Filtern sagt Ihnen nicht, wer Sie absichtlich verletzt oder wer ein moralisches Abkommen gebrochen hat. Mit anderen Worten, es sagt Ihnen nicht, wen Sie anklagen müssen. Das Filtern gibt Ihnen eine Liste der Personen an die Hand, die mit der Verletzung zu tun hatten, so daß Sie damit anfangen können, darüber nachzudenken, wer angeklagt werden könnte. Das Filtern führt zu einer Art Schnappschuß der Mitspieler bei einer unverzeihlichen Verletzung. Sind die Teilnehmer erst einmal gefunden, kristallisieren sich auch die jeweiligen Rollen in der Verletzung heraus. Einige werden aus dieser Momentaufnahme ausgeschlossen, andere bleiben dort, und einige können schließlich verantwortlich gemacht werden.

Die nächste Aufgabe, das Abwägen, offenbart, wer verantwortlich ist und wer nicht.

Aufgabe 2: Abwägen der Verletzungen auf der Skala der Verantwortlichkeit
Die nächste Aufgabe in der Anklagephase ist es, zu entscheiden, wer am meisten zu der unverzeihlichen Verletzung beigetragen hat. Die verantwortlichen Parteien haben sich bereits herauskristallisiert, nun muß der Hauptverantwortliche gefunden werden. Meist muß nur ihm verziehen werden.

Wie können Sie entscheiden, wer vor allem für das Ereignis verantwortlich ist? Anders ausgedrückt, was bedeutet es tatsächlich, für etwas verantwortlich zu sein?

«Verantwortung» ist ein komplexer Begriff. In jeder Situation, in der Menschen ein Ereignis schaffen, trägt eine Person wahrschein-

3. Schritt: Den Verletzer anklagen

lich mehr Verantwortung für das Ereignis als andere. Verantwortung ist ein meßbarer Begriff.[4] Eine Person kann ganz oben in der Skala stehen und für einige Begleitumstände als hoch verantwortlich eingestuft werden. Ein anderer dagegen kann ganz unten auf dieser Skala stehen, für kaum verantwortlich gehalten werden und doch in den Umstand verwickelt sein. Jeder bewertet ständig den Grad der Verantwortlichkeit anderer. Wer oder was, so fragen Sie beispielsweise eine Freundin nach einer wunderbaren Dinnerparty, hat vor allem zum Gelingen beigetragen? Der Charme der Gastgeberin oder die Zusammensetzung der Gäste? Nach einer Schlägerei, die Sie auf der Straße beobachteten, sind Sie vielleicht der Meinung, daß die Schläger mehr Verantwortung für den Tumult tragen als die Umstehenden, die sie anstachelten.

Das Festlegen von Graden der Verantwortlichkeit ist für die meisten von uns eine ganz alltägliche Erscheinung. Die meisten von uns verstehen jedoch nicht ganz, wie sie zu ihren Schlußfolgerungen kommen. Das Abwägen hilft Ihnen dabei zu sehen, wie und warum Sie entschieden, wer tatsächlich verantwortlich und tadelnswert ist. Bei dieser Aufgabe gehen Sie am besten wie folgt vor:

Stellen Sie sich vor, die Verantwortlichkeitsskala würde wie eine altmodische Waage in einem Fleischerladen aussehen. Das Gewicht eines Fleischstücks in einer der Waagschalen wird von einem Zeiger angezeigt, der sich auf einem vertikalen Balken auf und nieder bewegt. Der Balken ist durch Gewichte geeicht – je mehr Fleisch in der Schale liegt, desto höher geht der Zeiger auf dem geeichten Balken. Wie eine Fleischskala zeigt die Verantwortlichkeitsskala das Gewicht der Verantwortlichkeit an – je verantwortlicher jemand ist, desto höher bewegt sich der Zeiger auf der Skala. Beschäftigen Sie sich mit der Entscheidung, wer für etwas verantwortlich ist, stellen Sie sich vor, wie hoch der Zeiger auf dem Balken der Verantwortlichkeitsskala nach oben geht!

Die Verantwortlichkeitsskala hat auf verschiedenen Höhen Maßangaben.

Auf der Ebene der minimalen Verantwortlichkeit befindet sich die Markierung für «Beteiligung». Sind Sie irgendwie an einem Ereignis beteiligt, dann würde der Zeiger an dieser Stelle stehenbleiben. Schwester Camilla war minimal beteiligt an Annabelles Austritt aus der Kirche, weil Camilla alt wurde.

Die nächsten beiden Markierungen sind die wichtigsten, wenn es um unverzeihliche Verletzungen geht. Sie zeigen größere Verantwortlichkeit an. Kann ein Verletzer auf eine dieser beiden höheren Markierungen gesetzt werden, kann auch die Anklage stattfinden.

Die nächsthöhere Markierung über die der Beteiligung ist die «Voraussehbarkeit».

Etwas voraussehen bedeutet, sich das Eintreten eines Ereignisses im voraus ausrechnen zu können. Sie wissen beispielsweise, wie wenig Alkohol Sie vertragen können und wie schnell Sie betrunken sind. Auf einer Party trinken Sie dennoch zehn Cocktails. Dann können Sie voraussehen, daß Sie betrunken sein werden. Deshalb sind Sie selbst verantwortlich.

Ist die Handbremse Ihres alten Autos schon seit zwei Jahren kaputt und lockert sich leicht, dann können Sie voraussehen, daß das an einem steilen Hügel geparkte Auto hinunterrollen wird. Dann sollten Sie sich selbst für den Schaden verantwortlich machen. Sie hätten es ahnen müssen. Sie haben es zwar nicht beabsichtigt, aber Sie hätten es vorhersehen müssen.

Sie könnten auf Ihre Kinder böse sein, weil sie ganz in der Nähe des Nachbarhauses Fangball spielen. Landet der Ball schließlich in einem Fenster, dann schreien Sie: «Das hättet ihr vorhersehen sollen!» Wir halten die Menschen für verantwortlich, von denen wir glauben, daß sie gewußt haben, daß ihr Verhalten Folgen haben würde.

Auf der Ebene der Vorhersehbarkeit kann der Verletzte den Verletzer für verantwortlich halten, wenn er schlußfolgert, daß der Verletzer das Ergebnis seiner Handlung hätte vorhersehen können. Weiß eine Partei in einer moralischen Beziehung, daß ihre Handlung die Beziehung zerstören könnte, dann kann sie für den Bruch auf der Ebene der Vorhersehbarkeit zur Verantwortung gezogen werden.

Joe Smith dachte über die Mutter seiner Frau nach, ihren Vater, den Chef und die beste Freundin. Systematisch fragte er sich selbst, ob eine der Personen hätte vorhersehen können, daß ihr Verhalten

3. Schritt: Den Verletzer anklagen

das Ende der Ehe bedeuten könnte. Nachdem er alle Fakten sorgfältig abgewogen hatte, entschied er, daß sie es nicht hätten tun können. Jeder mag zu den Haltungen, Problemen und dem Unglücklichsein seiner Frau beigetragen haben, aber keiner war für ihre Untreue verantwortlich. Sie andererseits war es, und sie hätte wissen müssen, daß ihre Untreue ihre Ehe zerstören würde.

Annabelle hielt die Mutter Oberin auf der Ebene der Vorhersehbarkeit für verantwortlich. Diese hätte wissen müssen, daß eine gewaltsame Vertreibung von Schwester Camilla Annabelle keine andere Wahl ließ, als die Kirche zu verlassen.

Wir halten uns selbst für verantwortlich, wenn wir die Ergebnisse unseres Verhaltens vorhersehen können. Andere tragen nur Verantwortung, wenn sie Ereignisse klarer voraussehen konnten als wir. Noch mehr Verantwortung tragen sie, wenn sie absichtlich ein Geschehen herbeiführen. Die oberste Markierung auf unserer Verantwortlichkeitsskala ist die der «Absichtlichkeit».

Absichtlichkeit bedeutet, daß jemand um die Folgen seiner Handlung weiß. Man liegt absichtlich in der prallen Sonne, um braun zu werden. Man geht absichtlich arbeiten, um ein Projekt zu beenden oder um Geld zu verdienen. Ein Junge geht vielleicht mit Vorbedacht an einen Ort, von dem er annimmt, daß das Mädchen, für das er sich interessiert, sich dort aufhält. Wir schimpfen unsere Kinder manchmal absichtlich aus, um ihnen eine Lektion zu erteilen.

Absichtlichkeit wiegt schwerer als Vorhersehbarkeit. Ein Mann, dem an einem heißen Tag das Benzin ausgeht, hätte vorhersehen können, daß sein langer Marsch zur nächsten Tankstelle in der drückenden Sonne mit einem Sonnenbrand enden würde. Trotzdem hatte er nicht die Absicht, einen Sonnenbrand zu bekommen. Eine Frau, die nach Alkoholgenuß Auto fährt und jemanden verletzt, hätte das vorhersehen können, doch fuhr sie nicht mit dieser Absicht los. Jemand, der ein Ereignis beabsichtigt und es dann auch tatsächlich so herbeiführt, trägt mehr Verantwortung als jeder andere auf der Verantwortlichkeitsskala. Der verursachte Schmerz mag nicht schlimmer sein als der durch andere Menschen hervorgerufene, aber er wurde absichtlich zugefügt.

Der nächste Schritt beim Abwägen ist die Entscheidung, ob jemand die unverzeihliche Verletzung beabsichtigte. Das kann ziemlich schwierig sein.

Wer sich gut kennt, kann die wahrscheinlichen Auswirkungen seines Verhaltens auf andere möglicherweise vorhersehen. Ein Ehemann, der sein nasses Handtuch auf den Boden wirft, weiß, daß seine Frau ihn dafür tadeln und darauf bestehen wird, daß er es aufhängt. Eine Frau, die den dritten aufeinanderfolgenden Abend bis spät im Büro bleibt, kann Protest voraussahnen. Ehemann und Ehefrau oder Eltern und Kinder kennen sich gegenseitig so gut, daß sie die Auswirkungen ihres Verhaltens auf den/die anderen genau kennen. Doch angenommen, der Mann der arbeitswütigen Frau verläßt das Haus, weil er ihre Abwesenheit leid ist. Bei seinem Herumziehen trifft er in einer Bar eine Frau und verabredet sich mit ihr für den nächsten Nachmittag in einem Motel. Trägt er mehr Verantwortung für die Verabredung als seine überarbeitete Frau? Diese Fragen sind der Stoff von vielen Streitereien, die so ablaufen können:

«Du hast das getan.»
«Hättest du das nicht gesagt, dann hätte ich das nicht getan.»
«Nun, hättest du das nicht getan, dann hätte ich das nicht gesagt.»

In solche Kämpfe verstricken sich Menschen bei dem Versuch, die Glieder in der Kette der Ereignisse, die zu der Hauptverletzung führten, zu finden. Jeder argumentiert, daß der andere die Verletzung hätte voraussehen müssen. Allein gelassen dreht sich der Verletzte häufig im Kreise bei seinem wiederholten eigenen inneren Dialog zwischen sich und dem Verletzer. Zuerst hält er sich selbst für verantwortlich, weil er die Reaktion der anderen Person hätte voraussehen können. Dann glaubt er, der andere sei verantwortlich, da der ihn gut genug hätte kennen müssen, um die Folgen ahnen zu können. Dann wiederum hält er sich selbst für verantwortlich. So geht es immer weiter, bis er über Absichtlichkeit nachdenkt. Wer wollte die Handlung, die eine moralische Regel zwischen zwei Menschen zerstörte? Wer wollte so handeln, daß es zu einem moralischen

3. Schritt: Den Verletzer anklagen

Bruch oder einem Vertrauensbruch kam? Normalerweise nur einer, und das ist der Verletzer.

Absichtlichkeit bei unverzeihlichen Verletzungen hat zwei Komponenten: Einmal tat jemand absichtlich etwas, was in einer Verletzung enden konnte, und zudem war die Handlung falsch. Sie zerstört eine moralische Regel zwischen zwei Menschen.

So hat Jenny, die jahrelang mißbraucht wurde, schließlich ihre Rolle in dem Mißbrauch herausgefunden und gefolgert, daß ihr Mann mehr Verantwortung trug als sie und deshalb anzuklagen war:

«Er war so grausam. Schockierend grausam. Einige Leute waren überrascht, daß ich ihn nicht umbrachte. In der Tat sagte mein Arzt, daß er mein Leben für eins der schlimmsten hielt, die man nur haben kann. Aber er war ein Quartalstrinker – er trank nicht täglich, sondern ungefähr alle sechs Wochen und war dann eine Woche lang betrunken. In all den Jahren hat er mich und unsere Kinder in Angst, Armut und Entwürdigung gelassen. Und zeitweise tat er mir schrecklich leid. Er ging selbst in die Entziehung, aber stocknüchtern war er genauso gewalttätig. Dann diagnostizierten sie bei ihm eine manische Depression. Wegen des Geldes konnte ich nicht weggehen. Aber so trug ich auch Verantwortung für die Schläge, die ich bezog.

Schließlich beschloß ich, geisteskrank oder nicht, Alkoholiker oder nicht, er war ein intelligenter Mann – klug genug, um zu wissen, wann er etwas falsch machte. Ich war clever, cleverer als er. Ich wußte, wie ich doch noch alles vor dem totalen Zusammenbruch bewahren konnte. Aber er handelte falsch. Und er wußte es. Schließlich sagte ich: ‹Wenn du damit nicht aufhörst, gehe ich, und du mußt sehen, wo du bleibst.› Er hörte auf, ich blieb. Er versuchte sich selbst zu helfen. Er war geisteskrank. Und ich kümmerte mich immer noch um ihn.»

Wenn unverzeihliche Verletzungen absichtlich begangen werden, brechen sie jedes Vertrauen und jeden Vertrag. Das gilt auch für die Reaktionen auf Handlungen. Sie müssen angemessen sein. Wenn beispielsweise ein Ehemann das Baby schlampig wickelt, muß er mit Vorwürfen rechnen. Vorwürfe zerstören meistens keine Ehen. Würde seine Frau andererseits damit antwortet, daß sie ihm ein Fleischmesser in den Körper rammt oder ihn stundenlang beschimpft, bricht das mit aller Wahrscheinlichkeit einige moralische Regeln zwischen ihnen. Anzuklagen ist die Frau, obgleich der Mann hätte vorhersehen können, daß sein schlampiges Wickeln eine negative Reaktion hervorrufen würde. Auch Annabelle konnte die Mutter Oberin nicht anklagen, sie absichtlich zum Austritt gezwungen zu haben. Keiner hatte das beabsichtigt. Doch die Mutter Oberin hätte vorhersehen können, daß ihr Verhalten gegenüber Camilla Annabelles Weggang provozieren würde.

Im allgemeinen gelten folgende Regeln, um Verantwortlichkeit für eine unverzeihliche Verletzung festzulegen:

1. Wenn durch die Handlung des Verletzers absichtlich ein Schwur oder ein Versprechen gebrochen oder eine andere moralische Regel verletzt wird, dann ist der Verletzer anzuklagen. Auch dann, wenn der Verletzte einige der Konsequenzen hätte voraussehen können.
2. Wenn beide hätten voraussagen können, daß ihr Verhalten ihre Beziehung belasten würde, aber nur einer sich falsch verhalten hat, dann trägt er mehr Verantwortung.

Diese Punkte sind besonders wichtig für diejenigen, die als Kinder verletzt wurden. Häufig wissen Kinder, daß ein ganz bestimmtes Verhalten zu Verletzungen führen wird. Ein Kind beispielsweise, das im Lieblingssessel der Mutter sitzt, wenn sie betrunken nach Hause kommt, weiß, daß nun Schläge folgen können, doch es hat nicht mit ihrem frühen Erscheinen gerechnet. Wenn die Mutter früher nach Hause kommt und das Kind schlägt, dann klagt das Kind sich selbst an. Als Erwachsener fängt die mißbrauchte Person vielleicht an zu denken, daß es trotz seines Verhaltens weniger Verantwortung trägt als seine Mutter. Die Mutter wollte ihm weh tun. Das Kind wollte das nicht. Die Mutter war anzuklagen. Ihr muß also verziehen werden.

3. Schritt: Den Verletzer anklagen

Aufgabe 3: Das Feststellen der Tatsachen
Was können Sie tun, wenn Sie nicht genau wissen, wer die meiste Verantwortung trägt? Was können Sie tun, wenn Sie selbst, nachdem Sie alles zur Verfügung stehende Beweismaterial durchgegangen sind, keine Anklage erheben können? Das passiert manchmal, aber nicht häufig. Geschieht es, dann sollten Sie sich an die Aufgabe drei machen: das Festellen der Fakten.

Das verlangt gewöhnlich nach einer Antwort: Hat der Verletzer dieselbe unverzeihliche Verletzung seitdem oder vorher schon einmal verursacht? Anders formuliert: Gibt es eine konstante Verhaltensweise? Wenn ja, dann steckt dahinter oftmals Absicht. Hat jemand andere belogen, hatte andere Affären oder andere Versprechen gebrochen, dann sind diese Handlungen Teil eines Verhaltensmusters, keine Irrtümer oder Fehler. Das verletzende Verhalten war nur verdeckt.

Nancy, deren vierzehnjähriger Sohn durch Gift starb, glaubte nicht an einen Selbstmord. Sie vermutete, daß er das Gift genommen hatte, um krank zu werden und so eine Auseinandersetzung zu vermeiden. Am Tag seines Todes hatte Nancy ihn gefragt, wo er am frühen Morgen gewesen sei, denn sie hatte bemerkt, daß er nicht zu Hause gewesen war.

Nancy quälte sich mit Verdächtigungen, welche Rolle eine junge Arbeitskollegin bei dem Tod ihres Sohnes gespielt haben konnte. Sie erzählte ihrem Mann von ihrer Überzeugung, daß die Frau ihren Sohn verführt hätte, dessen Furcht vor drohender Entdeckung ihn ihrer Meinung nach dazu gebracht hatte, das Gift zu nehmen. Doch ihr Mann reagierte zunehmend distanziert und wütend. Er wollte den Vorfall vergessen und einfach weitermachen.

Nancy, deren Gedanken sich in einem Vakuum bewegten, glaubte manchmal, sie müßte verrückt werden. Schließlich beschloß sie, daß, könnte sie ihrer Arbeitskollegin auch Affären mit anderen Halbwüchsigen nachweisen, dies ein Beweis dafür wäre, daß ihr Sohn nicht Selbstmord begehen, sondern nur die Aufmerksamkeit seiner Eltern ablenken wollte.

Nancy rief einen Freund in einer Detektei an, der daraufhin die Frau beschattete. Der Detektiv konnte Nancys Vermutungen bestätigen. Die Kollegin hatte Sex mit einer Anzahl von Jungen aus der Nachbarschaft und selbst mit Freunden ihres Mannes gehabt. (Er selbst war zu der Zeit verreist gewesen.) Als Nancy den Beweis für ein Verhaltensmuster der Frau hatte, drückte sie ihre Erleichterung folgendermaßen aus:

> «Mein Freund glaubte, mir das Bild von meinem Sohn zu zerstören, wenn er mir erzählte, daß der mit ihr geschlafen hatte.
> Ich sagte: ‹Lieber Himmel, was glaubst du, wofür ich ihn hielt? Du hast mir meinen Sohn zurückgegeben.› Obgleich ich jetzt wußte, was geschehen war, fragte ich mich: Warum habe ich ihm bloß nicht die Gitarre gekauft, die er so gerne zum Geburtstag haben wollte? Warum mußte ich ihm sagen, daß er seine Sommerschule selbst bezahlen müßte, weil er in Algebra durchgefallen war und die Lehrer mir sagten, daß er mit Leichtigkeit eine ‹1› hätte haben können? Als mein Freund uns erzählte, daß ich mit meinen Vermutungen recht hatte, glaubte auch mein Mann an die Schuld der Frau.»

Menschen haben Verhaltensmuster. Im Verhalten der meisten Menschen, so auch in dem eines Verletzers, existiert Beständigkeit. Menschen klagen sich selbst an, sogar nachdem der Schock vorbei ist, weil sie ihre eigenen Verhaltensmuster besser kennen als die des Verletzers. Wenn man die Tatsachen herausfindet, offenbart sich in der Regel, daß sich der Verletzer in der Vergangenheit beständig nach Mustern verhielt, die aber verdeckt waren. Wie das alte Sprichwort schon sagt: «Einmal ein Lügner, immer ein Lügner.»

Anklagen kann man, nachdem man drei Aufgaben erfüllt hat: herausfiltern, abwägen und die Tatsachen feststellen. Das Herausfiltern identifiziert jeden, der möglicherweise für die Verletzung verantwortlich sein könnte. Abwägen legt offen, wer die größte Verantwortung trägt und anzuklagen ist. Das Herausfinden der Tatsachen gibt hilfreiche Informationen, um dem Verletzer auf der Verantwortlichkeitsskala seinen Platz zuzuweisen. Nach Abschluß dieser Aufgaben hat der Verletzte den Übergang vom Selbstankläger zum Ankläger eines anderen vollzogen und kann weitermachen.

3. Schritt: Den Verletzer anklagen

Unterschiedliche Anklagen für unterschiedliche Ankläger

Die Leichtigkeit, mit der man andere anklagen kann, unterscheidet sich von Land zu Land. Und Frauen reagieren anders als Männer. In der Regel klagen Frauen sich selbst stärker an.[5]

Wen man anklagt, hat auch mit Selbstachtung zu tun. Bei geringer Selbstachtung neigt man eher dazu, sich selbst wegen eines Fehltritts anzuklagen.[6]

Kinder können ihre Eltern meist erst dann anklagen, wenn sie das Erwachsenenalter erreicht haben. Vorstellungen wie Absichtlichkeit oder Falschheit könnten für ein Kind unerträglich sein. Dies ist einer der Gründe, warum viele, die als Kinder geschädigt wurden, erst als Erwachsene verzeihen können. Es bedarf der Entwicklung, um jemand anderen anzuklagen und dabei herauszufinden, wem wirklich verziehen werden muß.

Ethnische Zugehörigkeit, Nationalität, Geschlecht, Selbstachtung und Lebensalter sind Faktoren, die sich auf das Anklagen auswirken.[7] Doch um jemandem zu verzeihen, muß man ihm die Verantwortung geben.

Zusammenfassung

Viele Leute wollen anderen nicht die Schuld geben. Anklagen kann hart und lieblos erscheinen. Freunde können einem Verletzten raten, einfach weiterzumachen, nicht wissend, daß dazu das Anklagen gehört. Bei zufälligen Verletzungen wie Stromschlägen kann es für das Opfer unwichtig sein, wer sie verursachte. Erfolgt die Verletzung allerdings durch eine geliebte Person, muß man wissen, warum diese das tat, und sei es nur, um der Wiederholung vorzubeugen.

Einige überschätzen sich auch. Macht jemand etwas falsch, dann «übernehmen sie einfach persönliche Verantwortung» oder «ziehen sich selbst am Haarschopf wieder heraus». Könnten unverzeihlich Verletzte das, dann würden sie es wahrscheinlich auch tun.

Aber die meisten sind zu verwundet und verwirrt, um ihre Zähne zusammenbeißen und weitermarschieren zu können. Sie brauchen Hilfe.

Freunde und professionelle Helfer können zu dem Mythos beigetragen haben, daß alle Verletzungen ohne Schuld geschehen seien. Sie haben Angst vor ihrer eigenen Wut und vor unkontrollierten Ausbrüchen. Sie verstehen wahrscheinlich auch nicht, daß Verantwortlichkeit und Anklage nicht dasselbe sind und daß es viele Ebenen der Verantwortlichkeit gibt.

Sie müssen jemanden für Ihre Verletzungen verantwortlich machen und akzeptieren, daß das Falsche, das geschehen ist, vorhersehbar und sogar beabsichtigt war. Jemand ist dafür anzuklagen, daß Sie tief verletzt wurden. Es kann der Verletzer sein, es kann eine Kombination aus Verletztem und Verletzer sein. Doch bis sich die Verwirrung gelegt hat und Sie den Verletzer erkennen können, können Sie niemandem verzeihen.

Anklagen ist nicht falsch. Es ist gut und notwendig, solange es Teil des Verzeihens ist. Die Phase des Anklagens ist eben nur eine Phase. Sie sollten weder Angst davor haben, noch sich von anderen davon abhalten lassen. Das Anklagen wirft Licht auf die Verletzung. Die oben beschriebenen Aufgaben werden klar, und die Möglichkeit des Verzeihens leuchtet am Ende eines langen, dunklen Tunnels auf. Das Anklagen ist ein positiver Schritt vorwärts, ein Schritt auf dem Weg zur Heilung. Können Sie erst einmal anklagen, dann wissen Sie, wem Sie verzeihen müssen. Ist Ihnen die Identität der Person klar, der Sie verzeihen müssen, dann sind Sie Ihrem Ziel näher gekommen.

4. Schritt:
Das Ausbalancieren der Waagschalen

Ich hatte keine Aussicht, mich zu rächen.
Was konnte ich tun, um mich zu rächen?
Wenn ich mich nicht rächen konnte,
dann mußte ich eine Entschädigung bekommen.
ANN ROLAND

Fred war Anwalt, Yvonne Leiterin eines Sozialamtes. Zusammen hatten sie ein gehobenes Einkommen. Sie leisteten sich Kunstgenüsse, Reisen und allerlei angenehme Dinge. Kinder hatten sie keine. Jeden Monat wurden die Gehälter des Paares automatisch auf ihre Bankkonten überwiesen. Freds ging direkt auf ihr gemeinsames Sparkonto, Yvonnes auf ihr gemeinsames Girokonto. Fred stellte Schecks für die Rechnungen aus, Yvonne kümmerte sich so gut wie nicht um ihre finanziellen Angelegenheiten.

Yvonne wollte ein neues Auto kaufen. Sie hatte ihren blauen Toyota seit vier Jahren und war von Freds neuem rotem BMW begeistert. Fred sagte Yvonne, daß sie im Augenblick nicht genug Geld auf dem Sparkonto hätten, um ein neues Auto zu kaufen, es sich aber bald leisten könnten. Nachdem sechs Monate vergangen waren, in denen Freds Haltung unverändert blieb, wurde Yvonne unruhig. Sie entschloß sich, die Bankkonten zu überprüfen. Als sie es dann tat, blieb ihr die Spucke weg.

Yvonnes Gehaltsschecks waren direkt auf das Girokonto gegangen, während Freds keineswegs auf dem Sparkonto verbucht waren. Auf dem Sparkonto war tatsächlich kaum Geld.

Yvonne stellte Fred zur Rede, und er gestand. Über eineinhalb Jahre vorher hatte er ein eigenes separates Konto eröffnet und sein Gehalt dorthin überweisen lassen. Von diesem Geld hatte er ein Segelboot gekauft. Fred und Yvonnes fünfzehnjährige Ehe brach kurz danach auseinander. Yvonne bekam die Hälfte des Besitzes und die Hälfte des wenigen, was auf ihren gemeinsamen Konten war. Der Kauf des Segelboots hatte Freds Konto fast geleert, daher bekam sie nur wenig.

Yvonnes Lebensstil änderte sich drastisch. Sie war zu einer Ausgabenreduzierung gezwungen, machte selten Urlaub und ging kaum essen. Auch fuhr sie weiterhin ihren alten blauen Toyota. Erst zweieinhalb Jahre nach ihrer Scheidung war sie in der Lage, sich ein neues Auto zu kaufen, und dann konnte sie auch erst anfangen, Fred zu verzeihen.

Die vierte Phase des Verzeihens ist das Ausbalancieren der Waagschalen. Das Ausbalancieren der Waagschalen hat die Wirkung, daß der Verzeihende etwas von der Kraft oder den Mitteln zurückerhält, die er durch die unverzeihliche Verletzung verloren hat. Das Verzeihen entsteht aus Stärke, nicht aus Schwäche. Daher muß jemand, der einem anderen schließlich verzeihen kann, eine gewisse Stärke wiedergewonnen haben. Er muß sich so stark oder mit so vielen Werten ausgestattet fühlen wie sein Verletzer. Es ist der vierte Schritt, der schließlich für einen Ausgleich der Mittel und Möglichkeiten in einer Beziehung sorgt, die ganz übel aus dem Gleichgewicht geraten ist. Was meine ich mit Mitteln und Möglichkeiten, die aus dem Gleichgewicht geraten sind? Um diese Frage zu beantworten, müssen wir erneut den Begriff der intimen Beziehung im allgemeinen untersuchen.

Beziehungen im Gleichgewicht

Beziehungen zwischen Freunden, zwischen Ehepartnern und zwischen Eltern und Kindern basieren auf Vertrauen, Liebe, Gewohnheiten, dem Teilen von Information und der Organisation der Mittel und Möglichkeiten und dem Austausch. Manchmal bringt einer in eine Beziehung mehr ein oder zieht mehr daraus als der andere. Jede Beziehung findet ihr eigenes Gleichgewicht.

In jeder intimen Gruppierung von Menschen hängt also das Verhalten jedes einzelnen von dem eines jeden anderen in der Gruppe ab und bezieht sich darauf.[1] Ändert sich eine Person, so muß jeder andere sich langsam angleichen, damit das «System» intakt bleiben

4. Schritt: Das Ausbalancieren der Waagschalen

kann.[2] Ein Hausmann beispielsweise tritt wieder ins Berufsleben ein. In einem solchen Fall müssen seine Frau und die Kinder einige der Arbeiten übernehmen, die er vorher zu Hause geleistet hat.

Angleichung an individuelles Verhalten ist die Regulationsmethode, die ein System zur Aufrechterhaltung seiner Existenz benutzt. Man kann sich eheliche Beziehungen oder Freundschaften als eine Art Geschäftsunternehmen vorstellen, um zu sehen, wie ein System sein Gleichgewicht beibehält.

Ein kleines Geschäftsunternehmen wird von Leuten betrieben, die alle etwas als Grundlage einbringen, Know-how, gesellschaftliche Kontakte, Sicherheiten oder Computerkenntnisse. Von jedem wird erwartet, daß er zur Verbesserung des Geschäfts beiträgt.

Von jedem einzelnen wird erwartet, daß er seine Grundlagen mit den anderen Geschäftspartnern teilt. Einer hilft dem anderen beim Programmieren des Computers oder bei notwendigen Kontakten. Niemand darf seine Kenntnisse nur zu seinem eigenen Vorteil einsetzen.

Schließlich liefert das kleine Unternehmen irgendein Produkt, und alle werden für ihre harte Arbeit belohnt, wenn die Profite geteilt werden.

Bei intimen Beziehungen ist es ähnlich. In Ehen, Freundschaften oder Eltern-Kind-Beziehungen bringt jeder einzelne etwas in die Beziehung ein. Dann teilen die Menschen diese Grundlagen. Schließlich wird irgend etwas produziert. Das Produkt kann einfach die Arbeit eines Kindes für die Schule sein oder vielleicht der familiäre Beitrag für eine Kirche oder ein Projekt der Kommune. Worum es sich auch handelt, die Einheit jedenfalls arbeitet zusammen. Keiner zieht mehr Gewinn daraus als ein anderer, wenn das System völlig im Gleichgewicht ist.

In eheliche Beziehungen kann Geld eingebracht werden, Versorgung, Humor, neue Informationen, Geheimnisse, Schwierigkeiten und eine Unzahl anderer Grundlagen. Ein Ehemann kann gute Laune und ein Einkommen einbringen, eine Ehefrau den Geschäftssinn, die Fähigkeit, gut mit Geld umgehen zu können, und eine Vorliebe für gute Späße. Zusammen bilden sie eine kompatible und gut ausbalancierte Beziehung. Dasselbe gilt für Freundschaften, in denen der eine gut zuhören kann und der andere viel Zeit einbringt. Eltern füttern, kleiden und schützen ihre Kinder und bieten Bequemlichkeit und Anleitung. Kinder bringen neue Ideen, Liebe, Spaß und Unschuld ihren Eltern gegenüber ein. Das Gleichgewicht zwischen den Menschen muß beibehalten werden. Gibt es ein völliges Gleichgewicht, dann kann niemand den anderen betrügen. Unverzeihliche Verletzungen zerstören das Gleichgewicht und den Lebensnerv der Beziehung.

Eine intime Beziehung mit unausgewogenem Gleichgewicht bedeutet nicht immer, daß einer finanzielle Gewinne auf Kosten des anderen macht. Bei unverzeihlichen Verletzungen wird das Gleichgewicht zerstört, wenn einer sich gegen den anderen entscheidet, während er zur gleichen Zeit seine eigene Wahlmöglichkeit vergrößert. Wahlmöglichkeit ist neben Liebe und Vertrauen eine der entscheidenden Grundlagen in einer intimen Beziehung.

Man kann jemandem auf drei einfache Arten die Wahlmöglichkeit nehmen: durch körperlichen Freiheitsentzug, durch das Vorenthalten von Informationen oder durch Lügen. Jede dieser drei Methoden ist Teil eines Ereignisses, dem eine unverzeihliche Verletzung folgt. Die körperliche Freiheit kann man jemandem entziehen, indem man ihn vergewaltigt, schlägt, einsperrt oder zwangsweise in eine Klinik einweisen läßt. Wenn Sie sich Nacht für Nacht vergnügen, während Ihr Partner zu Hause bleibt und die Hausarbeit macht, dann hat Ihr Partner keine Wahl mehr, wie er seine freie Zeit verbringen will.

Freds Geheimnis vor Yvonne ist ein Beispiel, wie Wahlmöglichkeit mittels zurückgehaltener Informationen abgeschafft wird. Yvonne verlor die Möglichkeit zu wählen, ob sie ein neues Auto kaufen wollte oder nicht.

Lügen entziehen Menschen anders, subtiler, die Möglichkeit zu wählen.[3] Es wird fast unmöglich, eine begründete Wahl zu treffen, weil die Alternativen unklar sind. Lügt ein Mann beispielsweise, wenn er seiner Frau versichert, daß er sie liebt, dann kann sie nicht wirklich frei wählen, eine lieblose Beziehung aufzugeben. Stephanie, die Frau, deren Mann während der Ehe homosexuelle Beziehungen hatte, sagt das Folgende über die Auswirkungen von Lügen:

4. Schritt: Das Ausbalancieren der Waagschalen

«Ich konnte mit diesen Lügen nicht leben. Die letzten drei Jahre meiner Ehe basierten auf einer Lüge. Wirklich erschreckt hat mich und tut es immer noch, daß er mich hätte anstecken können – Aids, Herpes, Hepatitis. Wie konnte er es WAGEN?

Ich hätte Kondome benutzen, ihn verlassen oder ihn dazu bringen können, einen HIV-Test zu machen. Wer weiß, wie das alles noch enden wird? Aber seine Lügen werden mich wahrscheinlich länger verletzen als seine Untreue.»

Die Ereignisse, die zu unverzeihlichen Verletzungen führen, rauben Menschen die Wahlmöglichkeit. Und die meisten Menschen halten nur so lange an einer Beziehung fest, solange sie in dieser Beziehung nicht eingeschränkt werden. Da die Wahlmöglichkeiten neben Liebe und Vertrauen eine entscheidende Grundlage jeder freiwilligen Beziehung darstellen, wird die Beziehung unausgewogen, wenn einer die Möglichkeiten des anderen einschränkt, während er seine eigenen maximiert. Das Ausbalancieren der Waagschalen bringt dem Verwundeten Kraft oder Mittel zurück, weil es seine Möglichkeiten wiederherstellt und ihm dabei hilft, wieder an die Fairness im Leben zu glauben.

Weil die meisten Menschen im Kampf um das Verzeihen nur auf sich gestellt sind, wird das Vertrauen in den Angreifer fast niemals wiederhergestellt. Der Verletzer ist gegangen. Liebe wird durch das Verzeihen nur selten wiederhergestellt. Liebe kann in eine zerstörte Beziehung zurückkehren, es wird aber eine andere Liebe sein. Aber durch das Verzeihen werden die Wahlmöglichkeiten wiederhergestellt. Sobald die Waagschalen ausbalanciert sind, hat der Verletzte zumindest die Empfindung, daß in sein Leben wieder Fairness eingekehrt ist. Yvonne konnte ein neues Auto kaufen, weil ein neuer Freund ihr mit einer Anleihe half. Er gab Yvonne den Glauben an Fairness in ihrem Leben wieder. Dann konnte sie daran denken, Fred zu verzeihen.

Aufgaben beim Ausbalancieren der Waagschalen

Die Aufgaben des Ausbalancierens der Waagschalen unterscheiden sich von denen der Aneignung oder Anklage. Sie erfordern eine größere Aktivität als die vorherigen Phasen. Und diese Aktivitäten zielen nicht mehr auf das Verstehen. Es gibt nichts mehr, was man über die Verletzung verstehen müßte. Sie ist passiert. Sie hat Ihr Leben verändert. Die Anklage ist erfolgt. Es ist Zeit, weiter vorwärts zu gehen. Es gilt, wieder Kraft zu gewinnen. Die Aufgaben verleihen Ihnen diese Stärke.

Die Aufgaben des Ausbalancierens werden ausgewählt aus einem Menü von vier Möglichkeiten, wobei jede Ihre persönlichen Wahlmöglichkeiten vergrößert:

1. Die Verletzung als abgehandelt und erledigt betrachten und zur nächsten Phase übergehen.
2. Den Verletzer bestrafen.
3. Neue Mittel in die geleerten Reserven laden.
4. Den Verletzer mit Spott strafen.

Wenn Sie wollen, können Sie mehr als eine Aufgabe wählen. Was auch immer Sie tun, es sollte Sie kräftigen und in eine Position der Stärke bringen.

Möglichkeit 1: Die Verletzung als abgehandelt und erledigt betrachten
Wenn Sie in der Anklagephase beschließen, daß sowohl Sie selbst als auch der Verletzer für die Kette der Ereignisse verantwortlich sind, dann haben Sie zwei Möglichkeiten: endlos weiter anklagen oder die Verletzung als abgehandelt und erledigt betrachten.

Joan, die sich selbst einen Streich spielte, als sie ihrem Mann gegenüber die Scheidung erwähnte und er dann einhakte, wählte die letzte Möglichkeit:

4. Schritt: Das Ausbalancieren der Waagschalen

«Hat man erst einmal Dinge Menschen gegenüber ausgesprochen, kann man sie nicht mehr zurücknehmen. Hat man einmal zugegeben, daß man jemanden haßt, dann ist das der Anfang vom Ende. Haßt man erst einmal jemanden, dann weiß man, daß man die Dinge nicht wieder heil machen kann. Ich mußte das akzeptieren. Mein Leben hatte sich verändert. Aber wenn ich mir die ganze Sache anschaute, dann war mir klar, daß wir uns auseinandergelebt hatten. Er war ein guter Ehemann gewesen. Er hatte eine Menge Arbeit im Haus gemacht. Er war ein guter Vater gewesen. Er hatte einen Endpunkt in seiner Karriere erreicht und wußte das auch. Er war es leid, sich anzupassen. Und er sagte: ‹Ich werde mich jetzt aufmachen und Dinge tun, die ich nie zuvor getan habe.›

So hatten wir beide die Mitte des Lebens erreicht, die Veränderung im Kopf. Aber die brachte uns beide in verschiedene Richtungen. Ich wünschte, wir hätten soviel gewußt wie heute. Er hat den Kindern gesagt, wenn er gewußt hätte, daß ich ihn nur erschrecken wollte, dann wären wir heute noch verheiratet.

So mußte ich mir die Scheidung ansehen und ihn nicht wegen allem anklagen. Ich mußte zu meinem eigenen Anteil daran kommen... und dann mußte ich auch meine Sünden akzeptieren. Ich hatte auch falsch gehandelt. Ich wußte, daß er – ebenso wie ich – auch nur ein Mensch war.»

Wenn Sie zu dem Schluß kommen, zu dem Joan kam, dann akzeptieren Sie sich selbst und Ihren Schädiger als mangelhafte und fehlerhafte Menschen. Das ist leichter, als einem speziellen Schädiger zu verzeihen. Im Prozeß des Verzeihens geschieht das gewöhnlich nicht, da sich der Verletzer durch seine Tat einen persönlichen Vorteil auf Ihre Kosten verschaffen wollte.

Das Akzeptieren der eigenen Fehlhandlungen oder Schwächen ist eine demütigende und manchmal schmerzhafte Erfahrung. Es bedarf einer starken Persönlichkeit, sich auf diese Art der Selbstanalyse einzulassen, die wahrscheinlich zu dem Schluß führt, daß Sie gleichermaßen für die Verletzung anzuklagen sind. Der erste Schritt könnte das Akzeptieren des Selbst als einer Person sein, die auch fähig ist, anderen zu schaden. Der nächste Schritt könnte dann der sein zu akzeptieren, daß das «Selbst» die Verletzung hätte vorhersehen können.

Joan erklärt, wie sie sich ehrlich in ihr eigenes bitteres Antlitz schaute und ihre eigene Fähigkeit, andere zu verletzen, erkannte:

«Nach drei Tagen des Weinens sagte ich zu Gott: ‹Hier bin ich, hilf mir.› Dann fing ich damit an, eine Liste der Schäden anzufertigen, die ich anderen in meinem Leben zugefügt hatte. Ich ging zurück bis zur Grundschule. Freunde am College. Jeden. Und nachdem ich durch war, legte ich mich nieder und schlief das erste Mal seit Tagen wieder. Danach veränderten sich die Dinge. Ich fing an, meinen Teil der Verantwortung für die Scheidung zu sehen.»

Um selbst auch Anklage akzeptieren zu können, müssen Sie anerkennen, daß Sie selbst an der Verantwortung für die Verletzung nicht ausgenommen sind. Auch Sie verhielten sich moralisch falsch und hätten wahrscheinlich voraussehen können, daß Sie die so schmerzhafte Situation mit herbeiführten, die dann stattfand.

Diese Selbst-Suche bei der Anklage ist eine der Aufgaben des Menüs, um die Waagschalen auszubalancieren. Das bedeutet nicht, daß Sie sich mehr anklagen sollten als den Verletzer. Sie sollten die Schuld gleichmäßig verteilen. Sind Sie erst einmal an diesen Punkt gekommen, dann können Sie auch verzeihen.

Möglichkeit 2: Den Verletzer bestrafen

Bei unverzeihlichen Verletzungen trägt der Verletzer normalerweise die größere Schuld. Entweder hat er die Verletzung beabsichtigt, oder er hätte sie vorhersehen können. Er wußte auch, daß seine Handlungen einen moralischen Vertrag brachen. Ist einzig und allein der Verletzer schuld, dann hat er dem anderen ohne dessen Wissen Mittel und Möglichkeiten entzogen. Eigennutz ist dabei der treibende Faktor. In diesem Fall kann man die Waagschalen durch Bestrafung des Verletzers ausbalancieren.

Strafe sollte nicht mit Rache oder Gegenbeschuldigung verwech-

4. Schritt: Das Ausbalancieren der Waagschalen

selt werden. Zwischen Rache und Bestrafung gibt es einen feinen Unterschied. Rache entstammt tiefer Wut, von der man sich durch die Bestrafung befreien kann. Wen es nach Rache gelüstet, fragt: «Was kann ich tun, um mich besser zu fühlen, um mir etwas Erleichterung zu verschaffen?» Man sucht auch nach einer Möglichkeit, dem anderen eine Lehre zu erteilen. Man sucht nach einem Weg, den Angreifer daran zu erinnern, daß er Regeln gebrochen hat.[4] Bestrafung sagt jemandem, was er falsch gemacht hat. Rache nicht. Bestrafung ist fair und instruktiv. Rache nicht.

Bestrafung ist eine Methode, dem Verletzer die Wahlmöglichkeit zu nehmen.[5] Ein Kind, das in sein Zimmer geschickt wird, und ein Gefangener in seiner Zelle sind ihrer Wahlmöglichkeiten beraubt. Dieser Entzug reicht wahrscheinlich aus, einen Täter darüber nachdenken zu lassen, ob er seinen Angriff wiederholt.[6] Die zentrale Idee der Bestrafung ist folgende: Ob der Angreifer nun einen Freund belügt oder ein Verbrecher ist, er hat auf jeden Fall einem anderen Mittel und Möglichkeiten einzig und allein zu seinem eigenen Nutzen entzogen. Er hat sein Depot vergrößert, während er dem Verletzten etwas nahm. Ein Dieb stiehlt Geld, ohne sich um die Auswirkungen seiner Tat auf das Opfer zu kümmern. Ein Ehebrecher raubt seinem Ehepartner vielleicht Zeit oder Geld oder Vertrauen. In jedem Fall wird der Verletzte zum Objekt des Willens des Verletzers. Dem Geschädigten wird etwas von einer anderen Person angetan, und er hat in dieser Hinsicht keine Wahlmöglichkeit mehr.

Das Wichtigste also, was einem unverzeihlich Verletzten genommen wird, ist die Wahlmöglichkeit. Der Verletzer zwingt einem anderen seinen Willen auf. Er macht einen anderen zum Objekt seiner Wahl, fragt nicht nach dessen Wünschen. Der Verletzer belädt die Waagschale der Mittel und Möglichkeiten auf seiner Seite, indem er einem anderen etwas nimmt. Bestrafung kann die Waagschalen wieder in eine ausgeglichene Position bringen.[7]

Wird jemand bestraft, dann wird ihm ebenfalls eine Wahlmöglichkeit geraubt. Ein Gefangener, der seine Zeit absitzt, oder ein Kind, das eine Woche lang eingesperrt wird, ist der Freiheit beraubt, verfügbare Alternativen durchzugehen und eine eigene Wahl zu treffen. Leute werden bestraft, damit sie fühlen, was es bedeutet, das Objekt des Willens eines anderen zu sein. Sie verlieren zeitweilig ihre freien Wahlmöglichkeiten.

Hat jemand erst einmal diesen Verlust erfahren, dann hat er wahrscheinlich seine Lektion gelernt. Raub der Wahlmöglichkeiten ist eine schreckliche Angelegenheit. Und hat jemand erst einmal diese Erfahrung gemacht, dann kann er jedem anderen, dem es auch so erging, großes Verständnis entgegenbringen. Da jeder schon einmal bestraft wurde, wissen die meisten, was es bedeutet, wenn einem der freie Wille genommen wurde. Ist also die Bestrafung abgeschlossen, können wir einander gehen lassen. Wir befreien einander, weil wir fühlen können, was der andere fühlt.

Unverzeihlich Verletzte, die die Möglichkeit haben, ihren Angreifer zu bestrafen, nehmen diese auf verschiedenste Weise wahr. In jedem Fall machen sie den Täter zeitweilig zum Objekt ihres Willens. Mona, deren Mann sich weigerte, seine Affäre zu beenden, beschreibt, wie sie ihn dafür bestrafte:

> «Ich hatte mich verändert, er aber noch nicht. Aber wir lebten immer noch zusammen. Ich fing an, alles mögliche zu sagen. Ich meine, ich kämpfte wirklich mit schmutzigen Worten. So sagte ich, wenn wir uns liebten: ‹Du könntest mich mit Herpes anstecken – du und deine Nutte.›
>
> Meine Emotionen schockierten mich. Aber ihn auch. Er hörte mich an. Vorher, als ich sagte, ich sei unglücklich, hatte er gesagt: ‹Ich nicht. Deine Hormone spielen nur verrückt. Dies ist alles, was ich will.› So etwas zu sagen, als ich so unglücklich war, die ganze Zeit allein! Deshalb kämpfte ich mit schmutzigen Worten, bis er mich anhörte.»

Das Objekt der verbalen Angriffe einer anderen Person zu sein bedeutet, daß der Wille eines anderen dem eigenen aufgebürdet wird. Monas verbale Attacken brachten ihren Mann dazu, ihr zuzuhören und wieder Zeit und Energie in ihre Ehe zu investieren. Wenn verbale Attacken keine Wirkungen zeigen, ist anderes Vorgehen gefordert.

Jenny fing an «zu kämpfen», um die Waagschalen mit ihrem

4. Schritt: Das Ausbalancieren der Waagschalen

Mißbrauch treibenden Mann wieder auszubalancieren. Als sie die von ihr eingesetzten Methoden zur Wiedergewinnung von Stärke beschrieb, nahm sie eine gerade Haltung an. Für jemanden, der schrecklich mißbraucht worden war, wirkte sie erstaunlich stark:

«Er war ein brutaler Schläger, und brutale Kerle schikanieren jeden, der sich vor ihnen fürchtet. Schließlich fing ich an zurückzuschlagen. Ich schlug ihn. Das war ein Schock für ihn, sage ich Ihnen. Er hatte Frauen für Sklaven gehalten. ‹Das ist mein Hund, streichle ihn. Das ist mein Auto, polier es. Das ist meine Frau.› Viele Jahre lang konnte er nicht verstehen, daß ich nicht sein Schatten sein wollte. Er dachte, ich müßte alles genauso wie er tun. Ich war nicht wirklich eine eigenständige Person. Als ich ihn schlug, fing ich an, mich zu verteidigen.»

Natürlich ist körperliche Gewalt nicht der beste Weg, jemand anderem die Wahlmöglichkeit zu nehmen und ihm den eigenen Willen aufzubürden. In diesem Fall hielt der Schock, plötzlich das Opfer einer anderen Person zu sein, den Ehemann davon ab, Jenny weiterhin zu mißhandeln.

Verbale Attacken und «Kämpfe» mögen ungewöhnliche Methoden der Bestrafung sein. Die meisten entscheiden sich für indirektere Handlungen. Die üblichste Methode ist, Mittel und Möglichkeiten vorzuenthalten. Einige Verletzte weigern sich, mit ihrem Verletzer zu sprechen, auch wenn er sich sehr um die Wiederherstellung der Kommunikation bemüht. Andere verweigern Sex oder unterbinden den Zugriff auf ihr Geld. Wieder andere verweigern den Kindern die Erlaubnis, Mißbrauch treibende Elternteile zu besuchen. Welche Mittel und Möglichkeiten auch immer entzogen werden, das Entziehen raubt dem Verletzer die Wahlmöglichkeit. Aber damit es auch wirkt, muß der Angreifer wissen, warum er so behandelt wird. Bestrafung wirkt erst, wenn der Bestrafte den Grund dafür erfährt.[8] Geschieht das nicht, dann wirkt Bestrafung eher wie Rache, und der Bestrafte weiß nicht, was er tun muß, um die Dinge wieder zurechtzurücken.

Die meisten erfolgreich Bestrafenden drängen dem anderen nicht nur ihren Willen auf, sondern benennen die Verletzung gleichzeitig. Genauso wie ein Elternteil zu dem Kind sagt: «Ich schicke dich in dein Zimmer, weil du mir widersprochen hast», sollte ein verletzter Erwachsener mit einer eindeutigen Botschaft hinter seiner Bestrafung handeln. Sex nicht zuzulassen ist keine Bestrafung. Zu sagen: «Ich möchte eine Zeitlang nicht mit dir schlafen, weil du meinen Glauben an deine Ehrlichkeit und meine Vorstellung von unserer gemeinsamen Zukunft zerstört hast», ist eine wirksame Bestrafung. Es stellt fest, was zurückgehalten wird und warum. Es öffnet auch die Tür für eine Entschuldigung und für Versprechen, die gemacht werden können. Bestrafung ohne Verurteilung wird nie zu einer Entschuldigung führen, weil die Person nicht weiß, warum genau sie auf so strafende Art und Weise behandelt wird.[9]

Der Bestrafer muß etwas haben, was er zurückhalten kann, oder eine Kraft, die er einsetzen kann. Kinder sind beispielsweise leicht zu bestrafen, weil die Eltern die Gewalt über alle Mittel und Möglichkeiten der Familie haben. Eltern können Ausgangsverbote erteilen oder eine Erlaubnis verweigern. Oder sie können Strenge anwenden, das Kind schlagen oder hundertmal eine Entschuldigung schreiben lassen. Auch Gesellschaft kann mit Strenge bestrafen – durch Inhaftierung, erzwungene Wiedergutmachung oder lange Bewährungsfristen. Aber wie können Kinder Erwachsene bestrafen, die alle Karten in den Händen halten? Für gewöhnlich können sie es nicht. Ein Kind kann von zu Hause weglaufen oder sich weigern, mit den Eltern zu sprechen. Das aber ist keine Bestrafung, es sei denn, der Elternteil kennt die Gründe für das Verhalten des Kindes, und ihm wurde ebenfalls eine Wahlmöglichkeit geraubt (z. B. die Möglichkeit, ein Kind zu lieben und zu kosen oder mit ihm Gespräche zu führen). Die meisten Kinder haben nicht genügend Macht, um die Eltern wirklich zu bestrafen, bis sie erwachsen sind. Doch dann kann es zu spät sein. Die Eltern sind zu alt oder schon gestorben.

Da Verzeihen (meistens) ohne den Angreifer erfolgen muß, ist Bestrafung häufig nicht möglich. Sie haben keine Möglichkeit, Ihrem Angreifer eine Wahlmöglichkeit zu rauben, wenn er am anderen Ende des Landes lebt oder ein völlig neues Leben führt. Wenn

4. Schritt: Das Ausbalancieren der Waagschalen

Bestrafung unmöglich ist, dann müssen Sie die Waagschalen mittels einer anderen Strategie wieder ausbalancieren.

Möglichkeit 3: Das Beladen der Waagschale
Nehmen Sie ein Pfund Äpfel aus einer ausbalancierten Fünf-Pfund-Waagschale, dann wird die Seite mit den vier Pfund leichter sein. Die Waagschalen sind aus dem Gleichgewicht. Um die Balance wiederherzustellen, muß jemand die Äpfel wieder zurücklegen. Das Pfund kann aus Äpfeln, Orangen oder Steinen bestehen.

Hat man Ihnen Ihre Mittel und Möglichkeiten genommen, dann müssen Sie vorsätzlich wieder etwas zurücklegen. Sie müssen Maßnahmen ergreifen, um Ihre Waagschale neu zu beladen. Dadurch bringen Sie sich in die Position des Gleichgewichts zurück. Wie bei der Bestrafung wird hier der Zweck verfolgt, durch absichtsvolles Handeln einen Vorteil zu erlangen. In der Phase des Ausbalancierens ist es wichtig, Ihre eigenen Mittel und Wahlmöglichkeiten zu vergrößern, um dadurch ein Gefühl für Ihre persönliche Macht zu erhalten. Wenn Sie durch die harte Arbeit eines anderen Mittel und Wahlmöglichkeiten erhalten, dann haben Sie vielleicht mehr davon zur Verfügung, allerdings nicht als Ergebnis eines aktiven Heilungsprozesses.

Aktives Verzeihen hebt Ihre Selbstachtung und treibt den Heilungsprozeß schneller voran. Jenny hatte sich verteidigt und bestrafte ihren schlagenden Mann. Dann fand sie Arbeit:

«Ich fing wieder an zu arbeiten, und jeder dort mochte mich. In der Schule war ich gescheit gewesen, doch ich hatte einen riesigen Minderwertigkeitskomplex. Auf der High School hatte ich zu den Besten gehört. Im Job gewann ich mein Selbstvertrauen wieder. Ich war wirklich gut dort.»

In meinen Interviews stellte ich fest, daß Verzeihende sich neuen Gruppen angeschlossen, neue Beziehungen angefangen, Unterricht genommen, Arbeit gefunden, Verantwortung übernommen, sich aktiv an politischen Kampagnen beteiligt und sich in zahlreiche andere Aktivitäten gestürzt hatten. Jede Methode vergrößert die dem

Verwundeten zur Verfügung stehenden Wahlmöglichkeiten. Die Aktivitäten bringen neue Freunde, Zugang zu finanziellen Resourcen und erneuern Ihre Kraft. Roseanne, deren Mann sich in betrügerische Geschäftspraktiken verstrickt und damit alles verspielt hatte, was das Paar besaß, erinnerte sich daran, wer sie vor ihrer Eheschließung gewesen war, und setzte diese Fähigkeiten in ihrem neuen Job in einem Pflegeheim ein:

«Ich war immer schon umgänglich gewesen. Immer in der Lage, mit allen Menschen zurechtzukommen. In der Schule wurde ich bei allen möglichen Angelegenheiten gewählt. Ich leitete die Schulkantine und machte Aufsicht auf dem Schulhof. Daher entschied ich mich, es mit der Arbeit in diesem Pflegeheim zu versuchen, und fand wieder heraus, daß die Leute mich wirklich mochten.»

Unter den von mir interviewten Leuten waren diejenigen am meisten im Einklang mit sich selbst, die ihre Verletzungen dazu benutzten, ihre Mittel und Möglichkeiten zu vergrößern. Wenn Sie sich selbst aus Ihrer eigenen Tragödie ein Geschenk machen, dann können Sie eines der mächtigsten psychologischen Paradoxe überhaupt hervorbringen.

Nancy, die immer noch heftig darunter litt, daß sich ihr Sohn selbst vergiftet hatte, fing damit an, den Verlust dazu zu nutzen, anderen zu helfen:

«Ich engagierte mich in der Gruppe ‹Compassionate Friends› – eine Hilfsgruppe für Eltern, die ihre Kinder verloren haben. Sie setzt sich nur aus hinterbliebenen Eltern zusammen. Eines Tages arbeitete ich auf dem Friedhof, als eine junge Frau frisches Wasser für die Blumenvase auf dem Grab ihres kleinen Jungen holte und anfing zu weinen. Und so wie alle von uns, wenn wir weinen, fing sie an, sich zu entschuldigen. Ich legte nur meine Arme um sie und sagte: ‹Sie müssen nicht weinen, weil ich weiß, wie Sie sich fühlen.› Dann erzählte sie mir, daß sie dabei war, sich einer Gruppe anzuschließen, die ihren Sitz in Illinois hatte. Ich sagte:

4. Schritt: Das Ausbalancieren der Waagschalen

‹Nun gut, halten Sie mich auf dem laufenden.› Ungefähr ein Jahr später kam von ihr ein Flugblatt dieser Gruppe, und ich wurde Sektionsleiterin der hiesigen Gruppe. Ich habe eine Menge lernen können.

Unter anderem erkannte ich, daß ich meinem Mann bisher nicht verziehen hatte, weil ich nicht wußte, daß Männer und Frauen unterschiedlich trauern. Ich erfuhr von einen gemeinsamen Freund, daß er nach dem Tod unseres Sohnes zu ihm gegangen war und geweint hatte, und ich hatte nichts gewußt. Daher bat ich ihn, mir zu verzeihen, daß ich nicht verstanden hatte, daß sein Kummer zwar anders als meiner, aber trotzdem real und schmerzhaft für ihn war. Ich bat ihn, mir meine Gefühle zu verzeihen.»

So übertragen Menschen ihre Wunden. Geschiedene mit dem Herzen voller Leid bilden Gruppen für andere geschiedene Menschen. Andere Verletzte gründen andere Arten von Gruppen. Lassen Verzeihende ihren Schmerz zum Nutzen anderer arbeiten, dann werden sie stärker.

Viele berühmte Leute nutzten ihre Leiden, um positiv auf das Leben anderer einzuwirken. Wir kennen viele Geschichten von Kriegsgefangenen und den Überlebenden des Holocaust, die ihre Schrecken in Stärke verwandelt haben. Auf ähnliche Weise können Menschen, die intime Verletzungen überleben, diese zum Guten wenden. Jeder von uns kann einem anderen (oder vielen anderen) helfen, wenn er seine Erfahrungen dazu nutzt, die Probleme anderer mit zu lösen. Wenn Sie die Waagschalen, die Sie mit Ihrem Verletzer teilen, ausbalancieren, indem Sie Ihre Schale mit zusätzlichen Mitteln und Möglichkeiten beladen, dann wird aus der Verletzung etwas Gutes, das einem aktiven, sinnvollen Zweck dient. Zu handeln bedeutet, über Egozentrik und Selbstmitleid hinauszugehen und wahrzunehmen, wie andere Sie brauchen.

Sie können ihre bestohlene Waagschale beladen, indem Sie Taten hinzufügen oder neuen Vorteil aus der Verletzung selbst ziehen. Welchen Weg Sie auch immer wählen mögen, Sie sind nicht länger dem Willen eines anderen ausgeliefert, sondern Sie schaffen sich

Ihre eigenen günstigen Umstände. Das bedeutet Arbeit, aber der Verdienst in Form von Selbstachtung und wiederhergestelltem Gleichgewicht ist enorm.

Möglichkeit 4: Spiegeln der Verletzung oder die Scheinbestrafung

Ist ein Verletzter zu machtlos oder zu jung, um seinen Verletzer zu strafen und die Waagschalen zu seinem Vorteil zu beladen, dann gibt es eine vierte Methode, die häufig – unbewußt – eingesetzt wird. Die Technik des Spiegelns der Verletzung muß erwähnt werden, weil Verletzte sie ziemlich häufig anwenden und sie sehr selbstzerstörerisch sein kann. Das Spiegeln vergrößert nicht – wie das Beladen – die verfügbaren Wahlmöglichkeiten des Verletzten oder zwingt – wie die Bestrafung – dem Täter den Willen des Opfers auf. Im Gegenteil: Der Verletzte wiederholt die eigene Verletzung, nur ist er dieses Mal selbst der Täter.

Menschen, die verlassen wurden, verlassen andere. Belogene belügen andere. Der Verletzte verletzt nun selbst. Obgleich das ein unlogischer Weg zum Ausbalancieren der Waagschalen zu sein scheint, ist es das nicht. Wird jemand so «schlecht» wie sein Verletzer, dann ist die «Schlechtigkeitsskala» ausgeglichen. Dann kann der Verletzte den Verletzer besser verstehen und sich mit ihm und seinen Motiven identifizieren. Das macht das Verzeihen leichter, weil der Verletzte mit dem Verletzer mitfühlen kann.

Das Spiegeln der Verletzung wird häufig von als Kinder unverzeihlich verletzten Menschen angewandt. Ein übliches Beispiel ist das mißbrauchte Kind, das als Erwachsener seine eigenen Kinder mißbraucht. Hat er das einmal getan, kann er sich in seine eigenen Mißbrauch treibenden Eltern einfühlen. Doch Spiegeln wird auch von Erwachsenen benutzt, die von anderen Erwachsenen verwundet wurden. Janet, deren Mann mit seinen High-School-Schülern Verhältnisse hatte, erklärt das folgendermaßen:

> «Ich hatte auch Affären. Es war einfach toll. Ich fühlte mich frei und wieder lebendig, da ich verstand, warum er es tat. Es hatte wirklich nichts mit mir zu tun. Es hatte mit irgend etwas in ihm

4. Schritt: Das Ausbalancieren der Waagschalen

selbst zu tun, mit dem er unglücklich war. Ich konnte ihn nicht mehr für sein Unglücklichsein verantwortlich machen als mich selbst.»

Spiegeln gleicht wie andere Methoden zur Ausbalancierung der Waagschalen Machtunterschiede aus und erlaubt dem Opfer, sich in die Gedanken des Verletzers einzufühlen. Verhält sich der Verletzte wie sein Verletzer, kann er schließlich verstehen, daß jeder fähig ist, einem anderen Schaden zuzufügen, sogar er selbst. Auch kann jeder geschädigt werden. Das Spiegeln ist eine unbewußte Anstrengung, die Schuld so auszugleichen, daß das Mitgefühl mit dem Verletzer den Haß auf ihn überwiegt. Spiegeln erlaubt jemandem auch, die Macht zu erfahren, die gegen ihn eingesetzt wurde.

Da das Spiegeln normalerweise keine bewußte Vorgehensweise ist – die spiegelnde Person versteht vielleicht nicht, warum sie sich so verhält –, ist es weniger wirkungsvoll als andere Methoden des Ausbalancierens. Ausbalancieren ist zweckgebunden und aktiv. Das Spiegeln der Verletzung nicht.

Die Zerstörung, die als Ergebnis einer Verletzung zurückbleibt, bringt nur einen scheinbaren Ausgleich. Niemand gewinnt, alle verlieren. Der Preis für das Verzeihen ist zu hoch, wenn man damit bezahlt, daß man selbst so schlecht wie der Verletzer werden muß. Es gibt bessere Wege.

Eine andere Methode, die Waagschalen auszubalancieren, ist die Scheinbestrafung.

Scheinbestrafung, wie Bestrafung überhaupt, besteht daraus, den Täter an die von ihm gebrochenen Regeln zu erinnern, ihn dafür zu verurteilen und ihn schließlich für einige Zeit zum Objekt des eigenen Willens zu machen. Der Unterschied zwischen Bestrafung und Scheinbestrafung ist der, daß sich bei der Bestrafung die Handlung gegen den Täter richtet, bei der Scheinbestrafung gegen irgendeinen Ersatztäter, weil der wahre Täter nicht länger zur Bestrafung zur Verfügung steht. (Möglicherweise ist er tot oder lebt ganz woanders.)

Es gibt mehrere Formen der Scheinbestrafung. Die meisten sind ruhig, doch einige können auch aggressiv sein.

Teil II Die Reise des Verzeihens

Eine Methode der Scheinbestrafung ist der Verurteilungsbrief. Mary Ann, deren Vater Alkoholiker war und sie als Kind und Erwachsene verschiedentlich verletzte, erklärt, wie sie ihm Briefe schrieb, auch wenn sie diese nie abschickte:

> «Ich mußte durch eine Phase des Anklagens gehen und dann dem Angeklagten zuhören. Nun, der Prozeß war vollständig mein Prozeß. Keiner war dabei. Zuerst schrieb ich alles auf, was er getan hatte. Ich klagte ihn an. Vorher hatte ich versucht, ihn zu entschuldigen, zu rationalisieren, aber das funktionierte nicht. Der Haß verschwand nicht. Daher erkannte ich, daß ich zuerst den Haß akzeptieren mußte, bevor ich weitergehen konnte. Nachdem ich mir meine Wut einmal zugestanden hatte, war es leicht. Man muß nicht wissen, warum etwas geschieht. Zuerst muß man seine Gefühle akzeptieren.
>
> Daher klagte ich an. Dann hörte ich zu. Ich schrieb Briefe zurück. Als ich das tat, konnte ich auch sein Menschsein verstehen.»

Anklagen an Ersatztäter zu schreiben kann eine extrem wirkungsvolle Methode der Scheinbestrafung sein. Dann kann man einem Freund oder Therapeuten das sagen, was man dem Schädiger sagen würde, wenn er anwesend wäre. Vorstellung spielt dabei eine wichtige Rolle. Eine Frau beschrieb, wie sie mittels ihrer lebhaften Vorstellung ihre sie mißhandelnde Mutter begrub und ihr damit verzieh:

> «Ich zog die Vorhänge zu und ging in das Wohnzimmer, und dann tat ich so, als würde ich im Wohnzimmerteppich ein Grab schaufeln. Das muß den ganzen Tag in Anspruch genommen haben. Ich verlor jedes Zeitgefühl. Und ich wollte es erledigt haben, bevor mein Mann nach Hause kam.
>
> Dann schubste ich sie in das Grab und sagte Sachen wie: ‹Du hast mein Leben ruiniert. Du hast dafür gesorgt, daß ich vor allem Angst habe.› Solches Zeug. Dann schüttete ich Dreck auf sie – selbst in ihren Mund. Und ich bedeckte ihre offenen Augen –

dann ihr Gesicht – mit Dreck. Ich schrie einfach und schrie. Und weinte. Das ging stundenlang so. Ich hoffte, daß mich keiner hörte.

Dann – war es vorbei. Ich fühlte nie wieder Haß.»

Menschen, die als Kinder verletzt wurden, haben meist keine Mittel und Möglichkeiten zur Verteidigung. Wie diese Frau müssen sie warten, bis sie erwachsen sind, um ihren Verletzer zu bestrafen. So aggressiv die Scheinbeerdigung auch erscheint, vielleicht ist dies doch der gesündere Weg, als die Verletzung immer wieder an Unschuldigen zu wiederholen. Bestrafung ist nicht falsch. Gewalt ist es. Bestrafung ist für eine Person und eine Gesellschaft gleichermaßen der Weg, das Gleichgewicht wiederherzustellen. Die Wiederaufnahme durch die Gesellschaft zeigt sich im Wiedererlangen der bürgerlichen Rechte. Die Wiederaufnahme durch eine Person geschieht durch Verzeihen und ein starkes Herz.

Zusammenfassung

Die vierte Phase des Verzeihens, das Ausbalancieren der Waagschalen, ist voller Aktivität. Es verwandelt Menschen von Objekten der Wahlmöglichkeiten anderer zu Menschen, die ihre eigenen Wahlmöglichkeiten schaffen. Da das Verzeihen nur von einer starken Person geleistet werden kann, sollten Sie sich mit dem Ausbalancieren der Waagschalen dann beschäftigen, wenn sich die Muskeln neu entwickelt haben, Ihre Resourcen wieder gefüllt sind.

Es mag dumm erscheinen, intime Beziehungen als Übertragungen zu betrachten, in denen Mittel und Möglichkeiten schließlich so ausbalanciert werden, daß beide Parteien zufriedengestellt sind. Aber das ist es, was eine Beziehung wirklich ausmacht. Eine unverzeihliche Verletzung gleicht einem Slapstick, bei dem eine Figur auf das Ende einer Schleudermaschine springt und sein unschuldiges Opfer wie eine Rakete in die sichere Verletzung katapultiert. Wenn das ganze Gewicht auf die Waagschale des Täters fällt, dann muß in die leere Schale neues Gewicht gelegt werden. Das bedeutet Arbeit, aber eine, die man zu seinen eigenen Gunsten leistet, und das ist das beste, was eine verletzte Person tun kann. So traurig es auch erscheinen mag, kein anderer kann Ihnen diese Arbeit abnehmen. Es bedarf des tiefen Hasses, des Humors und des Entschlusses zu verzeihen.

Wie in allen vorherigen Phasen des Verzeihens ist es entscheidend, sich nicht so in das Ausbalancieren der Waagschalen hineinzuknien, endlos zu bestrafen oder selbstzerstörerisch zu spiegeln. Das Ausbalancieren der Mittel und Möglichkeiten ist eine Phase – mehr nicht.

Für Leute, die alle Methoden des Ausbalancierens der Waagschalen versucht haben – Bestrafung, Beladen, Scheinbestrafung –, doch nichts schien genug zu sein, ist es Zeit weiterzugehen. Keine Art der Bestrafung wird den Originalzustand der Beziehung wiederherstellen. Keine Mittel und Möglichkeiten werden denen des Verletzers gleichwertig sein. Nichts wird die verkapselte Wut oder den bohrenden Haß beenden. Es bleibt nichts anderes übrig, als zur abschließenden Handlung des Verzeihens überzugehen: das Verzeihen zu wählen.

5. Schritt:
Das Verzeihen wählen

Zu verzeihen oder nicht zu verzeihen:
Das kann man wählen.
NANCY REAGAN

«Ich hatte das Gefühl, daß ich, wenn ich dieser Frau nicht verzeihen würde, daß sie für den Tod meines Sohnes mitverantwortlich war, am Ende alles hassen würde, womit ich in Berührung käme, mich selbst eingeschlossen. Und daher dachte ich, ich müßte mich entscheiden. Entweder ging ich weiter und sagte, nun gut, was nicht bedeutet, daß ich mit ihren Handlungen einverstanden war, aber ich mußte ihr in meinem Herzen verzeihen. Weil ich nicht möchte, daß all dieser Haß wieder auf mich zurückfällt. Und das, glaube ich, war es.

Es ist wie ein Abszeß, der immer weiter wächst. Und dann greift er alles an, was man berührt. Ich entdeckte, daß die Art, wie ich liebe oder hasse, so verzehrend ist, daß ich nicht beides gleichzeitig tun kann.

Mir schien das Lieben viel netter und glücklicher und positiver. Und ich weiß, daß es das ist, was mein Sohn bevorzugt hätte. Und ich wollte meine Tochter lieben und den Mann, mit dem ich verheiratet war.»

Das waren Nancys Worte, mit denen sie die Wahl beschrieb, die sie treffen mußte, um der Frau zu verzeihen, die ihren Sohn verführt hatte. Sie wußte, daß ihr Leben nach seinem Tod nie mehr das alte sein würde. Sie hatte gehaßt und angeklagt und die junge Frau zur Rede gestellt. Sie hatte sich aktiv an der Hilfe für hinterbliebene Eltern beteiligt. Sie hatte neue Freunde gewonnen. Sie hatte all ihre Möglichkeiten ausgeschöpft, um die junge Frau zu bestrafen. Sie war stark geworden. Das einzige, was ihr noch zu tun übrigblieb, war, zwischen dem Verzeihen und Nichtverzeihen zu wählen.

Nancy entschied sich für das Verzeihen, sie verzieh schließlich sich selbst zuliebe. Verzeihen ist möglich, wenn es das einzige Hindernis auf dem Weg zur Freiheit ist.

An Nancys Geschichte wird deutlich, daß die Endphase des Verzeihens rational ist. Klares Denken leitet und erzeugt die Wahl des Verzeihens. Es entspringt dem Selbsterhaltungstrieb.

Der Selbsterhaltungstrieb ist der Instinkt, der uns und die Tiere am Leben erhält. Er ist die Barriere zwischen Leben und Tod, und er rät, sich ganz eindeutig vom Zerstörerischen zu distanzieren. Es ist klug, Handlungen zu wählen, die das eigene Dasein schützen. Das ist es, was der Verzeihende tut.

Eine unverzeihliche Verletzung, die sich eingenistet hat und gewuchert ist, gleicht einem Wurm, der in einen Apfel kriecht. Sie kann Ihren Kern in Besitz nehmen und Ihr Herz für immer zerstören. Unverzeihliche Verletzungen zerstören Träume und greifen Glaubenssätze an. Lassen Sie zu, daß sie auch Ihren Kern zerstören, dann hat jemand nicht nur Ihre Träume, sondern Sie selbst zerstört. Das ist immer ein zu hoher Preis. Ein gebrochenes Herz ist eine Sache, ein vergiftetes ist etwas ganz anderes. Gebrochene Herzen heilen wieder. Vergiftete Herzen schrumpfen und sterben ab. Wenn ein Wurm Ihr Herz vergiftet, sehen Sie zu, daß er entfernt wird. Wenn das Nichtverzeihen Ihr Herz vergiftet, dann entscheiden Sie sich zum Gegenzug.

Was bedeutet die Entscheidung für das Verzeihen wirklich? Sie bedeutet, daß Sie nicht länger davon ausgehen, daß Ihr Verletzer Ihnen irgend etwas schuldet. Sie bedeutet, daß Sie den Verletzer loslassen und nicht mehr zurückblicken. Sie suchen nicht mehr nach dem Grund, Sie beschäftigen sich nun damit, was Sie tun und wer Sie zukünftig sein wollen.

Das Verzeihen wählen, Schritt fünf, ist ein Wendepunkt, ein Angelpunkt im Leben eines Menschen. Ist die Wahl erst einmal getroffen, dann liegt ein brandneues Leben vor Ihnen. Das ist der Hauptgrund, warum die Entscheidung für das Verzeihen so gefürchtet wird. Nichts ist wie vorher!

Die Aufgaben beim Verzeihen

Bei allen Schritten des Verzeihens müssen Barrieren durchbrochen und Aufgaben vollendet werden. Einige der Barrieren sind ziemlich furchteinflößend, aber haben Sie sie erst einmal erkannt, dann können Sie sie überwinden. Die drei Aufgaben, die vollbracht werden müssen, sind folgende:

1. den Verletzer von Schuld freisprechen
2. die Fesseln durchschneiden, die Sie an den Verletzer binden
3. vorwärts blicken, nicht zurück

Mit der Entscheidung kommt die Verantwortung, aber auch die Freiheit.

Aufgabe 1: Keine Schuld kann wirklich zurückgezahlt werden
Das Verzeihen zu wählen ist wie jede andere Wahl. Immer wenn Sie sich für eine Seite entscheiden, verlieren Sie die andere. Was können Sie verlieren, wenn Sie sich gegen die Erwartung auf weitere Begleichungen vom Verletzer entscheiden und mit dem Bestrafen aufhören? Die Antwort lautet: «Viel.»

Der größte Verlust ist wahrscheinlich das Zulassen der Erkenntnis, daß jedes Festhalten an der Schuld nur der Selbstgerechtigkeit dient. Mary Ann beschrieb ihren Widerstand, auf ihren hohen moralischen Anspruch zu verzichten:

«Vorher klammerte ich mich an meinen Schmerz. Sie wissen, es tut auf eine kranke Art und Weise gut – ‹Leck mich doch am Arsch.› Wenn Sie das tun, dann kapseln Sie sich ein. Doch das ist der falsche Weg. Wenn ich dir die ganze Schuld zuschieben kann, komme ich dabei ziemlich gut weg. Daher wußte ich, daß ich mit dem Verzeihen erst anfangen konnte, wenn ich ganz sachlich war. Es ist sehr schmerzhaft, da durchzugehen. Aber das Leben ist ein rationaler Prozeß, es ist eine Entscheidung, man trägt die Verantwortung dafür. Und es ist so wie mit dem Alkohol. Solange das rationale Denken unterdrückt wird, ist es nicht möglich. Ich sagte mir selbst: ‹Wenn ich mich selbst leiden und mich mit anderen wohlfühlen will, dann muß ich das tun.› Ich bin für mein eigenes Wohlergehen verantwortlich. Ich kann mich dafür entscheiden, den Prozeß nicht durchzumachen und verletzt und voll Schmerzen zu bleiben, aber was wäre daran Gutes? Daher mußte ich alles aufgeben.»

Selbstgerechtigkeit bedeutet nicht Arroganz. Derjenige, der sich endgültig dafür entscheidet, daß ein anderer sich ihm gegenüber falsch verhalten hat, gewinnt an Stärke. Selbstgerechtigkeit in der Entscheidungsphase hat nichts damit zu tun, wer richtig oder falsch gehandelt hat. Sie hat nichts mit Schwäche zu tun. Einen anderen von seiner Schuld zu befreien bedeutet nicht, daß er überhaupt im Recht war und Sie im Unrecht. Es bedeutet nur, daß Sie auf Bezahlung verzichten, auch wenn Sie im Recht waren und der andere Sie verletzte. In den anderen Phasen des Verzeihens sollte ein Verletzter so stark geworden sein, daß er überhaupt nichts von dem Verletzer braucht. Bestrafung und das Beladen der Waagschale haben die Beziehung ausbalanciert. Von dem Angreifer keine Bezahlung zu fordern bedeutet nicht, daß die Anklage fallengelassen wird. Es macht im Gegenteil keinen weiteren Austausch zwischen Verletztem und Verletzer mehr notwendig. Keiner schuldet dem anderen etwas.

Jede Entscheidung beinhaltet nicht nur den Verlust, sondern auch neue Verantwortung. Wenn Sie jemandem verzeihen, dann sagen Sie sich selbst: «Die Person, die mich verletzte, ist nicht länger dafür verantwortlich, wie mein weiteres Leben sich gestaltet. Nun bin ich dafür verantwortlich.» Wenn Sie sich dafür entscheiden, nichts von Ihrem Verletzer haben zu wollen, verzichten Sie auf die Vorstellung, ihn für alles in Ihrer Zukunft verantwortlich zu machen. Die Verantwortung für das eigene Leben zu übernehmen ist hart. Viele von uns hätten lieber jemanden, den sie für ihr Unglück verantwortlich machen könnten. Wenn wir uns für den Verzicht auf Wiedergutmachung entscheiden, verzichten wir auf den Luxus, den Verletzer bei uns zu haben und ihn für unseren Schmerz anklagen zu können. Der Schmerz wird der alleinige Besitz des Verletzten, der jetzt ganz allein zu entscheiden hat, was damit geschehen soll.

5. Schritt: Das Verzeihen wählen

Das Verzeihen zu wählen vergrößert also persönliche Verantwortlichkeit. Es hat großen Einfluß auf die Frage, wen der Verletzte für sein zukünftiges Wohlergehen verantwortlich macht. Mona, deren Ehemann sich weigerte, mit ihr in die Therapie zu gehen und ihr Unglück auf Hormonstörungen zurückführte, erkannte, daß sie sich mit der Entscheidung für das Verzeihen für sich selbst und selbstbestimmtes zukünftiges Glück entschied:

«Glücklich? Unglücklich? Alles ist in mir. Meine Erwartungen haben sich verändert. Mich kann nichts mehr erstaunen. Ich denke, daß ich alles vorhersehen kann. Ich habe gelernt, daß ich körperlich, emotional und psychologisch getrennte Wesen bin. Alles kommt aus meinem Inneren. Realität ist nicht an sich schon Glück, sondern ein Zustand. Und was man in diesem Zustand tut, kann einen glücklich machen.»

Nicht nur die Verantwortung für sich selbst verändert sich, wenn Sie dem anderen alle Schulden erlassen, sondern auch die anderen gegenüber. Joan:

«Wut in sich einzukapseln bedeutet einen Verlust an Verantwortung, dient als gute Entschuldigung, einen alten vergessenen Menschen nicht zu besuchen oder nicht quer durch die Stadt zu fahren, um jemandem einen Gefallen zu tun. Wenn man verzeiht, ist man als verantwortlicher Mensch wieder Teil der Menschheit. Verzeihen hat nichts mit Vertrauen zu tun. Es bedeutet, daß man sich wieder auf Risiken einlassen muß. Man ist wieder verletzbar.

Meinem Ex zu verzeihen, bedeutete, meinen Kindern eine Stiefmutter zuzugestehen. Ich mußte ihnen erlauben, ihn zu sehen, vielleicht sogar in seinem Haus zu sein. Wut erlaubt einem nicht, Verpflichtungen einzugehen – Geschenke zu kaufen, Gefallen zu erweisen. Daher ist das Verzeihen so schwer. Man muß sich wieder auf all das einlassen.»

Von der Schuld Abstand zu nehmen bedeutet, keinen Anspruch mehr auf Mittel und Möglichkeiten des Verletzers zu erheben. Wenn Sie sich im Herzen für das Verzeihen entscheiden, dann wollen Sie nichts mehr von Ihrem Verletzer – keine Entschuldigung, kein Versprechen, keine Anleihe, auch kein Flugticket. Sie sind in sich selbst stark genug. Sie brauchen nichts von dem Verletzer und wünschen ihm keinen Schaden. Sie sind ausgeglichen.

Diese Stärke gilt es zu wählen. Und obwohl die Entscheidung neue Verantwortung bringt, bringt sie neue Freiheit.

Aufgabe 2: Den Verletzer loslassen
Es gibt eine Fessel zwischen dem Verletzten und dem Verletzer. Bei unverzeihlichen Verletzungen verwandelt sich die Fessel der Liebe in eine des Kummers und Verlustes, dann in eine des Hasses. Eine letzte Fessel ist der Hoffnungsfaden, daß die Beziehung wieder so werden könnte, wie sie einmal war. Das ist aber nicht möglich. So wie Joan sagt: «Verzeihen ist ein Abschluß. Es schließt eine Tür und macht dich frei für einen neuen Start.»

Jedes Verzeihen schließt eine Tür. Die Tür, die Sie haben offenstehen lassen, ist möglicherweise die vergebliche Hoffnung, daß ein Mißbrauch treibender Elternteil Ihnen schließlich die bedingungslose Liebe zukommen läßt, derer Sie als Kind beraubt wurden. Oder Sie glauben selbst noch nach Jahren im geheimen daran, daß Ihre alte Geliebte ihren gegenwärtigen Partner verlassen und zu Ihnen zurückkehren wird.

Durch eine intime Verletzung werden beide Beteiligten aneinander gebunden. Es kann kein Opfer ohne Täter geben, keinen Gefangenen ohne Fänger. Und es kann keinen unverzeihlich Verwundeten ohne Verletzer geben. Den Verletzer loszulassen macht auch den Verletzten frei. Wenn einer nicht länger der Verletzer ist, dann kann der andere sich selbst nicht länger «verletzt» fühlen.

Stellen Sie sich die Beziehung zwischen einem Tierwärter und einem eingesperrten Zootier vor. Eines Tages entscheidet sich der Zoowärter, nachdem er viele Jahre lang für eine große Löwin gesorgt hat, die Käfigtür zu öffnen und sie zu befreien. Die Tür schwingt auf, die Löwin blickt hinaus. Sie macht einen riesigen Satz in Richtung Freiheit und springt über Graben und Umzäunung. Beide, Gefangene und Wärter, existieren nicht länger in Beziehung zueinander. Die Fessel ist zerrissen. Im «Ich verzeihe dir» vollzieht sich dasselbe. Der Verletzer ist frei, nicht länger ein Verletzer. Und der Verletzte ist frei, nicht länger ein Verletzter. Selbst der Verzeihende, der allein kämpft, fühlt dasselbe. Die Worte «Ich verzeihe dir», im Büro eines Therapeuten geäußert oder nachts in einem Wohnzimmer, signalisieren – sogar ohne die Anwesenheit des Verletzers – das Zerreißen einer Fessel, das Ende von etwas Mächtigem und Wichtigem.

Die Löwin in der Parabel kann sich entscheiden, zurück in ihren Käfig zu gehen. Vielleicht weiß sie nicht, wo sie sonst schlafen könnte. Ihre Rückkehr macht sie nicht wieder zur Gefangenen, auch den Zoowärter nicht zum Gefangenenhalter. Die Löwin hat das Vertraute gewählt, der Zoowärter hat sich entschieden, ihr die Möglichkeit zu geben. Doch ihre Beziehung hat sich dauerhaft verändert.

Menschen, die ihrem Ehepartner vergeben und bei ihm bleiben, Freunde, die sich ihrer Bindung nochmals versichern, oder Eltern und Kinder, die einander loslassen, wissen, daß sich alles verändert. Die Beziehungen sind erneuert worden, aber sie gleichen nicht den alten.

Janet, die nach der Affäre ihres Mannes bei ihm blieb und sich nicht scheiden ließ, sagt es so:

«Die Dinge werden nie wieder so sein wie vorher. Sie sind besser. Ich sehe ihn nun als realen Menschen. Wissen Sie, er stellte irgendeine Person dar, die ich in meinem Kopf gebastelt hatte. So, wie es sich herausstellt, hat er nicht sehr viel von dem Mann, den ich geheiratet zu haben glaubte. Ich wahrscheinlich auch nicht. Man kann sich auf die Suche nach einem anderen gebastelten Ding machen oder an dem festhalten, was man mal hatte. Ich fand heraus, daß die anfängliche Leidenschaft verfliegen kann. Das geschah eben, das ist alles. Es ist jetzt eben anders. Wissen Sie, Leidenschaft für immer und ewig existiert nicht. Man kann das nicht aufrechterhalten. Es gibt solche Augenblicke, kurze Augenblicke. Doch die reale Welt ist ziemlich pragmatisch, ziemlich funktional. Ich habe diese Augenblicke nicht aufgegeben, aber wir haben uns verändert.»

Teil II Die Reise des Verzeihens

Es ist eine sehr mutige Handlung, zu sagen: «Ich entschied mich dafür, dir zu verzeihen. Du bist frei.» Wie ein Ballon, der von seinem Band losgeschnitten wird, sich in die Wolken erheben kann, verzichtet der Verzeihende auf die Kontrolle über den Verletzer. Es wird Erinnerungen und Bilder in Alben und eine gültige Geschichte geben. Verzeihen macht nicht ungültig. Nur weil Sie jemanden loslassen, heißt das nicht, daß die Beziehung keine Bedeutung hatte. Verzeihen bekräftigt die Gültigkeit der Erinnerung an die Beziehung, weil es anerkennt, daß es ein Füreinander-Dasein gab, dann Schmerz, dann die Befreiung des Selbst, um mit dem vor sich liegenden Leben weiterzumachen.

Im allgemeinen lösen Menschen nicht gern Bindungen. Damit können wir nicht gut umgehen. Doch hat ein Verletzer das Band einmal durchtrennt, besteht für den Verletzten nur die Möglichkeit, sich ebenfalls zu trennen, indem er verzeiht. Auf gewisse Art ähnelt der Satz «Ich verzeihe dir» in seiner Wirkung der ursprünglichen Verletzung. Mit diesem Satz beabsichtigt man, sich selbst einen Vorteil zu verschaffen. Er beendet eine ehemals moralische Beziehung und ist für den Verletzten der Start in ein neues Leben. Doch anders als die unverzeihlichen Handlungen des Verletzers ist das «Ich verzeihe dir» keine Übertretung eines moralischen Vertrags. Es verbessert nicht die Position einer Person auf Kosten der anderen. Es ist die Freiheit, die der Verzeihende sich selbst und dem Verletzer zum Geschenk macht. Keiner von beiden besitzt den anderen, beide sind frei.

Neben dem Annehmen neuer Verantwortung und dem Durchtrennen des Fadens zwischen zwei Menschen, gibt es eine weitere Barriere, die es im Verzeihen zu überwinden gilt – sie ist der zentrale Grund dafür, warum es viele so schwer haben, ihren Schädiger loszulassen.

Eine unverzeihliche Verletzung, gleichgültig, wie schrecklich sie ist, hat auch positive Nebenwirkungen. In den frühen Phasen können Sie neue Dinge über sich selbst herausfinden, wenn Sie durch Ihr tägliches Leben voller Schmerz stolpern. Sie finden vielleicht Freunde oder Unterstützung in Ihrer Familie. Sie entdecken möglicherweise neue Werte an sich selbst. In den späteren, aktiven Pha-

5. Schritt: Das Verzeihen wählen

sen des Verzeihens können die Verletzten vielleicht sogar anderen, die verletzt oder hilfsbedürftig sind, positive Unterstützung geben. Die aus diesen Aktivitäten gewonnene neue Stärke summiert sich, und der Verletzte heilt. Wenn andererseits die Aktivitäten zum zentralen Punkt für die sich neu bildende Identität des Verletzten wird, dann kann die Entscheidung für das Verzeihen kaum noch getroffen werden, da sehr schwerwiegende Verluste folgen würden.

Hat sich ein Verletzter an eine Identität gewöhnt, die sehr eng mit der Verletzung verbunden ist, und hält sich daran fest, dann steckt er sich selbst oft in Kategorien wie «geschlagene Ehefrau» oder «Inzestopfer» oder «Kind eines Alkoholikers». Diese werden dann für viele zu mächtigen Quellen ihrer Identität. Sie stempeln die Leute nach der Art ihrer Verletzung ab. Für jede Kategorie gibt es ausgebildete Spezialisten. Es gibt beispielsweise Therapeuten, die sich auf die Arbeit mit Inzestopfern und geschlagenen Frauen spezialisiert haben. Menschen, die sich anfänglich an andere Gruppenmitglieder oder ihre Therapeuten geklammert haben, finden es oft paradox, daß sie ihre Helfer nicht mehr brauchen, wenn sie von der Kategorisierung Abschied genommen haben.

Die meisten können loslassen und weiter vorwärts gehen. Doch einige empfinden sich zum ersten Mal als etwas Besonderes, auch wenn das Gefühl einer schrecklichen Verletzung entspringt. Entscheidet sich der Verletzte für das Loslassen und zerschneidet das schmale Band der Hoffnung zwischen ihnen, dann definiert er sich selbst nicht mehr in bezug auf den Verletzer. Seine Selbstdefinition ist nicht mehr die eines Verletzten oder Opfers. Ein erfolgreich Verzeihender möchte nichts mehr von seinem Verletzer – nicht einmal ein Etikett.

Jedes Loslassen einer Person, die man einmal liebte, erzeugt Trauer. Rollen werden verändert. Aus diesem Grund weinen Eltern bei der Hochzeit ihrer Kinder, selbst wenn sie glücklich sind. Nun wird der neue Ehepartner einige der elterlichen Funktionen übernehmen. Wenn Kinder das Zuhause verlassen und die Eltern sie das erste Mal loslassen, herrscht Trauer. Es gibt auch ein großes Glück, wenn man etwas losläßt, aber sogar ein aus dem Käfig befreiter Vogel kann einen Kloß im Hals verursachen. Verzeihen bedeutet, vergangene Träume gehen zu lassen, «es hätte sein können». Was hätte sein können, wird nicht sein. Das Leben wird weitergehen, aber es wird mit anderen Erwartungen als früher gefüllt sein. Das Trauern um das Vergehen eines Traumes ist positiv. Das Nichtverzeihen aus Furcht vor Trauer kann Sie lähmen und vergiften.

Die Furcht, daß die Vergangenheit keine Gültigkeit mehr haben könnte, die Furcht vor neuen Verantwortlichkeiten oder Identitätsverlust und die Furcht vor der Trauer können dem «Ich verzeihe dir» im Wege stehen. Einige der Aufgaben bei der Entscheidung zum Verzeihen werden klarer, wenn Sie solche Befürchtungen als letztes Hindernis erkennen und etwas dagegen unternehmen.

Der Satz «Ich verzeihe dir» ist eine mächtige Handlung, sofern Sie wirklich dazu bereit sind. Es kann der Augenblick sein, in dem die Freiheit explodiert.

Sie können ihn gegenüber Ihrem Verletzer laut äußern, vor einem Bild in einem Album oder vor einem Sessel, in dem Sie sich den Betreffenden vorstellen. Doch vielleicht brauchen Sie dafür einige zusätzliche Erklärungen, besonders dann, wenn Sie Ihren Verletzer nicht direkt ansprechen können.

Wenn eine der folgenden vier Befürchtungen Sie von der endgültigen Entscheidung für das Verzeihen abhält, sollten Sie das, was Sie Ihrem Verletzer sagen wollen oder werden, üben. Hier sind die vier Wahlmöglichkeiten, jede davon kann die endgültige Entscheidung zum Loslassen bekräftigen:

1. «Ich verzeihe dir. Unsere Beziehung war gültig und bedeutungsvoll. Nun werden wir beide vorwärts gehen.»
2. «Ich verzeihe dir. Ich bin bereit, neue Verantwortung zu übernehmen.»
3. «Ich verzeihe dir. Ich bin immer noch ein besonderer Mensch, auch weil ich verzeihen kann. Ich brauche kein Etikett zu meiner Identifikation.»
4. «Ich verzeihe dir. Und ich weiß, daß ich meinen Verlust betrauern werde.»

5. Schritt: Das Verzeihen wählen

Diese Sätze laut zu sagen kann Ihnen helfen, Ihre eigenen Befürchtungen auszudrücken. Wenn Sie entschlossen sind, Ihren Verletzer loszulassen, dann könnte das Verbalisieren Ihrer Verluste zusammen mit den neuen Freiheiten Sie über den Berg bringen. Ganz kurz vor dem Ziel doch nicht verzeihen zu können macht unglücklich. So weit im Prozeß voranzuschreiten und ihn nicht zu vollenden kann Sie viele Jahre lang lähmen.

Aufgabe 3: Nach vorn blicken
Es gibt einen Song von Joan Baez, in dem das Folgende steht:

> Man sagt, blicke nie zurück...
> Zu den Schatten, die du auf deiner Spur zurückgelassen hast...
> sammle deine Rosen ein, und lauf
> auf dem langen Weg um sie herum.
>
> Und sollte die Zeit jemals gekommen sein, meine Liebe...
> dann werde ich nachts zu dir kommen, meine Liebe...
> Aber nun gibt es nur den Kummer.
> Trennung ist nahe, Trennung ist hier.
>
> Trennung ist nahe, Trennung ist hier.

Wenn Sie sich von Ihrem Verletzer getrennt haben, dann blicken Sie nach vorn, nicht zurück. Das bedeutet nicht, daß Sie sich nicht an vergangene Dinge erinnern. Sie haben sich nur dafür entschieden, nicht darin zu verweilen. So wie der Gott Janus behalten Sie die Vergangenheit im Auge, um zu wissen, woher Sie kommen und welche Straße Sie dorthin gebracht hat. Das andere Auge blickt mit einem klaren und stetigen Blick nach vorn in das Unbekannte.

Der Unterschied zwischen dem Vorwärtsblicken im Song von Baez und dem des Verzeihenden ist, daß das Loslassen Leid hervorbringen kann, das aber bald vergeht. Neue Aussichten und eine neue Freiheit treten an die Stelle des langen Kummers.

Ich fragte Janet, was sie jemandem sagen würde, der nicht verzeihen könnte. Sie antwortete mit einem Lächeln:

«Verzeihen ist eine Tugend, glaube ich, Wut bringt nichts. Keinen Schlaf, kein Lächeln. Dann greift es auf andere Bereiche über... Gott wünscht sich nicht, daß es dir mies geht – weder geistig noch körperlich. Wenn du deine Wut einkapselst oder Rache suchst, dann entspricht das nicht dem Willen Gottes. Du läßt dich nicht der Mensch sein, den Gott in dir sieht. Verzeihen ist ein phantastischer Weg. Es erlöst dich von so vielem. Du kannst nie wieder so wütend werden. Nicht so intensiv und nicht so lang. Ich denke, zu verzeihen ist eines der wichtigsten Dinge im Leben. Es heißt, daß man die Tatsache akzeptiert, daß niemand perfekt ist.»

Die Entscheidung für das Verzeihen ist eine Einladung zur Freiheit. Es ist eine Möglichkeit, ganz neu mit dem Leben anzufangen, reinen Tisch zu machen.

Eine Einladung zur Freiheit

Ich befragte Verzeihende, was sie jemandem sagen würden, der um das Verzeihen kämpft. Hier sind einige ihrer Antworten:

«Man kann jeden so behandeln, als hätte er ein gebrochenes Herz, weil es gewöhnlich stimmt, auch wenn es nicht so aussieht. Oftmals ist derjenige, der am meisten lacht oder Späße macht, derjenige, der innerlich zerbrochen ist. Jeder trägt sein Kreuz, und hat man das erst einmal erkannt, dann kann man sich besser einfühlen. Ich versuche, mir immer vor Augen zu halten, daß jeder versucht, so gut zu sein, wie es ihm eben möglich ist. Und wenn er meine Erwartungen nicht erfüllt, dann ist das nicht sein Fehler. Er weiß vielleicht gar nicht, was ich erwarte.»

«Wenn ich alles in einem Satz zusammenfassen sollte, dann würde ich sagen, daß Verzeihen Freiheit ist. Wird der Zahn gezogen, ist der Schmerz weg. Man denkt nicht mehr *daran*. Es ist wie eine Befreiung – eine Reinigung seiner selbst.»

«Es ist erhebend. Wenn ich mich in einen anderen hineinfühle, kann ich ihn verstehen. Dann kann ich loslassen. Ich glaube, Verzeihen bedeutet geistige Gesundheit.»

«Es gibt einen Unterschied zwischen dem Verzeihen im Kopf und dem Verzeihen im Herzen. Nicht im Herzen zu verzeihen zerstört Ihre Gesundheit und Ihr Herz. Man sollte doch wissen, daß Hürde auf Hürde folgt.»

«Ich würde meinen Mann auch nicht auf dem Silbertablett zurückhaben wollen, aber ich habe ihm verziehen. Verzeihen hatte nicht so viel mit ihm oder mir zu tun. Es ist die Fähigkeit, sich zu befreien und sein eigenes Leben zu führen.»

«In unserer Branche haben wir einen Begriff: ‹sich normalisieren›. Zum Normalen zurückkehren. Wenn ich darüber nachdenke, wie man Verzeihen definieren kann, dann muß ich an den Prozeß denken, den ich durchgemacht habe. Dinge so zu akzeptieren, wie sie sind, wie sie geschehen sind. Dann nur sagen: ‹Vergiß es›, und weitermachen. Es ist passiert. Das ist die Realität. Mach weiter.»

«Man hält nicht mehr an Dingen fest, denn das wäre nicht richtig fürs Herz. Verzeihen heißt, jemanden zu lieben oder es zumindest zu versuchen. Vielleicht hatte der andere einige Probleme, mit denen er nicht klarkam. Aber man darf sich nicht daran festbeißen. Sonst kapituliert man vor der Schwäche.»

«Ich erkannte, daß das Verzeihen eine Tat des Willens ist, nicht des Gefühls. Ich dachte, es sei vom Gefühl abhängig. Und ich wußte, daß ich ihn niemals wieder lieben könnte. Aber als ich erkannte, daß es eine Sache des Kopfes ist, war ich erleichtert. Mit dem Kopf kann ich alles lösen. So war es eine Befreiung. Ich war in der Lage zu erkennen, daß ich ihn am Anfang geliebt hatte. Aber ich wollte es nicht wahrhaben.»

«Als ich ihm verzieh, verstand ich, daß ich nicht der Grund für alles gewesen war. Als ich ihm verzieh, war es so, als würde ich mir selbst verzeihen, weil ich mich die ganze Zeit über für einen schlechten Menschen gehalten hatte.»

«Nicht zu verzeihen bedeutet, nicht das zu sein, was man möchte. Nicht zu verzeihen kann Schreckliches anrichten. Es verändert einen.»

«Verzeihen bedeutet Mitleid haben, aber ich will meine Schritte nicht rekonstruieren.»

«Das Einkapseln von Wut und schlechte Gedanken über einen Menschen machen einen selbst krank. Man muß es hinauswerfen.»

«Will man verzeihen, dann muß man sich in seiner Haut wohl und stark fühlen. Es muß in jedem etwas Gutes geben. Keiner ist nur schlecht.»

«Man verzeiht der ganzen Person, nicht nur die Tat. Es ist wichtig, keine Mauer aufzubauen. Verzeiht man nicht, dann verändert einen das. Man ist nicht mehr man selbst. Man ist nicht gut, nicht gesund, nicht glücklich. Man stagniert. Es lohnt sich nicht, am Groll festzuhalten. Ich möchte keine Zeit verschwenden.»

«Man muß in der Lage sein, die Tat zu akzeptieren und sie ganz zu verstehen. Dann sollte man darüber reden, sie nicht unter den Tisch kehren. Dann, wenn du die Wut und die Verzweiflung los bist, dich wieder eins mit dir fühlst und die Gefühle erst einmal wieder intakt sind, dann kann man schließlich verzeihen. Das tatsächliche Verzeihen tritt ein, wenn der Schmerz weggeht.»

«Verzeihen sollte man wollen. Einige Leute können weitergrollen und weitermachen. Sie sind glücklich mit ungeklärten Dingen. Ich kann so nicht leben. Wenn man jemandem wirklich verzeihen will, sollte man keine Angst haben, ausgelacht zu werden. Die anderen sind wahrscheinlich ebenso verletzt wie man selber. Verzeihen gibt einem das Gefühl, sauberer, leichter zu sein. Es ist fast wie ein Bad.»

«Ich glaube, daß Verzeihen für mich die Erkenntnis ist, daß Haß und Wut und solche Gefühle nicht denjenigen verletzen, gegen den man sie richtet, sondern einen selbst. Und es bedeutet, zu der rationalen Entscheidung zu kommen, daß ich mir etwas Gutes tun will.»

«Verzeihen bedeutet, jemanden abzuschreiben. Ihn niemals wieder nahe kommen zu lassen. Ihm niemals wieder zu vertrauen. Es bedeutet nicht Heilung oder Aussöhnung, sondern einfach Vergessen und zu schauen, daß es keine Gelegenheit zu einer Wiederholung gibt.»

«Verzeihen ist der Anfang einer gänzlich neuen Beziehung. Man möchte nichts auf einer zerfallenen Beziehung aufbauen. Verzeihen bedeutet das Auslöschen dessen, was war. Es wird null und nichtig. Es existiert nicht. Hat nie existiert.»

«Man kann sich nicht vorstellen, wie schön es ist.»

«Verzeihen bedeutet, alles zu integrieren, womit man sich beschäftigt. Dann bekommt man die richtige Perspektive. Dann kann man weitergehen. Nicht zu verzeihen bedeutet, daß man festsitzt.»

«Mit der Zeit kommt man an einen Punkt, an dem man wegen seiner eigenen geistigen Gesundheit die negativen Gefühle loslassen muß. Will man es nicht für den anderen tun, dann sollte man es für sich selbst tun.»

«Einige Dinge, die Ihnen jemand antut, können niemals wiedergutgemacht werden. Und was wäre der Punkt, käme man damit zum Ausgleich? Wie ausgeglichen kann man wirklich werden? Man trifft eine bewußte Entscheidung. Dann kann man einen Schritt weitergehen und denjenigen wissen lassen, daß man ihm verziehen hat. Man kann ihm die Last nehmen. Schließt das den Verletzer nicht mit ein, dann ist es nur halb getane Arbeit. Man gibt ein Geschenk, jemand muß es erhalten.»

«Verzeihen bedeutet, mit sich selbst im Frieden zu sein. Ich möchte die Beziehung nicht wiederherstellen, ich wollte sie schon nicht mehr, als das alles noch nicht passiert war.»

«Wer überleben will, denkt nicht daran, wie lange das Leben noch dauern wird. Er denkt an morgen und erkennt, daß Glück kaum ein großes, sperriges, verschnürtes Paket ist. Glück, selbst in der schlimmsten Situation, ist da, weil Kinder lächeln, man spricht mit seinem Nachbarn, ein Kuß von einem Baby, eine Blume oder ein Bier oder ein Boot, oder Spinnweben in der Morgensonne. Das sind die Dinge, nach denen man sucht und die die Seele erleuchten. Das gibt einem die Energie, um dafür zu kämpfen, wofür man kämpfen muß.»

6. Schritt:
Das Entstehen eines neuen Selbst

Wenn etwas Ihr Leben verwüstet, müssen Sie alles
überdenken.
Ich brauchte eine völlig neue Philosophie.
JANET

Buck und Amanda Jones und ihr einziger Sohn Ted gehörten zu einer kleinen Gemeinde. Buck unterrichtete Geschichte und Sport, Amanda war Grundschullehrerin. Die Jones' beteiligten sich ebenfalls an fast allen Aktivitäten der Gemeinde, die mit Kindern zu tun hatten – Pfadfinder, kirchliche Jugendbetreuung, Freizeitkurse für Kinder. Ted war ein hervorragender Schüler, Klassensprecher und Footballspieler. Im Frühling sollte er seinen Abschluß machen.

Der Haushalt der Jones' war warm und einladend. Alle Jugendlichen gingen gerne dorthin, auch ein gestörter Junge namens Martin. Sein Vater geriet immer wieder in Schwierigkeiten mit dem Gesetz, und Martin selbst hatte auch schon einige Sachen gedreht. Es waren nur Kleinigkeiten, doch die Jones' kümmerten sich um ihn und halfen ihm, wo sie konnten. Sie wurden Martins Ersatzeltern.

An einem Herbstwochenende trafen sich die Jugendlichen in ihrem Haus, aßen Popcorn und hörten Musik. Am späten Nachmittag gingen die meisten Kinder zum Abendessen wieder nach Hause, und die Jones' kehrten zu ihrem normalen Leben zurück. Einige Jungen trödelten noch herum. Martin war einer von ihnen.

Aus irgendeinem Grund beschlossen die Jungen, ihre Gewehre zu laden und zum Zielschießen zu gehen. (Die Jagdsaison war vorbei, daher war es verboten, die Gewehre herauszuholen.) Es war neblig, als vier Jungen mit Gewehren das Haus verließen und sich in verschiedene Richtungen aufmachten. Als Ted über einem schmalen Hügel auftauchte, feuerte Martin. Das Geschoß traf Ted in den Kopf. Er war sofort tot.

Die Jones' kämpften jahrelang um das Verzeihen. Sie konnten Martin anklagen, aber nichts konnte ihnen ihren Verlust ersetzen.

Doch langsam kehrte das Paar zu seiner freiwilligen Arbeit und Gemeindeaktivität zurück. Eines Tages bot sich ihnen zufällig eine günstige Gelegenheit. Ein Freund in der Gemeinde wußte von einem kleinen Kind in einem anderen Bundesstaat, das Adoptiveltern brauchte. Der Freund dachte, daß er alles so arrangieren könnte, daß sie den kleinen Jason adoptieren könnten. Mit fast fünfzig wurden Buck und Amanda erneut Eltern. Ihre Erstarrung wich langsam der Liebe.

Sie hatten Martin verziehen, aber über den Prozeß des Verzeihens hatten sie fast jeden Glauben, den sie einmal gehabt hatten, durch einen neuen ersetzt. Sie traten aus der Kirche aus. Sie glaubten nicht länger an das Konzept von Fairness. Und sie erwarteten nicht länger, daß ihre guten Taten belohnt werden würden. Alles, woran sie geglaubt hatten, hatte sich verändert. Sie waren andere Menschen geworden.

Jemand, der eine unverzeihliche Verletzung erfolgreich verzeiht, ist durch eine Umwandlung gegangen, richtiger: durch Umwandlungen. Er war gezwungen, zu akzeptieren, daß seine wichtigsten Glaubenssätze ungültig geworden waren, und mußte neue errichten.

Alle kleinen Umwandlungen, die ein Verzeihender durchmacht, führen schließlich zu einer neuen Person. Auf paradoxe Weise bietet Ihnen eine unverzeihliche Verletzung die Gelegenheit, sich grundlegend zu ändern. Die Verwundung mag Sie gegen Ihren Willen dazu zwingen, Ihre Träume, Mythen und Erwartungen an das Leben zu ändern. Aber wie sonst könnten Sie so eine Konfrontation mit sich selbst erfahren? Die eigenen essentiellen Glaubenssätze umwandeln zu können ist eine Chance für das ganze Leben. Es gut zu machen ist eine Kunst.

Die meisten Menschen halten am Vertrauten fest. Die Vorstellungen über Kriminelle, Armut, verdiente und unverdiente Opfer, Gott, Reichtum, Liebe, Religion und so weiter – werden früh im Leben festgelegt und bilden schließlich das Fundament Ihrer Weltanschauung. Alle Information wird gefiltert und durch Ihre Glaubenssätze zusammengefügt, bis sie gut in Ihr langfristig eingerichtetes Weltbild paßt. Jemand, der beispielsweise alle diejenigen, die an

6. Schritt: Das Entstehen eines neuen Selbst

UFOs glauben, für exzentrische Träumer hält, beschließt wahrscheinlich, daß der Alien, den er neben dem Raumschiff in seinem Garten stehen sieht, das Kind seines Nachbarn in einem Raumfahreranzug ist. Das paßt zu seinen Glaubenssätzen. Einer, der fest an Wesen aus dem All glaubt, könnte zum Vergleich das vom Sonnenlicht verdunkelte Frisbee für eine fliegende Untertasse vom Jupiter halten. Menschen sehen, was sie glauben. Sie können sich von ihren Glaubenssätzen über das Leben nicht lösen.

Keiner möchte, daß in die Sicherheit seiner Glaubenssätze hineingepfuscht wird, besonders dann nicht, wenn der Übergriff gegen seinen Willen geschieht und in schrecklichem Schmerz endet. Doch sind Glaubenssätze oder Mythen einmal erschüttert, erwartet Sie eine günstige Gelegenheit. Es ist, als ob ein Ungläubiger mit einem Alien aus dem Weltraum konfrontiert wird und weiß, daß es sich um einen Alien aus dem Weltraum handelt. Ihm wurde eine Chance gegeben, seine ganz grundlegenden Glaubenssätze über das Leben selbst neu zu strukturieren. Wer kontrolliert die Dinge? Wieviel Macht haben wir wirklich? Verdienen es einige, verletzt zu werden, andere dagegen nicht? Die Unverletzten müssen sich niemals solch ernsten Herausforderungen stellen. Verzeihende tun es, und durch den Prozeß des Verzeihens finden und schaffen sie neue Antworten, die sie zu neuen Menschen machen. Auch wenn die meisten sich das nicht wünschen, so ist dies doch einer der Wege des Lebens, jemandem eine zweite Chance zu geben. Verletzt zu sein ist auf diese merkwürdige Weise auch ein Geschenk.

Die Endphase des Verzeihens ist das Entstehen eines neuen Selbst. In dieser Phase bekommt das Wort «Verzeihen» langsam einen Sinn. Eine Verletzung gibt Ihnen die Chance, eine Sache zu beenden und etwas anderes zu beginnen. Es ist das Geschenk des Neubeginns. Am Ende einer langen Reise packt der Reisende möglicherweise seinen Koffer aus, wäscht die Wäsche, liest die Post und bereitet sich seelisch darauf vor, seine Arbeit wiederaufzunehmen. Oder er packt seine Taschen und geht am nächsten Tag auf eine weitere Reise. Der Punkt ist, daß das Leben wieder beginnt. Genauso ergeht es dem Verzeihenden.

Verzeihende trennen sich von der Vergangenheit und blicken in die Zukunft. Das Entstehen eines neuen Selbst beendet die Reise eines Menschen. Er packt seine Taschen aus und kehrt zum normalen Leben zurück. Was auch immer er tut, er wird seine neuen Glaubenssätze, die er auf der Reise zum Verzeihen gesammelt hat, festigen und prüfen. So viele grundlegende Veränderungen sind geschehen, daß er nicht mehr zurückkehren kann. Es ist eines der paradoxen Geschenke des Lebens, daß das Ende des Verzeihensprozesses eine zweite Chance darstellt. Wenn nichts mehr so wie vorher ist, dann kann es nur besser werden.

Die kleinen Transformationen auf der Reise zum Verzeihen

Menschen, die verziehen haben, sind mindestens durch acht «Transformationen» gegangen. Ein Verzeihender wandelt sich:

1. von einer Person, die den Schaden, der ihr zugefügt wurde, nicht versteht, in jemanden, der sich seine Verletzung einverleibt, und dann zu jemandem, der sich nicht mehr als verletzt betrachtet;
2. von einer Person, die sich selbst anklagt, zu jemandem, der jemand anderen anklagt, zu jemandem, der niemanden anklagt;
3. von einer Person, die sich nicht verändern möchte, zu jemandem, der akzeptiert, daß er sich verändern muß, zu jemandem, der den Verlauf seiner Veränderung bestimmt;
4. von einer Person, die möchte, daß sich die Gegenwart wieder in die Vergangenheit zurückentwickelt, zu jemandem, der an der Gegenwart festhält, zu jemandem, der nur in die Zukunft blickt;
5. von jemandem, dem etwas angetan wird, zu jemandem, der nicht handeln kann, zu jemandem, der weiß, was er tun muß;
6. von einer Person, die vertraut, zu jemandem, der niemandem vertraut, zu jemandem, der selbst entscheidet, wem er vertraut;
7. von einer Person, die liebt, zu jemandem, der haßt, zu jemandem, der entweder auf andere Art liebt oder dem Verletzer gegenüber gleichgültig ist;
8. von einer Person, die sich einem anderen gegenüber bezüglich

6. Schritt: Das Entstehen eines neuen Selbst

Macht und Mittel und Möglichkeiten gleichwertig fühlt, zu jemandem, der so fühlt, als hätte man ihm alles entzogen, zu jemandem, der sich wieder gleichwertig fühlt.

Die Transformationen geschehen in den ersten fünf Schritten des Verzeihens. Verzeihende fangen an, ihre Wahrnehmungen, ihr Verhalten, ihre Werte und ihre Erwartungen zu verändern. Die wichtigste Veränderung beim Verzeihen ist noch grundlegender. Sie betrifft die Sicht auf die fundamentalen Dinge des Lebens. Am Ende des Prozesses summieren sich alle kleinen Tranformationen. An diesem Punkt wandelt sich die verletzte Person, weil sich ihre Glaubenssätze über elementare Dinge des Lebens verändert haben.

Die Transformation des Verzeihens

Verzeihen schafft neue persönliche Glaubenssätze. Sind die Glaubenssätze über das Leben erst einmal hinfällig geworden, müssen neue ihren Platz einnehmen. Während des gesamten Verzeihensprozesses haben sich Ihre individuellen Glaubenssätze Schritt für Schritt verändert.

Den Psychologen zufolge strebt die menschliche Natur danach, Verhaltensweisen, Werte und Haltungen beizubehalten. Treten Unregelmäßigkeiten auf, erfahren Menschen eine Art von Pein, die kognitive Dissonanz genannt wird.[1]

Bei kognitiven Dissonanzen versuchen Menschen, etwas zu verändern, um Harmonie in ihre widersprüchlichen Erfahrungen zu bringen. Sie verändern vielleicht ihr Verhalten oder beurteilen Werte und Haltungen neu. Wenn Menschen diese Veränderungen nicht vollenden können oder wenn ihre Glaubenssätze sich immer noch widersprechen, bleiben sie im Kummer stecken.

Wenn Sie geglaubt haben, jedem gegenüber verletzbar zu sein, außer Ihrem Beschützer, und der Beschützer verletzt Sie, dann müssen Sie den einen oder anderen Glaubenssatz aufgeben – daß Sie in den Händen des Beschützers gegen Verletzungen immun sind oder daß Ihr Beschützer Sie nie verletzt.

Wenn Sie angenommen haben, daß Ihre Art des Verhaltens anderen gegenüber Sie vor Verwundungen bewahren würde, dann müssen Sie entweder die Vorstellung verwerfen, daß Sie sich vor Schaden schützen könnten, oder schlußfolgern, daß Sie bis jetzt noch nicht den garantiert richtigen Weg gefunden haben, um sich zu schützen.

Buck und Amanda glaubten, daß ihre Beiträge zum Gemeindeleben – ihre Gastfreundschaft Jugendlichen gegenüber und ihr Glaube an Gott – ihnen ihr Glück sichern würde. Sie glaubten auch, daß Gott sie schützen würde. Nachdem ihr Sohn gestorben war, bekannte Amanda folgendes:

> «Ich bin immer noch böse mit Gott. Er gab uns nur Ted. Wenn er beabsichtigt hatte, uns Ted zu nehmen, dann hätte er uns schonender behandeln können. Wir versuchten in all den Jahren nie, die Geburt anderer Kinder zu verhüten. Und das ist grausam. Heute geht es mir besser, weil wir Jason haben. Gott hat wieder was zurechtgerückt.»

Einer ihrer Glaubenssätze mußte weichen. Die Vorstellungen wurden wieder kompatibel.

In der Umwandlung des Verzeihens konstruieren Verzeihende ein neues umspannendes Lebensprinzip. Es hilft einem Menschen dabei, das Leben wieder als gerecht und fair zu empfinden. Das Prinzip löst die Inkompatibilität zwischen den Glaubenssätzen. Ich nenne es das Prinzip des Verzeihens.

Das Prinzip des Verzeihens
Menschen, die durch die Transformation des Verzeihens gehen, kommen zu der Schlußfolgerung: Schaden ist immer gegenwärtig.

Wie Liebe, Spaß oder Tod ist Schaden Teil des Lebens. Jeder Schaden kann so interpretiert werden, daß er einen Sinn ergibt, weil er einen Grund hat und es etwas gibt, was ihn kontrolliert. Akzeptiert jemand erst einmal, daß er geschieht und oftmals unkontrollierbar ist, dann kann kaum wieder etwas unverzeihlich sein.

Sarah, deren zwölfjährige Ehe abrupt endete, als ihr Mann nach

6. Schritt: Das Entstehen eines neuen Selbst

Hause kam, seine Koffer packte und ging, sagte über ihre neuen Vorstellungen folgendes:

«Meine Erwartungen haben sich verändert. Ich orientiere mich mehr an der Realität. Nichts kann mich mehr erstaunen. Nun stellt Untreue einen Teil meiner Möglichkeiten dar. Ich glaube, ich kann alles vorhersehen.»

Sarahs neues Prinzip des Verzeihens könnte so lauten: «Schaden geschieht. Ich dachte, ich könnte ihn kontrollieren, aber das stimmte nicht. Er kann immer wieder kommen, aber ich weiß jetzt, daß ich ihn umwandeln oder mich entfernen kann.»

Buck und Amanda formten eine neue Vorstellung von Gott und fingen an, die Reinkarnation in Betracht zu ziehen:

«Dieser kleine Junge fiel geradezu vom Himmel. Ich glaube, Gott kreiste herum und warf uns Ted wieder zu. Die ganze Geschichte, wie Jason zu uns kam, ist fast übernatürlich. Wenn ich an Reinkarnation glauben würde, dann würde ich schwören, daß Ted hier war. Dieses Baby verhält sich genau wie er.»

Buck und Amandas Prinzip des Verzeihens war folgendes: «Schaden geschieht. Gott hat einen Grund dafür. Sein Wille ist uns bis jetzt unergründlich, aber es gibt ein methodisch arbeitendes Prinzip. Wenn es einen Grund für jeden Schaden gibt, dann kann kein Schaden unverzeihlich sein.»

Nicole, die von ihrem dominierenden und beschützenden Ehemann mißbraucht wurde, denkt so über Menschen und Gerechtigkeit, nachdem sie ihrem Mann den Mißbrauch verziehen hat:

«Wir haben es mit Menschen zu tun. Menschen sind eigensüchtig. Die meisten sorgen sich zuerst um sich selbst. Sie kümmern sich um andere, aber sie müssen erst einmal mit ihrem eigenen Leben klarkommen. Nun, da ich das akzeptiere, akzeptiere ich die Fehler anderer und meine eigenen. Das Ergebnis ist: Ich bin entlastet.»

Nicoles Prinzip des Verzeihens ist: «Schaden geschieht. Jeder kann jeden anderen verletzen, ich eingeschlossen. Weil ich das weiß, bin ich frei.»

Jemand, der verziehen hat, akzeptiert, daß einige Dinge im Leben kontrollierbar sind, andere nicht. Niemand ist vor Schaden geschützt. Das Prinzip des Verzeihens macht Verzeihende nicht zu Masochisten, die jederzeit bereitwillig Schmerzen auf sich nehmen. Ganz im Gegenteil: Wer entschieden hat, Verletzung als Teil des Lebens zu betrachten, kann sich auch dafür entscheiden, auf sich zukommende zu vermeiden oder sie hinter sich zu lassen. Dem Schmerz entkommt niemand. Doch wird er ihn nie wieder so ungeschützt treffen.

Die religiösen und existentiellen Paradigmen des Verzeihens
Die meisten Menschen, mit denen ich sprach, haben Prinzipien des Verzeihens entwickelt, die in eine von zwei Paradigmen über eine verletzende Welt fallen. In beiden ist persönlicher Schaden immer möglich. Alle Verzeihenden, mit denen ich sprach, wußten, daß sie wahrscheinlich wieder Verletzungen erfahren würden. Moralische Verträge mit neuen Ehepartnern und Freunden (oder erneuerte Verträge mit Bekanntschaften) können, egal, wie sorgfältig sie ausgeklügelt sind, erneute Verletzung nicht vollkommen ausschließen. Beide Paradigmen unterschieden sich bezüglich Kontrolle und Gerechtigkeit. Das erste Paradigma nenne ich existentiell, das zweite religiös.

Der Verzeihende, der seine Glaubenssätze in das existentielle Paradigma umwandelt, beschließt folgendes: Jeder erfährt Schaden. Moralische Verträge zwischen Menschen können das nicht verhüten. Keiner ist immun. Schaden tritt fast willkürlich in das Leben eines Menschen. Es gibt keinen Rhythmus oder Grund für Verletzung. Menschen lügen, halten Information zurück, beschränken die Freiheit des anderen und sind ihrem Wesen nach eigensüchtig. Das ist die menschliche Natur. Unbeabsichtigt und beabsichtigt verletzen Menschen einander und beschmutzen das Leben anderer. Entscheidend ist, wie du auf das Unglück reagierst, das auf deinem Weg liegt.

6. Schritt: Das Entstehen eines neuen Selbst

Der Verzeihende, der seine Glaubenssätze in das religiöse Paradigma umwandelt, beschließt folgendes: Jeder erfährt Schaden. Moralische Verträge verhindern Verletzungen nicht. Keiner ist immun. Aber eine größere Macht sieht einen Grund, wie mysteriös auch immer, in den Verletzungen. Menschen können leiden, aber ihr Leiden dient einem übergeordneten Zweck. Auch wenn der Mensch Gottes Plan nicht verstehen kann.

In beiden Paradigmen, im religiösen wie im existentiellen, liegt ein Geschenk – das wahre Geschenk des Verzeihens. Wenn Sie verzeihen, dann helfen Ihnen die Erfahrungen, alle interpersonellen Zerstörungen zu verstehen und ihnen besser ausgerüstet als jemals entgegentreten zu können. Der Haß, den Sie fühlten, ist weg, und die Zukunft mit ihren neuen Glaubenssätzen erscheint heller, weil Sie die intimen Verletzungen in eine größere Perspektive einordnen. Menschen, die um das Verzeihen gerungen und schließlich verziehen haben, wissen, daß sie Schmerz erfahren und ihn umwandeln können. Mit dieser Erkenntnis muß man nie wieder so wachsam gegenüber Verletzungen sein.

Das Geschenk des Verzeihens bedeutet weniger Angst. Das neue Selbst wird entspannter, weniger defensiv und zerbrechlich. Verzeihende wissen, daß sie verwundet werden können, und haben gelernt, die Vorstellung als Teil ihrer Realität zu integrieren. Sie haben das Schlimmste an Schmerz erfahren. Alles, was vor ihnen liegt, sollte wesentlich leichter sein.

Die Freiheit des Verzeihens

Ich fragte Verzeihende, ob sie nun noch irgend etwas für unverzeihlich hielten. Hier sind einige der Antworten:

«Ich glaube nicht. Mord vielleicht. Ich kann Ehebruch verzeihen, weil ich verstehe, warum er passiert. Wissen Sie, ich habe alles verloren. Alles ist auseinandergesprengt. Doch nichts ist es wert, daß man haßt.»

«Nein. Gott verzeiht alles. Ich sage nicht, daß wir die Gefängnisse öffnen sollten. Sie können verzeihen und verurteilen nicht gleichsetzen. Aber in Gott ist alles verzeihbar.»

«Nein, nichts ist für mich nun noch unverzeihlich. Ich hoffe, daß ich alles verzeihen kann.»

«Nun ordne ich alles, was passiert, der ‹Erfahrung› zu. Es gibt etwas Gutes in jeder Sache. Wie neulich, als mir jemand etwas Geld gestohlen hatte, den ich für meinen Freund hielt. Und ich dachte, vielleicht sollte ich bei der Auswahl meiner Freunde vorsichtiger sein. Man setzt die Situation in eine bestimmte Perspektive, und wenn irgend etwas Gutes daraus entsteht, verzeiht man.»

«Man muß Menschen so akzeptieren, wie sie nun einmal sind. Versuche nicht, sie zu ändern. Verzeihen bedeutet, eine gänzlich neue Philosophie des Menschen zu entwickeln. Nachdem ich das einmal getan hatte, ist nichts mehr unverzeihlich.»

«Ich fand heraus, daß Liebe eine Illusion ist. Beziehungen zwischen Männern und Frauen sind unaufrichtig. Die Zweisamkeit ist eine Illusion. Da gibt es nichts zu verzeihen, wenn man erkennt, daß Menschen nur ihre eigene Unwahrheit schaffen.»

«Ich verzieh, als ich selbstsicher und autonom wurde. Mein Leben war mein Leben, und ich dachte, ich kann meinen Mann genau jetzt verlassen, in dieser Minute. Ich bin jemand Besonderes. Ich mußte nur einer einzigen Person verzeihen, mir selbst, und die Tatsache akzeptieren, daß mir Gott verziehen hat. Gott verzeiht, daher muß man sich nicht selbst bestrafen.»

«Ich kann mir nichts vorstellen, was ich nicht verzeihen könnte. Ich habe das Schlimmste erlebt. Und ich stelle mir vor, daß ich auch Fehler machen werde, und weil ich meinem Vater verzieh, werde ich vielleicht mir selbst auch verzeihen können.»

6. Schritt: Das Entstehen eines neuen Selbst

«Ich weiß, daß ich Menschen verletzt habe und es dafür ein Urteil geben wird. Aber es ist nicht meine Sache zu urteilen. Das überlasse ich Gott. Er wird sich darum auf seine Weise kümmern.»

«Ich entschied mich, daß der Mensch im Grunde gut und nicht böse ist. Er macht trotzdem Fehler. Man ist nicht gezwungen, wie ein Christ glauben und verzeihen zu können, doch ich entschied mich dafür. Es macht mein Leben friedvoll.»

«Jeder ist zur Rechenschaft zu ziehen und wird für seine Taten verurteilt werden. Daher soll man verzeihen, weil jeder eine Schwäche hat. Man gibt sich mit ihm nur nicht mehr ab.»

«So etwas wie drohende Gerechtigkeit gibt es nicht. Menschen verletzen einander immerzu. Einige sind bösartig, andere manipulativ, einige sind intrigant. So ist es eben. Daher gibt man ihnen nicht die Macht, einen zu zerstören. Man fegt sie weg und macht weiter mit seinem eigenen Leben. Das nächste Mal ist man viel sorgfältiger in seinen Entscheidungen.»

Teil III
Übungen des Verzeihens

Der gesamte Prozeß des Verzeihens ist ein Umwandlungsprozeß, in dem man vom Objekt der Handlungen eines anderen zu einer Person wird, die selbst mit ihrer eigenen Verletzung umgeht. Durch die sechs Phasen des Prozesses des Verzeihens werden Sie eine immer größer werdende Meisterschaft im Umgang mit Ihrer Verletzung gewinnen. Sie bilden ein neues Glaubenssystem über Ungerechtigkeit heraus, über die Menschen im allgemeinen und sich selbst.

Hilfestellungen, die Verzeihen fördernd unterstützen könnten, sind ganz selten. Einige Menschen suchen nach Hilfestellung in Romanen und Gedichten. Andere wenden sich an die Bibel, Bücher oder Fernsehtalkshows. Verletzte suchen in ihren persönlichen Grundlagen nach etwas, was ihrer Heilung dienlich sein könnte.

Helfer, sowohl Fachleute als auch Freunde, können dem Verletzten zwar zeitweilig zur Seite stehen, aber für viele von ihnen stellt das Verzeihen nicht das Ziel dar. Einige wissen vielleicht nicht, was sie anderes tun könnten, als dem Verletzten zu gestatten, seinen Gefühlen Luft zu machen oder die Geschichten zu wiederholen. Nur wenige meiner Gesprächspartner berichteten von kontinuierlichem Beistand während des gesamten Prozesses. Für die meisten erwiesen sich die Helfer keineswegs als hilfreich.

Die erfolgreich Verzeihenden in den vorherigen Kapiteln gingen durch den Prozeß, indem sie alle Mittel und Möglichkeiten sammelten, derer sie habhaft werden konnten. Fast alle sagten, daß sie nach einer schnelleren Methode zur Bewältigung gesucht hätten, aber keine kannten. Aus dieser Unkenntnis heraus entwickelten Verletzte selbst verschiedene «Verzeihens-Übungen» und «Verzeihens-Werkzeuge». Die Werkzeuge, die tatsächlich den Aussöhnungsprozeß fördern, werden in den folgenden Kapiteln gezeigt.

Werkzeuge des Verzeihens sind wie andere auch nur dann nützlich, wenn der Benutzer auch mit ihnen umgehen kann. Einige der auf den nächsten Seiten beschriebenen Übungen können für einige Menschen sinnvoll sein, für andere hingegen nicht. Die Beispiele sollen Ihre individuelle Kreativität anspornen. Sowohl der Verletzte als auch der professionelle Beistand können die vorgeführten Übungen so anwenden, wie sie hier beschrieben werden, oder sie der Situation entsprechend modifizieren.

Die Übungen sollen den Verletzten erfolgreich durch den Prozeß des Verzeihens bringen, vom Benennen bis zur Entstehung eines neuen Selbst. Sie zeigen die gewählten Techniken und Methoden derjenigen auf, die selbst den Prozeß vollendeten und Unterstützung von Freunden, Beiständen oder durch Nachdenken und Gebete fanden. Zusätzlich werden Übungen angeboten, die die verschiedenen Phasen des Verzeihens etwas erleichtern und beschleunigen können.

Werkzeuge zum Benennen der Verletzung

Ordnung und Vereinfachung sind die ersten Schritte,
eine Sache in den Griff zu bekommen – der tatsächliche
Feind ist das Unbekannte.
THOMAS MANN

Das Benennen der Verletzung ist der erste Schritt auf der Reise des Verzeihens. Aus der Verwirrung in der Folge der Verletzung entsteht das Benennen des Verlorenen. Es wird geordnet und identifiziert, ebenso das, was intakt geblieben ist. Der Zweck der Benennungsphase ist die völlige Sichtbarmachung der vorher verdeckten Ausmaße der Wunde. Welche Glaubenssätze sind dauerhaft verändert worden? Wie haben sich die Konzepte einer Person bezüglich Verletzbarkeit, Kontrolle und Gerechtigkeit verändert? Was genau muß verziehen werden?

Benennung klärt das vormals Vernebelte. Es ordnet die Natur des Prozesses des Verzeihens, der vor einem liegt. Ist die Verletzung erst einmal vollständig benannt, wird der Verletzte nicht mehr von der Wunde überwältigt und kann sich in die Startlöcher auf der Strecke zur Meisterschaft über die Wunde begeben.

Zugeben, Sondieren und Sprechen sind die drei Aufgaben bei der Benennung einer Verletzung. Die folgenden Übungen sollen Ihnen bei der Erfüllung dieser Aufgaben helfen, so daß Sie wissen, womit Sie es zu tun haben, wenn Sie zu verzeihen versuchen.

Vorbereitung auf das Verzeihen

Bevor Sie mit dem Prozeß des Verzeihens beginnen, müssen Sie einige Vorbereitungsmaßnahmen ergreifen. Sie müssen mit viel Arbeit rechnen. Bereiten Sie sich darauf vor, daß Sie Zeit brauchen, um über Ihre Situation nachzudenken und dann zu handeln. Zweitens sollten Sie sich während des Prozesses Notizen machen und Übungen ausführen. Ein Notiz- oder Tagebuch ist ein gutes Mittel, Ihre Antworten auf die Übungen festzuhalten und Ihnen Ihren Fortschritt zu demonstrieren. Ein «Notizbuch des Verzeihens» zu führen gestattet Ihnen, Zeit mit der Arbeit des Verzeihens zu verbringen. Dadurch können Sie verhindern, daß sich die darum kreisenden Gedanken in Ihre täglichen Aktivitäten einschleichen und Ihr tägliches Funktionieren beeinträchtigen.

Die erste Übung ist dazu gedacht, die Gewohnheit des Denkens über die unverzeihliche Verletzung in geordnete Bahnen zu lenken. Schaffen Sie das, dann können Sie über die Zeit hin beobachten, wie sich die Art ihrer Annahmen verändert.

Übung 1: Das Einrahmen der Verletzung

In Ihrem Notizbuch des Verzeihens notieren Sie das Ereignis, das Ihre unverzeihliche Verletzung herbeiführte. Schreiben Sie alles auf, woran Sie sich erinnern. Wo waren Sie, als es passierte? Was trugen Sie? Was fühlten Sie? Was waren Ihre ersten Gedanken, nachdem es geschehen war? Wie alt waren Sie? An welche Gesichter erinnern Sie sich? Welche Farbe sehen Sie? Welche körperlichen Empfindungen haben Sie, wenn Sie daran denken?

Sie können diese Übung auch mit einem Tonband machen, das Sie später abhören, um zu sehen, wie sich Ihr Verständnis über das unverzeihliche Ereignis und die folgenden Verletzungen ändert.

Die nächste vorbereitende Übung wird Ihnen bei der Überprüfung dessen helfen, wie sich die Wahrnehmung Ihrer selbst und Ihres Verletzers schon verändert hat. Wie Übung 1, die Sie während des Prozesses erneut machen, wird hierbei der gemachte Fortschritt skizziert. Versuchen Sie nun, Ihre sich verändernden Erwartungen zu bewerten.

Werkzeuge zum Benennen der Verletzung

Übung 2: «Ich dachte, ich wäre _____.»

Schreiben Sie die folgenden Aussagen nieder, und vervollständigen Sie die Sätze. Es kann sein, daß Sie diese Übung mit einem Freund oder Therapeuten machen und besprechen wollen:

Bevor er mir das antat, dachte ich, ich wäre _____
   Ich dachte, ich würde _____
   Ich dachte, er wäre _____
   Ich dachte, er würde _____
   Ich dachte, wir wären _____
   Ich dachte, wir würden _____
   Seit er mir das angetan hat, denke ich, ich bin _____
   Ich denke, ich werde _____
   Ich denke, er ist _____
   Ich denke, er wird _____
   Ich denke, wir wären _____
   Ich denke, wir werden _____

Haben Sie die ersten beiden Übungen beendet, dann ist der Boden für die übrigen Benennungsübungen bereitet. Sie werden Ihnen dabei helfen, zuzugeben, zu sondieren und über die gegenwärtige Wahrnehmung Ihrer selbst und Ihrer Situation zu sprechen. Die Übungen richten sich an Ihre sich verändernden Ansichten über Verletzlichkeit, Kontrolle und Gerechtigkeit. Sie helfen Ihnen auch dabei, sich vielleicht entwickelnde Stärken zu identifizieren. Wenn Sie sie beendet haben, robben Sie sich möglicherweise schon an das «sich verändernde Du» heran. Sie weden auch darauf vorbereitet, daß Sie im weiteren Verlauf des Prozesses des Verzeihens neu beurteilen und neu definieren müssen.

Teil III Übungen des Verzeihens

Übungen des Annehmens

Verletzlichkeit zugeben
Eine unverzeihliche Verletzung greift bezeichnenderweise die Vorstellungen eines Verletzten über seine eigene Verletzlichkeit und Schädlichkeit an. So fühlen sich die meisten der derart Verletzten selbst durch und durch verletzlich und außer Kontrolle, manche zum ersten Mal in ihrem Leben. Doch Verletzlichkeit ist ein zweischneidiges Schwert. Sie könnten herausfinden, daß Sie verletzlich waren, als Sie sich nicht dafür hielten. Und Sie entdecken vielleicht, daß Verletzlichkeit Ihnen neue Möglichkeiten eröffnet. Machen Sie die Übungen 3, 4 und 5, um Ihre gegenwärtigen Gedanken über Verletzlichkeit im allgemeinen (nicht nur Verletzlichkeit gegenüber Ihrem Angreifer) einschätzen zu können.

Übung 3: «Ich habe nie gedacht, daß ich verletzt werden könnte durch _____.»

Vervollständigen Sie die folgenden Gedanken:

1. Ich dachte nie, daß ich verletzt werden könnte von/durch (benennen Sie zumindest fünf Dinge oder Personen)...
2. Ich dachte nie, daß das Verletztwerden mich... machen könnte.
3. Ich dachte, ich wäre sicher in (oder mit)...

Übung 4: Zeichnen Sie ein Bild

Zeichnen Sie ein Bild, das zeigt, wie Sie jetzt von sich denken. Versuchen Sie, in Einzelheiten zu gehen. Wo befinden Sie sich? Welche Form haben Sie? Wie groß sind Sie? Und wer oder was ist sonst noch anwesend?

Was können Sie aus Ihrem Bild über Ihre Gefühle bezüglich Verletzlichkeit ablesen?

Werkzeuge zum Benennen der Verletzung

Übung 5: «Dies ist genau wie _____.»

> Manchmal bringen neue Verletzungen alte Gefühle von Verletzlichkeit, die man zu anderen Zeiten in seinem Leben erfahren hat, wieder hervor. Vervollständigen Sie diesen Satz, um zu sehen, ob Sie sich heute ebenso fühlen wie damals: «Die Art, wie ich mich heute fühle, erinnert mich daran, wie ich mich fühlte, als...»

Übung 6: Chefpilot, verteidigungslos Dahintreibender oder Mathematiker?

> Chefpiloten sind über ihre Verletzlichkeit durch Untergeordnete schockiert. Verteidigungslos Dahintreibende sind verletzlich, wenn sie von starken Menschen aus ihrer unmittelbaren Umgebung verlassen werden, Mathematiker, wenn ihre Gleichungen über das Leben nicht aufgehen. Welcher Typ sind Sie?
>
> Schreiben Sie einen kurzen Empfehlungsbrief über Ihren Verletzer in Ihr Notizbuch. Wie schätzten Sie den Verletzer in Beziehung zu sich ein? Welche Rolle spielten Sie? Fangen Sie den Brief folgendermaßen an, und adressieren Sie ihn an den Verletzer:
>
> Liebe/r _____,
> ich weiß, ich war verletzlich Dir gegenüber, aber ich habe niemals gewußt, daß Du _____ könntest.
>
> Verschicken Sie diesen «Brief» nicht. Bewahren Sie ihn in Ihrem Notizbuch auf.

Der plötzliche Ruck, der Sie bei dem Schock über die Erkenntnis Ihrer eigenen Verletzlichkeit durchfährt, kann heftig sein. Je mehr Vertrauen Sie zu Ihrem Verletzer aufgebaut hatten und je länger Ihre moralische Geschichte mit Freunden, Eltern, Kindern oder dem Ehepartner dauert, desto eher haben Sie sich von einem falschen Gefühl der Unverletzlichkeit einlullen lassen. Doch versuchen Sie sich daran zu erinnern, daß es vor allem die Verletzlichkeit gegenüber nahen Menschen war, die Ihre Beziehung zu einer besonderen

Teil III Übungen des Verzeihens

machte. Das Eingeständnis Ihrer Verletzlichkeit schwächt Sie keineswegs, zeigt im Gegenteil nur, daß Sie ungeschützt getroffen wurden. Versuchen Sie, zumindest sich selbst einzugestehen, daß die Verletzung wegen Ihrer eigenen Schutzlosigkeit unverzeihlich war. Wenn Sie das können, schreiben Sie etwas dazu in Ihr Notizbuch. Verletzlichkeit mag nicht der Kern von unverzeihlichen Verletzungen sein, vielleicht aber ist es die Unkenntnis der eigenen Verletzlichkeit.

Zugeben der Verwirrung bezüglich der Kontrolle
Die meisten Menschen brauchen das Gefühl, die wichtigsten Aspekte ihres persönlichen Lebens kontrollieren zu können. Man möchte kontrollieren, mit wem man lebt, arbeitet, spielt und wen man liebt. Die unverzeihliche Verletzung nimmt einem Menschen die Kontrolle über eine oder mehrere dieser persönlichen Wahlmöglichkeiten. Anfänglich ist es zwar erschreckend, sich außer Kontrolle zu fühlen, doch es gibt noch immer viele Dinge, die man regulieren kann. Es ist auch wichtig zu erkennen, daß man später anders über Kontrolle denken wird – vielleicht realistischer. Im Augenblick sollten Sie sich Zeit für die nächste Übung nehmen, um sich selbst vor Augen zu führen, daß Ihnen die Kontrolle über einige sehr wichtige Aspekte Ihres Lebens geblieben ist.

Übung 7: «Ich habe die Kontrolle über» - Checkliste

Prüfen Sie, welche dieser Entscheidungen oder Ereignisse Sie immer noch unter Kontrolle haben. Fügen Sie in Ihrem Notizbuch Ihre eigenen Punkte hinzu.

Ich habe die Kontrolle (über):
- _____ 1. wann ich morgens aufstehe
- _____ 2. wann ich zur Arbeit gehe (Freunde sehe, einkaufen gehe, etc.)
- _____ 3. meine Emotionen, wenn auch nur für fünf Minuten (zehn Minuten, etc.)
- _____ 4. ob mich jemand liebt oder nicht
- _____ 5. ob mich jemand mag

Werkzeuge zum Benennen der Verletzung

_____ 6. ob ich jemanden belüge
_____ 7. was ich heute tragen werde
_____ 8. ob ich heute einen Freund anrufen werde
_____ 9. ob ich heute einen Fachmann anrufen und um Hilfe bitten werde
_____10. was ich im Fernsehen sehe oder auf meinem Rekorder anhöre (oder Radio oder CD)
_____11. wie ich meine Kinder (Freunde, Eltern, Mitarbeiter) behandele
_____12. ob ich heute Übungen mache (ein warmes Bad nehme, eine meiner Lieblingsspeisen esse)

Übung 8: «Normalerweise kontrolliere ich _____, zumindest dachte ich das.»

Die Ereignisse oder Entscheidungen, von denen Sie annehmen, sie kontrollieren oder verhindern zu können, befinden sich in einem Stadium des Fließens. Vervollständigen Sie die Gedanken:

1. Ich glaubte, ich könnte _____ kontrollieren.
2. Ich glaubte, ich könnte _____ verhindern.

Übung 9: «Ich kann dich nicht kontrollieren.»

Stellen Sie sich Ihren Verletzer vor. Denken Sie an das Gesicht (oder sehen Sie sich ein Foto an, falls Sie eins besitzen).
  Wenn Sie bereit sind, dann sagen Sie laut zum Bild oder der vorgestellten Person:

Ich kann dich nicht kontrollieren. Ich kann nicht kontrollieren, was du denkst oder tust. Ich kann nicht kontrollieren, ob du mich liebst oder mich in der Vergangenheit verletzt hast. Doch heute kann ich mich selbst kontrollieren.

Benutzen Sie Ihre eigenen Worte, und führen Sie aus, was Sie kontrollieren können.

Zugeben, daß Gerechtigkeit nicht so ist, wie Sie gedacht haben
Jeder hat eine Vorstellung darüber, wie Gerechtigkeit funktioniert. Viele glauben, daß Schaden immer verdientermaßen erfolgt. Nehmen Sie sich Zeit zu skizzieren, was mit Ihren Gedanken über Gerechtigkeit passiert.

Übung 10: Essay über Gerechtigkeit

> Schreiben Sie in Ihr Notizbuch mindestens drei Regeln über Gerechtigkeit, an deren Gültigkeit Sie glauben.
>
> Dann schreiben Sie einen kurzen «Essay» über diese Regeln. Wie kamen Sie dazu, daran zu glauben? Funktionieren sie noch immer für Sie? Was glauben Sie, müssen Sie an Ihren Vorstellungen bezüglich Gerechtigkeit ändern?
>
> Wenn möglich, teilen Sie diese Gedanken einem Freund oder einer Gruppe mit.

Schließlich werden viele unverzeihlich Verletzte von der tiefen Furcht begleitet, daß ein Teil von ihnen nie wieder der alte sein wird. Etwas ist ihnen genommen worden und kann niemals wiederhergestellt werden.

Übung 11: Der Verlust (und Fund?)

> Versuchen Sie, den auf immer verloren geglaubten Teil zu identifizieren. Suchen Sie danach. Ist es der Glaube, eine Leidenschaft oder Hoffnung? Später müssen Sie sehr hart arbeiten, um das Verlorene wiederzuentdecken. Wenn Sie es jetzt identifizieren können, tun Sie das.

Sondierungsübungen

Wenn Sie Ihre Verletzung weiter sondieren, dann werden Sie sie eingrenzen können. Nicht nur Ihre gegenwärtigen Vorstellungen über Verletzlichkeit, Kontrolle und Gerechtigkeit sind angegriffen worden, sondern auch Ihre Vorstellungen über die Zukunft verändern sich. Das Sondieren der Verletzung zeigt Ihnen, in welcher Hinsicht die Zukunft nun anders aussieht. Wenn Sie weitersondieren, dann werden Sie auch anfangen, Stärken zu erkennen, die sich aus der Verletzung ergeben. Die folgenden Übungen sollen Ihnen helfen, Ihre sich ändernden Vorstellungen über die Zukunft zu sehen und die noch intakt gebliebenen Gefühle zu identifizieren.

Übung 12: Der Zukunftsbrief

Stellen Sie sich selbst so vor, wie Sie vor der Verletzung waren. Schreiben Sie einen «Zukunftsbrief». In dem Brief beschreiben Sie einem Freund Ihre Zukunft, wie Sie sie sich vor der Verletzung vorstellten. Sprechen Sie über Ihre Hoffnungen und Träume für sich selbst (und Ihre Familie, falls zutreffend). Offenbaren Sie Ihre privaten Wünsche und Begehren. Wurden Sie als Kind unverzeihlich verletzt, schreiben Sie aus der Sicht eines Kindes vor der Verletzung (auch wenn das schwierig erscheint). In diesem Brief sprechen Sie darüber, wie Ihr Leben Ihrer Vorstellung nach sein wird.

Dann lesen Sie den Brief einmal, eventuell zusammen mit einem Freund oder Beistand, und legen ihn anschließend weg. Wissen Sie erst einmal, wie Sie Ihre Zukunft vor der Verletzung sahen, können Sie festlegen, welchen Teil Sie immer noch verfolgen wollen und welchen Sie ad acta legen müssen.

Übung 13: «Ich mag verletzt sein, doch ich fühle immer noch _____.»

Auch wenn Ihnen Ihre Zukunft verwüstet erscheint, sind Sie immer noch intakt. Wie auch viele Ihrer Gefühle. Wenn Sie die Tage Ihrer Verletzung durchgehen, notieren Sie in Ihr Notizbuch laufend Ihre positiven, noch spürbaren Gefühle. Der Titel Ihrer Notizbuchseite sollte derselbe wie der Übungstitel sein.

Ein Beispiel könnte sein:

Ich mag verletzt sein, doch ich fühle immer noch:
1. Glück, einen Regenbogen zu sehen;

> 2. Erleichterung, wenn mein bester Freund vorbeikommt;
> 3. Glück, eine Familie etc. zu haben.
>
> Versuchen Sie, jedes positive Gefühl, das Sie erfahren, zu identifizieren.

Sprechen als eine Übung
Sie haben wahrscheinlich schon mit jemandem über Ihre unverzeihliche Verletzung gesprochen. Das Sprechen hilft Ihnen, die Ereignisse Ihres Lebens in eine logische Folge zu bringen. Es sichert Ihre Wahrnehmungen bezüglich der Verletzung. Es hilft Ihnen, wenn Sie sehen, daß sich jemand um Sie kümmert. Sprechen hilft Ihnen auch, Handlungen zu vermeiden, die den Schaden noch vergrößern könnten. Ihr Gesprächspartner sollte ruhig, weise, nicht urteilend sein und keine Angst vor Ihren Emotionen haben – Trauer, Schmerz, Haß, Wut. Ein guter Zuhörer respektiert auch Ihre Wahrnehmungen über die Verletzung. Vermeiden Sie jemanden, der Ihre Erfahrungen anzweifelt oder entkräftet.

Wenn Sie reden, hören Sie Ihre eigene Geschichte. Bei den Themen, die Sie in diesen Übungen angesprochen haben, werden Sie die Verletzung und ihre Wirkung auf Ihre Beziehung zu dem Verletzer beschreiben können. Erzählen Sie dem anderen von Ihren sich verändernden Vorstellungen über Verletzlichkeit, Kontrolle und Gerechtigkeit sowie auch Ihre Vorstellungen darüber, was noch immer außerhalb Ihrer Kontrolle liegt.

Können Sie über Ihre Zukunft, die nun völlig verändert zu sein scheint, sprechen, dann tun Sie auch das.

Ablenkungslisten
Geben Sie sich selbst eine tägliche Atempause von Ihrer Konzentration auf das Verzeihen. Ablenkungen sind während dieses Teils des Heilungsprozesses besonders wichtig. Am Anfang jeder Woche listen Sie in Ihrem Notizbuch mindestens fünf Aktivitäten auf, die Sie dazu zwingen, wenigstens für eine Stunde an etwas anderes als an sich selbst zu denken. Wenn Ihr Geist bei ruhigen Aktivitäten (wie Lesen) abschweift, dann nehmen Sie solche Tätigkeiten nicht in Ihre

Ablenkungsliste auf. Ablenkende Aktivitäten schließen in der Regel andere Menschen oder körperliches Training ein.

Übung 14: Ablenkungen

Wählen Sie aus Ihrer Ablenkungsliste eine Aktivität aus. Entscheiden Sie sich für eine spezielle Zeit und ein Datum, um sich damit zu befassen. Dann führen Sie Ihren Plan durch. Hier finden Sie eine möglicherweise nützliche Liste:

1. Bridge (Schach, Dame, Rommé oder jedes andere Spiel) mit einer Freundesgruppe spielen
2. Freunde zu einem schlichten Essen und einem Spielfilm auf Video einladen
3. Sich freiwillig zur Betreuung von Sportlergruppen melden (Pfadfinder-, Kirchen- oder Kindergruppen)
4. Musikstunden in einer Gruppe nehmen (Klavier, Gitarre, Singen, Banjo, Kasoo), an der Volkshochschule oder in Stadtteilgruppen etc.
5. Beteiligung an Reinigungsaktionen im Wohnbereich an Wochenenden
6. Vogelbeobachtungen (Windsegeln, Rollerskating, Reiten) in einem Club oder einer Gruppe von Freunden
7. Haben Sie herumliegende Fotos, die eingeklebt werden müßten? Freunde zu einer Fotosession einladen. Jeder kann eine Schachtel oder ein Album mitbringen. Sie bieten Ort und Ausrüstung.
8. An informativen Veranstaltungen (Buchlesungen, Diavorträgen, Vorträgen und Präsentationen) teilnehmen oder etwas Neues lernen
9. Die Probleme eines anderen anhören
10. Racketball (Tennis, Hufeisenwerfen, Beilkespiel, Volleyball) spielen

Sie können Ablenkungen finden. Aber versuchen Sie, sich für etwas außerhalb Ihrer Arbeit zu interessieren, was Ihnen etwas Erleichterung von Ihrem Stress verschafft. Selbst die, die ganz hart an ihrer Heilung arbeiten, brauchen eine Pause. Finden Sie einen konstruktiven Weg dazu. (Sollten Sie Schlafprobleme haben, denken Sie daran, daß Alkohol Ihre Schlafstörungen nur verschlimmert.) Suchen Sie sich Ablenkungen, die gesundheitsfördernd und auf Ihre tägliche Routine nicht störend wirken. Sie werden sich sowohl beim Essen als auch Trinken zurückhalten müssen, so daß Ihr Körper sich ausruhen kann, wenn Ihr Geist das erlaubt.

Das Benennen der Verletzung erfordert eine feine Balance zwischen der Konfrontation mit Ihren Veränderungen und dem Festhalten an Ihren Stärken und Hoffnungen. Es erfordert die Aufgabe des Leugnens und das Annehmen, daß die Veränderung einen neuen Horizont darstellt. Wesentlich ist, daß Sie trotzdem in Ihrem eigenen Tempo vorgehen. Überstürzen Sie nichts, wenn Sie noch nicht dazu bereit sind. Dies trifft auf jede Phase des Verzeihens zu. Wenden Sie die Werkzeuge an, wenn Sie bereit dazu sind. Jede psychische Wunde muß in ihrer eigenen Geschwindigkeit heilen. Sie können das Tempo durch die Arbeit an Ihrem Prozeß des Verzeihens abschätzen.

Das Benennen einer Verletzung organisiert, vereinfacht und ordnet Ihre Gedanken über Ihr Verletztsein. Kennen Sie erst einmal die ganze Wunde, weicht die Verwirrung der klaren Erkenntnis, welche Richtung Sie zum Verzeihen einschlagen müssen. Woran Sie nicht mehr glauben, wissen Sie. Nun müssen Sie vorwärts gehen, um Glaubenssätze zu entwickeln, die Ihrem Leben wieder Sinn geben und Ihnen Frieden bringen. Das Benennen der Verletzung ist wie der Blick in einen klaren See, wenn sich abends der Wind gelegt hat und die Wellen sich zu einer spiegelnden Oberfläche beruhigt haben. Nun können Sie jede Einzelheit auf dem Grund ganz deutlich sehen. Sie wissen, wo Sie tauchen müssen, um einen wunderschönen Stein vom Grund zu heben. Können Sie die Dinge erst einmal klar sehen, dann sind die nächsten Anstrengungen einfacher.

Werkzeuge, um sich die Verletzung anzueignen

Dies ist nun Ihr Leben.
Was wollen Sie damit anfangen?
JOAN

In der Benennungsphase des Verzeihens fangen Sie an zu erkennen, daß sich Ihr Leben verändert hat, wenn auch gegen Ihren Willen. In der Phase des Aneignens hören Sie auf, gegen diese Veränderungen anzukämpfen, und fangen damit an, sie für sich arbeiten zu lassen. So wird das, was Sie für sich in Anspruch nehmen, ein Teil von Ihnen. So nehmen Sie auch eine unverzeihliche Verletzung in sich auf. Haben Sie einmal Anspruch darauf erhoben, ist sie ein Teil von Ihnen.

In der Aneignung muß das Trennen und Eingliedern geleistet werden. Das Trennen einer Verletzung hilft Ihnen herauszufinden, welcher Teil der Verletzung nur Ihnen allein gehört. Eingliederung hilft Ihnen dabei, die Dauerhaftigkeit der Veränderungen durch die Verletzung zu akzeptieren und zu einem beständigen Teil Ihrer Identität zu machen.

Dagegen stehen Ihre Forderungen an Mittel und Möglichkeiten, verwirrte Ich-Abgrenzungen und Angst davor, etwas Bitteres und Schmerzhaftes zu internalisieren. Um diese Einschränkungen außer Kraft zu setzen, müssen Sie erkennen, daß selbst in den frühen Stadien des Verzeihens gute Dinge geschehen können, wenn Sie nur Ausschau danach halten. Sie erlernen Fertigkeiten, entdecken Ihre Werte neu und finden Unbekanntes über sich heraus.

Die erste Übung der Aneignung soll Ihnen dabei helfen, alles Gute an Ihrem Schmerz zu erkennen.

Teil III Übungen des Verzeihens

Übung 1: Die Geschenkliste

Im Heilungsprozeß werden Sie darauf aufmerksam, daß jede Tragödie ihre eigenen Geschenke in sich birgt. Doch jetzt kann es noch schwer sein, das zu erkennen. Sie werden schneller heilen und verzeihen, wenn Sie anfangen, die guten Dinge, die sich aus den schlechten Umständen ergeben, zu sehen.

Planen Sie einen großen Bereich in Ihrem «Notizbuch des Verzeihens» ein, in dem Sie über diese positiven Ergebnisse berichten. Geben Sie ihm die Überschrift «Die Geschenkliste». Fangen Sie heute an, versuchen Sie, an jede unerwartete Wohltat zu denken, die Ihnen aufgrund Ihrer Verletzung geschehen ist. (Sie können Kategorien bilden wie «neue Freunde», «neue Fertigkeiten», «erneuerte Werte», «erneuerte Freundschaften», «Erfahrungen, die ich ohne die Verletzung nicht gemacht hätte» und so weiter.) Am Ende eines jeden Tages lesen Sie Ihre Geschenkliste, und das über Wochen. Versuchen Sie zu überlegen, ob der Tag irgend etwas Hoffnungsvolles oder Ermutigendes gebracht hat. An den Tagen, an denen Sie sich besonders schlecht fühlen, gehen Sie die Liste durch. Bringen Sie sich dazu, das Gute zusammen mit dem Schlechten zu sehen, so schwierig das auch erscheinen mag. Fügen Sie dieser Liste alles hinzu, was möglich ist.

Verzeihen ist der Prozeß, durch den Sie sich selbst und Ihrem Verletzer ein Geschenk der Freiheit machen. Je schneller Sie erkennen, wie viele Freunde, Fertigkeiten und Werte Sie durch die Verletzung gewonnen haben, um so schneller werden Sie diese Freiheit finden. Die Übung mit der Geschenkliste gibt Ihnen einen Rahmen zur Einschätzung Ihrer persönlichen Mittel und Möglichkeiten. Dann können Sie anfangen, Ihre Verletzung von denen anderer zu trennen.

Trennen

Um genau verstehen zu können, womit Sie umgehen, was Sie eingliedern und wie Sie sich verändern müssen, sollten Sie abschätzen können, welche moralischen Regeln vom Verletzer durchschlagen wurden. Bei welchen moralischen Vorstellungen wird es Ihnen schwerfallen, zukünftig Vertrauen zu entwickeln? Haben Sie Wahrhaftigkeit aufgegeben? Loyalität? Gnade? Was hat die Verletzung mit Ihnen gemacht? Und mit Ihrem Sinn für Moral? Mit der nächsten Übung lernen Sie, Ihre besonderen Verluste zu bewerten.

Übung 2: Verlust- und Fund-Anzeige

> Wenn Sie eine Anzeige in dem Verlust- und Fundteil Ihrer Tageszeitung aufgeben sollten, was würden Sie über Ihre Verluste schreiben? Zum Beispiel:
>
> Verloren: Glaube an Menschen. Glaube an Gerechtigkeit. Am Freitag, 7. März. Wenn Sie sie gefunden haben, bitte anrufen.
>
> Nun stellen Sie sich die anderen von der Verletzung Betroffenen vor. Was hat jeder von ihnen verloren? Wie unterscheiden sich diese Verluste von Ihren? Sie können nur Ihre eigene Verletzung verzeihen, nicht die eines anderen. Ähnlich müssen andere, die von denselben Umständen betroffen wurden, ihre eigene Verzeihensarbeit leisten. Sie können sie nicht für sie erledigen.

Um die Teile der unverzeihlichen Verletzung, die nur Sie allein betreffen, zu identifizieren, müssen Sie Ihre moralische Beziehung und Ihre speziellen moralischen Übereinkünfte mit dem Angreifer betrachten. Was war Ihnen beiden heilig? Waren Sie auch der Meinung, daß bestimmte Verhaltensweisen tabu und nicht zu tolerieren wären? Versuchen Sie mit dieser Übung zu klären, wie Ihre besonderen moralischen Übereinkünfte mit dem Angreifer durch die unverzeihliche Verletzung angegriffen wurden.

Teil III Übungen des Verzeihens

Übung 3: Eine moralische Geschichte

> Schreiben Sie Ihre Geschichte mit dem Angreifer auf. Statt die Taten und Ereignisse aus Ihrem gemeinsamen Leben aufzuzählen, schreiben Sie darüber, wie Sie beide zusammen entschieden, was für Sie beide als richtiges und falsches Verhalten zu bewerten wäre. Gab es irgendwelche Übereinkünfte darüber, was richtig und was falsch sei? Hat einer von Ihnen die Regeln schon vorher gebrochen. Was haben Sie bei diesem Bruch unternommen? Versichern Sie sich, daß Ihre Geschichte diese drei getrennten Bereiche enthält: (1) Glaubenssätze, die Sie beide teilten und nicht verletzen wollten, (2) Glaubenssätze darüber, was richtig und was falsch sei, über die Sie sich nicht einig waren, und (3) Grauzonen, bei denen Sie nicht sicher sind, was der Angreifer glaubte.
>
> Sie sind unverzeihlich verletzt worden, war aber auch die Handlung selbst falsch? Welche Auswirkungen wird die Verletzung auf Ihre Vorstellungen über richtig und falsch im allgemeinen haben?

Ihre Wahrnehmung des Schadens kann mit der anderer vermischt sein. Es ist schwierig, beispielsweise in einer zerbrochenen Ehe Ihre Verletzung von der Ihrer Kinder zu trennen. Eltern fühlen häufig den Schmerz ihrer Kinder. Doch Kinder aus einer zerbrochenen Ehe werden andere Wunden zu verzeihen haben.

Wurden Sie in Ihrer Kindheit verletzt, dann haben Sie vielleicht niemals vollständig Ihre Wunden von denen Ihrer Eltern oder Brüder und Schwestern gelöst. Versuchen Sie in den nächsten Übungen, Ihre Verletzung von denen anderer zu trennen.

Übung 4: Abfall-Liste

> *Möglichkeit 1:* Machen Sie eine «Abfall-Liste». Auf dieser Liste identifizieren Sie jeden, der von der Verletzung betroffen war. In ein oder zwei Sätzen sagen Sie, wie jeder verletzt wurde, Sie selbst eingeschlossen. Wie unterschieden sich Ihre Verletzungen von denen eines jeden anderen? Sprechen Sie mit jemandem über diese Unterschiede.

Möglichkeit 2: Auf verschiedene Karteikarten schreiben Sie den Namen jeder Person, die von der unverzeihlichen Verletzung betroffen wurde. Legen Sie diese Karten in einem Kreis auf den Tisch, und nehmen Sie dann Namen für Namen ins Zentrum. Stellen Sie sich vor, was jeder im Außenkreis der Person im Mittelpunkt Tröstliches sagen würde. Wenn Sie Ihre eigene Karte in die Mitte legen, dann gestatten Sie auch den anderen, Sie zu trösten. Was könnten die anderen zu Ihnen sagen?

Übung 5: Fototherapie

Diese Übung ist besonders nützlich, wenn der Verletzer tot ist oder die Verletzung vor langer Zeit geschah.

Nehmen Sie sich alte Fotos von sich und anderen Familienmitgliedern vor (oder von Ihrem Verletzer). Versuchen Sie so viele Gruppierungen mit diesen Fotos zu machen wie möglich. Versuchen Sie, ein Foto von sich in dem Alter, in dem Sie verletzt wurden, zu finden. Wer ist mit Ihnen auf dem Bild? Wie sahen Sie aus? Wie die anderen? Wer saß neben wem? Wie ist der Ausdruck auf jedem Gesicht? Was dachte und fühlte jeder? Wie fühlten Sie sich, als die Fotos gemacht wurden? Welche Gefühle erzeugten all diese Leute bei Ihnen, als die Verletzung geschah? Zeigen Sie auf den Verletzer. Machen Sie diese Aufgabe mit einem Freund oder Therapeuten.

Warum waren einzig Sie von dem unverzeihlichen Ereignis betroffen? Was genau haben Sie zu verzeihen? Wie unterscheidet sich Ihre Wunde von denen der Leute auf dem Bild?

Übung 6: Gönnen Sie sich selbst eine Pause

Viele Menschen fühlen sich gerade dann zeitlich und kräftemäßig überfordert, wenn sie Zeit und Kraft für ihre Arbeit des Verzeihens brauchen. Bei dieser Übung schreiben Sie all die Anforderungen auf, die Sie von Ihrem Heilungsprozeß abhalten:

Anforderungen	Mögliche Lösungen
1. _____	_____
2. _____	_____
3. _____	_____
4. _____	_____
5. _____	_____
6. _____	_____

In einer entsprechenden Liste notieren Sie alle Methoden, die Sie einsetzen könnten, um sich von den Anforderungen zu entlasten. Könnten Sie beispielsweise einen Freund um Hilfe bitten? Könnten Sie einige Ihrer Hausarbeiten an Ihre Kinder delegieren? Könnten Sie eine Fahrgemeinschaft gründen, um Geld zu sparen? Sind Nachbarschaftstelefon-Hot-Lines vorstellbar, die arbeitenden Eltern helfen, sich besser über ihre Kinder auf dem laufenden zu halten?

Falls nötig, bitten Sie Freunde oder Familienmitglieder um Ideen. Nehmen Sie die «Anforderungsliste» mit in die Hilfsgruppe, die Sie besuchen. Suchen Sie Wege, sich selbst Zeit zu verschaffen, um mehr Mittel und Möglichkeiten zu gewinnen, so daß das Ausbalancieren der Waagschalen leichter werden wird.

Einverleibung

Die nächste Übungsgruppe soll Ihnen dabei helfen, den Teil von sich zu akzeptieren, der sich wegen der Verletzung auf Dauer verändern wird. Die Absicht des Einverleibens ist es, das zu akzeptieren, was Sie nicht ändern können.

Bei dieser Übung werden Sie auf Ihr Leben zurückblicken, um zu erkennen, wie sowohl die schmerzhaften und schwierigen als auch die freundlichen, liebenden und angenehmen Teile die Person schufen, die Sie zur Zeit sind. Sie hatten vor der unverzeihlichen Verletzung schwierige Zeiten, die ein Teil von Ihnen geworden sind. Mit der unverzeihlichen Verletzung muß das ebenso geschehen.

Übung 7: Rücken Sie die Perspektive auf Ihren Verletzer zurecht

1. Ihr Verletzer ist ein kleiner Teil Ihres Lebens, nicht die Summe des ganzen. Schreiben Sie die Namen aller auf, die Sie dafür verantwortlich halten, daß Sie zu der heutigen Person geworden sind. Fügen Sie wichtige Freunde, Lehrer, Familienmitglieder, bedeutsame Erwachsene, Kinder, Nachbarn, Kirchenmitglieder und so weiter ein. Denken Sie darüber nach, wie wichtig all diese Leute für Sie waren. (Wenn Sie den Kontakt zu ihnen verloren haben, wollen Sie ihn vielleicht wiederaufnehmen.) Wahrscheinlich haben diese Menschen zu Ihrem Leben auf bedeutsame Weise beigetragen. Vielleicht waren sie wichtiger als der Verletzer. Versuchen Sie, die Position des Verletzers zurechtzurücken, wenn Sie an diese anderen sehr wichtigen Menschen denken.
2. Erstellen Sie eine Liste der Leute, in deren Leben Sie eine wichtige Rolle gespielt haben. Besonders in Schmerzzuständen vergißt man leicht, wie bedeutsam das eigene Leben auf andere gewirkt hat. Sie sind ein wichtiger Teil im Leben vieler. Ihre Beiträge waren einzigartig. Nehmen Sie sich Zeit zu erkennen, wie besonders Sie für andere waren. Sie haben dazu beigetragen, daß das Leben von anderen das wurde, was es ist, genauso, wie andere zu dem Ihren beigetragen haben. Nehmen Sie die Gelegenheit wahr, Ihre Beiträge neu zu überschauen.
3. Verbringen Sie einen Abend mit einem Freund. Wenn Sie über Ihr Leben sprechen, beschreiben Sie Menschen, die für Sie wichtig waren. Anekdoten können eine heilende Erfahrung sein. Beschreiben Sie besondere Erinnerungen und Augenblicke Ihres Lebens. Schließen Sie den Verletzer mit ein, aber sprechen Sie auch über andere. Sie sind Teil Ihrer Erfahrungen. Die Phase des Aneignens ist der Zeitpunkt, sich daran zu erinnern.

Es gibt immer noch Wünsche in Ihrem Herzen und Träume für die Zukunft, die Sie mit dem Verletzer zu realisieren hofften. Diese sind verändert worden und werden sich wahrscheinlich nie erfüllen. Sie müssen Ihre unerfüllten Träume und Hoffnungen in sich aufnehmen. Aber zur gleichen Zeit müssen Sie neue Träume entwickeln. Es ist nicht der Verlust von Hoffnung, den Sie sich einverleiben müssen, sondern der Verlust einer speziellen Hoffnung.

Die nächste Übung hilft Ihnen dabei, einen neuen Entschluß zu fassen, der Sie wieder auf Ziele und Hoffnungen blicken läßt. Sie werden hart arbeiten, um dies zu erreichen, aber es wird andere Menschen auf Ihrem Weg geben, die Ihnen helfen werden, Ihre neuen Hoffnungen und Träume zu erkennen.

Übung 8: Die Wunschübung

Schreiben Sie die Wünsche auf, die durch die Wunde unerfüllt blieben. (Z. B.: «Ich wünschte, ich könnte mich auf die Reise freuen, über die wir sprachen.» Oder: «Ich wünschte, aus meinen Kindern wäre das geworden, was ich mir gewünscht habe.» Oder: «Ich wünschte, meine Kindheit wäre so glücklich gewesen, wie ich immer dachte.») Können Sie etwas zur Erfüllung dieser Wünsche beitragen? Wenn nicht, schreiben Sie erneut auf, wie Ihre Zukunft aussehen könnte. Dieses Mal bringen Sie sie in eine Aussageform. Zum Beispiel:

«Ich kann nicht länger darauf hoffen, wieder eine Reise mit _____ zu machen, aber ich kann mir leisten, _____.» «Ich kann nicht länger daran glauben, daß meine Kindheit perfekt war, aber ich kann glauben, _____.»

Gerade jetzt Wünsche zu äußern erscheint schwer, aber Ihre Liste wird länger werden, wenn Sie sich weiter auf das Verzeihen zubewegen.

Die nächsten drei Übungen werden Ihnen das Nachdenken über die bereits durchlaufenen Veränderungen erleichtern, die Sie als dauerhafte Teile Ihres Lebens akzeptieren sollten. Versuchen Sie es mit einer oder mehreren dieser Übungen. Denken Sie daran: Ihre Kräfte sind den Veränderungen unterworfen, die Sie durchlaufen werden. Und Veränderung in Richtung Verzeihen ist positiv.

Werkzeuge, um sich die Verletzung anzueignen

Übung 9: Schreiben eines Nachrufs

Auf ein Blatt Papier schreiben Sie einen Nachruf auf Ihre alte Beziehung mit dem Verletzer. Schließen Sie gute und schlechte Zeiten mit ein. Dann beschreiben Sie den Teil von sich, der wegen der Verletzung beendet wurde. (Beispiel: «Seit dem 6. Dezember bin ich nicht länger naiv. An diesem Tag starb meine kindliche Naivität.») Zeigen Sie einem Freund oder Beistand den Nachruf. Wenn es Ihnen hilft, senden Sie ihn mit der Post an jemanden, den Sie kennen, oder an sich selbst.

Übung 10: Lebenslinie-Übung

Auf ein Blatt Papier zeichnen Sie eine horizontale Linie, die Sie mit «Lebenslinie» kennzeichnen (4). Dann machen Sie eine Zickzacklinie, um die Höhen und Tiefen Ihres Lebens zu kennzeichnen. Spitzen über der Linie zeigen Hochpunkte an, Täler darunter zeigen Tiefpunkte. Sehen Sie sich Ihr Leben seit der unverzeihlichen Verletzung an. Versuchen Sie sich vorzustellen, was die nächste Spitze sein könnte (z.B.: ein neuer Job oder eine neue Liebesgeschichte), und skizzieren Sie sie mit einer gepunkteten Linie. Denken Sie dann schon an eine weitere Spitze.

Übung 11: Die Rettungsboot-Übung

Stellen Sie sich vor, es kommt eine Flut, und Sie können jeden, der Ihnen Sicherheit vermittelt, in einem Rettungsboot mitnehmen, auf dem es Lebensmittel für ein Jahr gibt. Wo ist Ihr Verletzer – im Boot oder nicht?

1. Wenn er nicht im Boot ist, dann stoßen Sie das Boot vom Ufer ab. Was passiert mit den anderen?
2. Ist er im Boot, stoßen Sie vom Ufer ab. Was geschicht mit den anderen?
3. Ist er im Boot, veranlassen Sie ihn dazu, zum Ufer zu gehen und abzustoßen. Was passiert mit den anderen im Boot?

Teil III Übungen des Verzeihens

Darstellung 4: Beispiel einer Lebenslinie

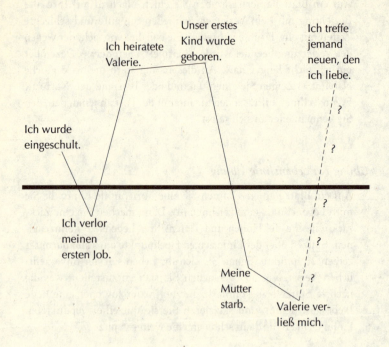

> Aus dieser Übung können Sie erkennen, ob Ihre Träume von Sicherheit und Vertrauen sich alle verändert haben. Wie sehen sie jetzt aus?

Das Trennen und Einverleiben Ihrer Verletzung kann harte Arbeit bedeuten. Keiner möchte etwas Schmerzhaftes für sich in Anspruch nehmen. Aber was man mit den bitteren Aspekten seines Lebens macht, ist eine Prüfung ihres Charakters und eine Festlegung. Wenn das Leben gut läuft, ist es leicht, Würde zu haben und integer zu sein. Wenn das Leben einem einen besonders schweren Schlag verursacht hat, ist es sehr viel schwieriger. Wenn Sie Ihre

Verletzung für sich in Anspruch nehmen, erkennen Sie an, daß die Kombination der Tragödien und Freuden des Lebens aus Ihnen das macht, was Sie sind. Sie werden das werden, wofür Sie sich entscheiden.

Werkzeuge, um den Verletzer anzuklagen

Als meine beste Freundin eine Affäre mit
meinem Mann hatte, wußte ich, daß ich zwar
dafür verantwortlich, aber nur sie allein
anzuklagen war...
MARY

Anklagen bedeutet, daß Sie die Verantwortung für den Vorfall jemandem zuschreiben und anerkennen, daß sein Verhalten falsch war. Anklagen hat nichts mit einem üblen Spiel oder mit Jammerei zu tun, ist nicht kindisch oder egozentrisch. Anklagen bringt Verwirrung in den Mittelpunkt und klärt, wer der Verletzer wirklich ist.

Es gibt drei Aufgaben beim Anklagen: Filtern, Abwägen und das Feststellen der Tatsachen. Am Ende steht fest, wer wegen der unverzeihlichen Verletzung anzuklagen ist und wer nicht. Fast immer heißt es dann: Der Verletzer ist anzuklagen. Sie haben vielleicht zu den Ereignissen beigetragen, aber normalerweise beschädigt nur eine Person die moralische Übereinkunft. Nur sie allein konnte vorhersehen, daß ein solches Verhalten eine unverzeihliche Wunde zur Folge haben könnte. Wird Ihnen bewußt, daß der Verletzer Sie verletzen wollte, muß sich Ihr Bild von dieser Person nun den Fakten beugen. Sie müssen die Entschuldigungen, die Sie für ihn gefunden haben, fallenlassen und der Wahrheit ins Gesicht sehen: Der Verletzer ist nicht die erhoffte Person. Er hat Ihr Leben dauerhaft verändert. Sie müssen anfangen loszulassen.

Übungen in der Anklagephase des Verzeihens helfen Ihnen bei einer weiteren der acht Transformationen. Selbstanklage weicht der Anklage eines anderen. Jemand anderen anzuklagen bringt Sie aus der Position des Grüblers in die des Handelnden. Doch bevor Sie mit der Transformation beginnen, sollten Sie Ihre gegenwärtigen Vorstellungen über das Anklagen einschätzen.

Übung 1: Ihre Anklagegeschichte

> Jeder von uns hat seinen eigenen Stil, Verantwortlichkeit für Ereignisse sich selbst zuzuschreiben oder außerhalb seiner selbst anzusiedeln.[1] Einige halten immer sich selbst für verantwortlich, wenn sich ihre Erwartungen nicht erfüllen. Andere halten äußere Kräfte für verantwortlich. Versuchen Sie herauszufinden, wie Sie gewöhnlich Verantwortung zuweisen.
>
> Kehren Sie zu der Lebenslinienübung auf S. 205 f. zurück. Aus Ihrer Lebenslinie identifizieren Sie Ihre fünf wichtigsten Erfolge, dann Ihre fünf enttäuschendsten Erfahrungen. Listen Sie die zehn Punkte in einer Kolumne auf. In einer entsprechenden Kolumne prüfen Sie, wer (oder was) damals die größte Verantwortung für Ihre Erfolge und Enttäuschungen trug. Wen oder was halten Sie heute dafür verantwortlich?
>
> Können Sie ein Muster dafür finden, wie Sie in der Vergangenheit Verantwortung zuwiesen? Gibt es auch heute ein Muster? Ist das in der Art wiederzuerkennen, wie Sie bei Ihrer unverzeihlichen Verletzung anklagen?

Um die Filteraufgabe erfolgreich zu durchlaufen, machen Sie folgende Übung:

Übung 2: Filtern

> In Ihrem Notizbuch listen Sie die Namen all derer auf, die Sie für Ihre Wunde verantwortlich halten. Denken Sie zuerst an «entfernte» Menschen, die das unverzeihliche Ereignis möglicherweise beeinflußt haben. Dann identifizieren Sie all die, die möglicherweise in letzter Zeit dazu beigetragen haben. Dann:
> 1. Streichen Sie die Namen derjenigen, von denen Sie glauben, daß sie nicht für Ihre Wunde verantwortlich sind.
> 2. Ordnen Sie die verbleibenden Namen von ganz wichtig bis weniger wichtig.
>
> Danach überlegen Sie, ob Ihr Stil des Anklagens dem Verantwortlichen gegenüber standhält.

Teil III Übungen des Verzeihens

Wer ist für Ihre Erfolge und Enttäuschungen verantwortlich?

	Wen hielten Sie zu jener Zeit für verantwortlich?		
Erfolge	sich selbst	einen anderen/ andere	die Situation (Glück, höhere Macht, Zufall)
1.			
2.			
3.			
4.			
5.			
Enttäuschungen			
1.			
2.			
3.			
4.			
5.			
	Wen halten Sie heute für verantwortlich?		
Erfolge	sich selbst	einen anderen/ andere	die Situation (Glück, höhere Macht, Zufall
1.			
2.			
3.			
4.			
5.			
Enttäuschungen			
1.			
2.			
3.			
4.			
5.			

Nachdem Sie alle Leute isoliert haben, die Sie für die Hauptverantwortlichen halten, stellen Sie sich selbst die nächste Frage: Hat sich einer von ihnen falsch verhalten? Verletzte einer von ihnen eine moralische Übereinkunft? Dafür machen Sie die nächste Übung.

Übung 3: «*Mein Verletzer tat etwas, das war* _____.»

1. Wählen Sie das letzte Wort aus dem folgenden Satz aus der Liste unten. «Als mein Verletzer mich verletzte, tat er etwas, das war _____.» (Sie können andere Adjektive hinzufügen, wenn Sie wollen.)

dumm
gedankenlos
egoistisch
böswillig
ungeschickt
unbesonnen

nachlässig
grausam
sadistisch
töricht
gefährlich
gemein

Alle sind Adjektive, die die Handlung beschreiben, die das unverzeihliche Ereignis heraufbeschwor. Zum Beispiel:

Als Mary mich verletzte, tat sie etwas gedankenlos.

Vervollständigen Sie den Satz für jede Person, von der Sie glauben, daß sie möglicherweise für die unverzeihliche Verletzung verantwortlich ist.

2. Sehen Sie sich die Sätze an. Hat jemand etwas getan, was als besonders falsch heraussticht? Sind einige Menschen töricht (oder gar egoistisch) gewesen, ohne daß sie etwas Ihrer Ansicht nach wirklich Schlimmes getan haben?

Nachdem Sie einmal den wirklich falsch Handelnden identifiziert haben, gehen Sie zur zweiten Aufgabe des Anklagens über: Abwägen. Bei dieser Aufgabe entscheiden Sie, wer hätte vorhersehen kön-

Darstellung 5: Verantwortungsskala

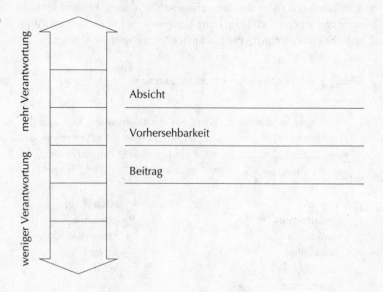

nen, daß die Handlung zu einer unverzeihlichen Wunde führen würde, und wer an der absichtlich heraufbeschworenen verletzenden Handlung teilhatte.

Übung 4: Die Stufen des Anklagens

Ziehen Sie Linien in Ihrem Notizbuch, eine über der anderen, entsprechend der Markierungen auf der Verantwortlichkeitsskala (siehe Teil III, Seite 115 ff.). Die niedrigeren Ebenen repräsentieren weniger Verantwortung als die höheren (siehe Darstellung 5).

In der letzten Übung identifizierten Sie jeden, der zu der Verletzung beitrug. Sie tragen die Namen aller Beitragenden in Ihre Verantwortungsskala ein. Ausgehend von der Liste entscheiden Sie, wer gewußt haben könnte, daß die Handlung in einer unverzeihlichen Verletzung resultieren würde. Schreiben Sie diese Namen ganz oben auf die Seite. Testen Sie die Namen auf verschiedenen Ebenen aus. Dann entscheiden Sie, ob einer der Namen in der Vorhersehbarkeit dort rangiert, wo eine absichtliche Herbeiführung der unverzeihlichen Verletzung anzunehmen ist. Wenn Sie glauben, daß jemand die Situation absichtlich herbeiführte, setzen Sie den Namen an die mit «absichtlich» markierte Stelle auf Ihrer Skala. Wenn Sie nicht sicher sind, machen Sie ein Fragezeichen dahinter.

Nun sehen Sie sich die Verantwortungsskala an. Der oberste Name auf der Skala zeigt an, wen Sie für den Hauptverantwortlichen halten. Hat diese Person auch falsch gehandelt? Hat sie eine moralische Übereinkunft verletzt? Wenn eine Person mehr Verantwortung als andere trägt, dann müssen Sie versuchen, ihr zu verzeihen. Konnten mehrere die Verletzung vorhersehen, aber nur einer handelte falsch, dann ist das derjenige, dem Sie verzeihen müssen.

Manchmal ist nicht sofort klar, wer das Geschehen hätte vorhersehen können. Wenn Sie sich nicht sicher sind, dann versuchen Sie es mit folgender Übung:

Übung 5: Der «Du hättest wissen müssen»-Brief

Schreiben Sie dem Verletzer einen Brief. Klagen Sie ihn dafür an, daß er hätte wissen müssen, daß sein Verhalten in einer Verletzung enden konnte. Dann schreiben Sie sich einen Brief zurück, in dem Sie die Anschuldigung zurückweisen.

Klingt Ihre Anschuldigung wahr? Hätte der Verletzer die Ergebnisse seiner Handlungen wirklich vorhersehen können? Waren seine Handlungen falsch? Was für Gefühle haben Sie beim Schreiben der Briefe? Ist die Zurückweisung der Anschuldigung stichhaltig?

Teil III Übungen des Verzeihens

Übung 6: Die «Ich wollte es nicht»-Übung

> Lassen Sie einen Freund oder Beistand die Rolle des Verletzers spielen. Er versucht, Sie davon zu überzeugen, daß er nicht ahnen konnte, daß seine Handlung solchen Schmerz verursachen könne. Lassen Sie ihn sagen: «Das wollte ich nicht.» Wie fühlen Sie sich? Scheint die Entschuldigung legitim oder nicht? Warum?

Wenn Sie immer noch Schwierigkeiten haben zu entscheiden, ob jemand mit Absicht die unverzeihliche Verletzung herbeiführte, versuchen Sie es mit der nächsten Übung.

Übung 7: Fotoanklage

> Gehen Sie Ihre alten Fotos erneut durch. Suchen Sie ein Bild von Ihrem Verletzer. An einem Ihnen angenehmen Ort sprechen Sie zu dem Foto, sagen Sie, daß Sie glauben, daß er Sie absichtlich verletzte. Sagen Sie, wie böse Sie sind. Erklären Sie genau, was die Person Ihnen antat. Sagen Sie: «Es ist dein Fehler. Ich habe das nicht verdient.» Wenn Sie wollen, wiederholen Sie das. Wie fühlen Sie sich danach?

Es ist üblich, Angeklagten die Möglichkeit zur Rechtfertigung ihres Verhaltens zu geben. Eine übliche Formulierung ist: «Wenn du nicht das getan hättest, was du getan hast, dann hätte ich nicht das getan, was ich getan habe.» Glaubt ein Verletzter den Argumenten des Angreifers, dann fällt das Anklagen noch schwerer. Beim Feststellen der Tatsachen werden die Rechtfertigungen untersucht. Dabei offenbart der Beweis gewöhnlich, daß an den Rechtfertigungen des Verletzers etwas faul ist. Wahrscheinlich gehören die Handlungen, die unverzeihliche Verletzungen hervorrufen, zum Verhaltensrepertoire des Verletzers. Es mag viele Umstände geben, die diese Handlungen provozieren, aber zumindest bei Erwachsenen ist es unwahrscheinlich, daß eine Person in einer anderen ein völlig neues Verhalten auslöst. Diese Übungen helfen einem Verletzten dabei, diese Rechtfertigungen zu objektivieren.

Werkzeuge, um den Verletzer anzuklagen

Übung 8: Rechtfertigungsstapel

Auf Karten oder Zettel listen Sie getrennt jede Entschuldigung oder Rechtfertigung auf, die Ihr Verletzer als Begründung für die Verletzung angegeben hat. Dann machen Sie daraus drei einzelne Stapel: 1. unakzeptabel, 2. vielleicht akzeptabel, 3. akzeptabel.

1. Ergeben die Stapel Sinn?
2. Versuchen Sie, je ein Argument für und gegen die Rechtfertigungen im dritten Stapel zu finden.
3. Würde Ihr Verletzer Sie ohne diese Rechtfertigungen nicht so verletzt haben, wie er es tat? Bitten Sie einen Freund, für und gegen die Rechtfertigungen in Stapel drei zu argumentieren.
(Beispiel: Sie könnten diese Rechtfertigung in Stapel drei gelegt haben: «Meine Mutter schlug mich, weil sie böse war, weil ich in der Schule die falschen Schuhe trug. Sie hatte mir verboten, diese Schuhe zu tragen.»
Hätte Ihre Mutter Sie auch dann geschlagen, wenn Sie die Schuhe nicht getragen hätten? Nahm sie die Schuhe zum Anlaß, Sie immer wieder zu schlagen? Hätte sie vielleicht nach einem anderen Anlaß gesucht, wenn Sie an diesem Tag andere Schuhe getragen hätten?)

Übung 9: Büchereiarbeit

Gehen Sie in eine öffentliche Bücherei, und suchen Sie Bücher über Ihre Verletzung. Dies ist besonders wichtig, wenn das Verhalten Ihres Verletzers irgend etwas mit Alkohol- oder Drogenabhängigkeit zu tun hat, Transvestitentum, Bisexualität, Homosexualität, wiederholten Schlägen oder Depressionen. Sie könnten um Hilfe bei Fachleuten nachsuchen, mit denen Sie diese Situationen oder Störungen diskutieren können. Einige Störungen mögen bestimmtes Verhalten rechtfertigen (oder zumindest verständlicher machen). Dies bedeutet nicht, daß Alkohol- oder Drogenabhängige oder geistig Gestörte weniger schmerzhafte Schäden verursachen können. Es kann aber manchmal bedeuten, daß

> sie zumindest nicht absichtlich so gehandelt haben. Wenn Ihr kokainabhängiges Kind beispielsweise den einzigen Schmuck stiehlt, den Sie von Ihren Großeltern geerbt haben, und ihn verkauft, haben Sie viel verloren und fühlen sich betrogen. Informationen über die Kokainsucht kann jedoch den Schmerz verringern, weil Sie verstehen, daß die Drogenabhängigkeit und nicht die Feindseligkeit Ihres Kindes die treibende Kraft bei dem Diebstahl war.

Nachdem Sie gefiltert, abgewogen und einige Tatsachen herausgefunden haben, können Sie wahrscheinlich folgenden Schluß ziehen: Der Verletzer ist anzuklagen und nicht Sie. In jeder intimen Beziehung machen Menschen Fehler. Sie sagen oder tun gelegentlich unfreundliche, egoistische oder gedankenlose Dinge. Gedankenlosigkeit oder auch Egoismus sind jedoch nicht unverzeihlich, sondern liegen innerhalb der Grenzen der moralischen Erwartungen von Menschen anderen gegenüber. Aber das ist keine Verletzung des Codes moralischer Verträge. Dies tut gewöhnlich nur einer. Er handelte falsch, und ihn können Sie anklagen.

Die mit diesen Übungen (und anderen, die Sie sich selbst gestellt haben) erfüllten Aufgaben des Anklagens zeigen einem Verletzten, daß Selbstanklage genau das Gegenteil ist, nämlich Selbstverteidigung. Selbstanklage kann ein falsches Gefühl von Kontrolle über die Angelegenheiten während der Tage und Monate unmittelbar nach der Verletzung vermitteln. Selbstanklage erhält die Hoffnung aufrecht, daß es Dinge gibt, die Sie richtigstellen oder korrigieren können, um die durch die unverzeihliche Verletzung zerstörte Beziehung wiederherzustellen. Doch nachdem die Selbstanklage zur Anklage anderer geworden ist, kann nur noch derjenige, der für die Verletzung verantwortlich ist, Schritte zur Reparatur des Schadens unternehmen. Nur er kann sich entschuldigen und versuchen, die Dinge wieder zurechtzurücken. Anklagen bedeutet zu akzeptieren, daß der nächste Schritt zur erneuten Bestätigung der Beziehung in den Händen des Verletzers liegt, und den wird er wahrscheinlich nicht machen. Anklagen bedeutet die Aufgabe der Kontrolle – zumindest der über die Beziehung zwischen Ihnen und dem Verletzer.

Werkzeuge, um den Verletzer anzuklagen

Macht der Schädiger keinen Schritt, um die Beziehung wiederherzustellen, dann kann nichts bewegt werden. Wenn Sie jemanden anklagen, dann geben Sie die Kontrolle über eine Sache (Ihre Beziehung) auf und nehmen eine andere Sache in die Hand. Sie fangen an, die Kontrolle über Ihr eigenes Leben wieder zurückzugewinnen. Das Anklagen erlaubt Ihnen, wieder mit der Arbeit an Ihrem eigenen Leben zu beginnen. In diesem Sinne ist Anklagen paradoxerweise Teil der Heilung.

Werkzeuge zum Ausbalancieren der Waagschalen

Ich wußte, daß ich ihm verzeihen mußte. Ich versuchte,
in meinem eigenen Leben glücklich zu werden, mit einer
Menge Zeit und Arbeit. Als ich mit mir zufrieden war,
konnte ich ihm verzeihen.
Janet

Jede unverzeihliche Verletzung bringt den Verletzten in eine ungünstige Lage. In der vierten Phase des Verzeihens, dem Ausbalancieren der Waagschalen, fängt der Geschädigte an, seinen eigenen Vorteil wiederherzustellen. Er «balanciert die Waagschalen» der gemeinsamen Waage mit dem Schädiger wieder aus.

Jede der drei gewöhnlichen Methoden des Ausbalancierens der Waagschalen – Bestrafung, Scheinbestrafung und Beladen – beinhaltet verschiedene Handlungen. Die größte Schwierigkeit dabei liegt darin, daß sie mehr Handlungen erfordern als die Aufgaben der anderen Phasen. Ihre Energie ist gefordert. Doch wenn Sie die anderen Phasen erfolgreich beendet haben, sollten Sie über mehr Energie als genug verfügen, um diese Arbeit auszuführen.

Aufgaben, die Ihnen dabei helfen, den Verletzer zu bestrafen

Die Bestrafung umfaßt zwei Schritte: Zuerst setzen Sie den Täter darüber in Kenntnis, daß er eine Regel übertreten hat, und zweitens entziehen Sie ihm Wahlmöglichkeiten. Für einige Zeit zumindest werden nun Sie die Entscheidungsgewalt besitzen. Um ihn wissen zu lassen, daß er eine unverzeihliche Verletzung verursacht hat, könnte es besser sein, ihn offen zu bestrafen. Die erste Übung ist wichtig und sollte mit Nachdruck und Vorbereitung ausgeführt werden.

Werkzeuge zum Ausbalancieren der Waagschalen

Übung 1: Die Verurteilungsübung

Diese Übung geht davon aus, daß Ihr Verletzer sich mit Ihnen hinsetzt und sich Ihre Erfahrung des Verletztseins anhört. Er ist für gewöhnlich motiviert, die Beziehung wiederherzustellen. Ein sich verweigernder Angreifer hat meist kein Interesse am Fortbestand der Beziehung. Diese Übung gipfelt in einem Treffen, bei dem Sie sich von Angesicht zu Angesicht gegenübersitzen, und Sie legen die Bedingungen für die Bestrafung des Täters fest. Wenn es eine erfolgreiche Übung werden soll, dann muß sie akribisch geplant werden. Führen Sie jeden Schritt sorgfältig aus.

Schritt 1: Sagen Sie dem Verletzer, daß Sie einen Termin festsetzen möchten, um mit ihm über die Verletzung zu reden. Machen Sie eine genaue Zeit dafür ab, selbst wenn Sie mit ihm zusammenleben. (Es könnte sein, daß Sie einen Beistand brauchen.) Warnen Sie ihn, daß Sie beabsichtigen, Dinge zu sagen, die verurteilend erscheinen werden. So kann er entscheiden, ob er sich dem stellen will oder nicht. Es wird keine Überraschungen geben.

Schritt 2: Bereiten Sie das Treffen vor. Schreiben Sie auf, was Sie sagen wollen und wie Sie reagieren wollen, wenn der Verletzer die Verletzung leugnet oder den Raum verläßt. Sie verfolgen den Zweck, dem Angreifer die Schwere seines Verhaltens klarzumachen und deren andauernden Auswirkungen auf Sie. Planen Sie, ihm über folgende vier Punkte etwas zu sagen:
1. Die Natur der moralischen Regel, die übertreten wurde.
2. Das Niveau der Verantwortung, die Sie ihm in seiner Rolle in der Verletzung zuschreiben.
3. Die Glaubenssätze, die im Gefolge der Verletzung angegriffen wurden.
4. Was Sie dem Angreifer entziehen möchten, so daß Sie die Waagschalen wieder ausbalancieren können.

Wenn Sie sich auf diese vier Punkte vorbereiten, dann können Sie das Gespräch mit Hilfe eines Rollenspiels üben. Zum Beispiel:

1. Du hast dich geweigert, mich vor meinem Bruder zu schützen, als er gewalttätig wurde. Ich habe zu Recht erwartet, daß mich meine Mutter vor Schaden schützen würde.
2. Du wolltest den Mißbrauch wahrscheinlich nicht, aber du hättest vorhersehen können, daß mein Bruder mich verletzen würde, als du das Haus verließt und er böse war.
3. Weil du in deiner Schutzfunktion versagt hast, konnte ich mich nie sicher fühlen, selbst in meinen engsten Beziehungen nicht, und ich suche immer noch nach schützenden Beziehungen. Es ist nicht die Pflicht anderer Menschen, mich vor Schaden zu schützen, aber ich bürde anderen weiterhin diese Last auf. Ich kann nicht an Schutz glauben, suche ihn jedoch beständig. Dies sind die Glaubenssätze, die durch dein Verhalten zerstört wurden.
4. Folgendes will ich von dir: Ich will, daß du anerkennst, daß du dabei versagt hast, mich zu schützen. Ich möchte, daß du dich entschuldigst. Ich möchte, daß ich dir einen Monat lang immer sagen kann, wann ich mich bedroht fühle und Schutz brauche. Dann möchte ich, daß du mir alles erzählst, was dir zu der bedrohlichen Situation und möglichen Methoden zur Lösung einfällt. Schließlich möchte ich, daß du meinen Bruder anrufst und ihm sagst, daß es falsch von ihm war, mich zu verletzen.

Dies sind nur Beispiele. Versuchen Sie anhand Ihrer Situation zu entscheiden, wie Sie Ihre Erwartungen dem Schädiger wirkungsvoll aufzwingen können. Auf diese Weise wird er für einige Zeit das Objekt Ihrer Entscheidungen sein.

Schritt 3: Setzen Sie einen zeitlichen Rahmen für die Bestrafung fest. Entscheiden Sie im voraus, wie lange sie dauern soll. (Ein Jahr? Sechs Monate? Einen Monat?) Werden Sie gewillt sein, über den zeitlichen Rahmen zu verhandeln, oder ist er von vornherein festgelegt?

Schritt 4: Gehen Sie bei dem Verurteilungstreffen nach folgendem Schema vor:

1. Bestimmen Sie Zeitpunkt, Ort und Dauer des Treffens. Entscheiden Sie, ob Sie einen Freund oder Beistand dazu bitten.
2. Legen Sie die Regeln im voraus fest. Sie möchten doch wahrscheinlich ohne Unterbrechung sprechen können, so daß der Angreifer keine Rechtfertigungen oder Entschuldigungen einwerfen kann. Machen Sie diese Regel deutlich, bevor das Verurteilungstreffen beginnt.
3. Fangen Sie mit dem Treffen an. Bringen Sie die vier Faktoren der Verletzung vor, die Sie während Ihrer Vorbereitung entwickelt haben (z. B. die übertretene moralische Regel, den Grad der Verantwortung, die größere Verletzung der Glaubenssätze und die Bestrafung, die Sie einsetzen möchten). Formulieren Sie alles so klar wie möglich. Benutzen Sie, wenn notwendig, Notizen.
4. Fragen Sie den Angreifer, ob er bereit ist, zwei Dinge zu tun. Wird er sich dafür entschuldigen, daß er Sie verletzt hat? Wird er versprechen, der Bestrafung Folge zu leisten? Seien Sie darauf vorbereitet, daß er versuchen könnte, über die Bestrafung zu verhandeln. Entscheiden Sie sich vorher, wie Sie darauf reagieren wollen.

Sie ahnen schon, daß das Verurteilungstreffen zu schmerzhaften und starken Gefühlen führen kann. Daher sollten Sie sich erst daranmachen, wenn Sie Ihre Wut im Griff haben. Eine andere Möglichkeit wäre, einen Beistand an die Stelle des Verletzers zu stellen und das Verurteilungstreffen mit verteilten Rollen zu spielen. Dann können Sie danach über Ihre Reaktionen sprechen. (Sie können dies auch zur Vorbereitung auf das tatsächliche Treffen tun.) Bestrafung ohne Verurteilung ist wirkungslos, so wie Verurteilung ohne Bestrafung. Um wirkungsvoll zu verurteilen und zu bestrafen, müssen Sie jedoch Ihre extremen Emotionen unter Kontrolle haben. Sonst könnte Ihre Wut mit der Bestrafung kollidieren.

Scheinbestrafung

Daß die verletzenden Handlungen ihrer Eltern falsch waren, wird in der Kindheit Verletzten häufig erst als Erwachsenen klar. Dann kann der Täter jedoch schon tot sein. Scheinbestrafung ist dann angebracht, wenn der Schädiger nicht verfügbar ist.

Der Verletzte stellt sich vor, dem Angreifer seinen Willen aufzuzwingen. Wie die tatsächliche Bestrafung sollte Scheinbestrafung eine Verurteilung beinhalten. Aber wo kein Angreifer mehr vorhanden ist, kann es keine Forderungen oder Einschränkungen seiner Mittel und Wahlmöglichkeiten geben. Wenn das Ihre Situation ist, versuchen Sie es mit einer dieser Übungen:

Übung 2: Scheinbestrafung

> Wie könnten Sie Ihren Angreifer dazu bringen, gegen seinen eigenen Willen Ihre Wünsche zu erfüllen? Hier sind drei Vorschläge:
>
> 1. Stellen Sie sich vor, Sie könnten Ihren Angreifer dazu bringen, in einem Sessel zu sitzen und sich anzuhören, was Sie zu sagen haben, ohne einzugreifen oder sich zu verteidigen. Stellen Sie sich Ihre Verurteilung vor. Welche Anklagen würden Sie vorbringen? Welche Glaubenssätze hat er zerstört?
> 2. Sie können Ihren Angreifer in einer Gefängniszelle halten. Wie lange würde sein Aufenthalt dauern? Was würden Sie sagen, wenn Sie mit ihm durch das Türgitter sprechen könnten?
> 3. Bitten Sie einen Freud oder Beistand, die Rolle des Verletzers zu spielen. Machen Sie Ihre Forderungen durch das Rollenspiel deutlich, und formulieren Sie sie.

Wenn es Ihnen schwerfällt, eine angemessene Bestrafung für Ihren Schädiger zu finden, versuchen Sie es mit dieser Übung:

Übung 3: Ersatzbestrafung

Suchen Sie sich mehrere Ihrer Freunde, die Ihre Lage kennen. Erklären Sie ihnen, daß Sie sich Wege überlegen, wie Sie den abwesenden Täter strafen könnten. Bitten Sie jeden um eine oder zwei Ideen, wie er dies tun würde:

1. Suchen Sie sich die Bestrafungen aus, die Sie für angemessen halten, und spielen Sie sie in Ihrer Vorstellung oder in einem Rollenspiel mit jemandem durch.
2. Laden Sie zwei oder drei Ihrer engsten Freunde ein, die Situation mit Ihnen zu diskutieren. Benutzen Sie die von Ihren Freunden vorbereitete Liste, sprechen Sie über jede Möglichkeit. Fangen Sie mit der Ausführung der Scheinbestrafung an. Lassen Sie Ihren Freund dazu beitragen. Wenn es Ihnen sinnvoll erscheint, spielen Sie die Bestrafung mit verteilten Rollen. Wenn nicht, dann schmücken Sie die Bestrafungen in Ihrer Vorstellung aus, bis Sie glauben, daß Sie alle Möglichkeiten ausgeschöpft haben.

Scheinbestrafung muß in der Vorstellung erfolgen. Wenn Sie nicht glauben, daß es notwendig ist, den Schädiger zu bestrafen, machen Sie eine Inventur Ihres gegenwärtigen persönlichen Lebens, um sicherzugehen, daß Sie nicht statt dessen andere Menschen bestrafen. (Für Verletzte ist es nicht ungewöhnlich, ihr Bedürfnis, den Verletzer zu bestrafen, an Unschuldigen auszutoben.) Das kann eine unbeabsichtigte Nebenwirkung einer persönlichen Verletzung sein. Direkte Konfrontation mit dem Verletzer in Form der Scheinbestrafung kann eine weit bessere Alternative sein, als unbewußt die Falschen zu strafen.

Wenn Bestrafung nicht möglich ist oder Sie Ihren Angreifer, so weit Sie konnten, bestraft haben, das aber nicht die erhoffte Wirkung hatte, können Sie immer noch die Waagschale wieder auffüllen. Die Mittel und Möglichkeiten, die Sie wieder auf Ihre Seite ziehen, sind aller Wahrscheinlichkeit nach nicht die, die man Ihnen genommen hat. Wer beispielsweise versucht, einen neuen Liebhaber an die Stelle des verlorenen Ehepartners zu stellen, muß häufig

Teil III Übungen des Verzeihens

feststellen, daß das nicht funktioniert. Kein neuer Sexualpartner kann den verlorenen Glauben an Ehe oder Treue ersetzen.

Die beste Methode zur Wiederherstellung von Mitteln und Möglichkeiten ist, die eigene Verletzung als eine Quelle der Stärke zu nutzen. Sie kann bei genügend Kreativität zum Vorteil werden.

Wenn Sie Ihre Geschenkliste (Seite 198) erweitert haben, dann ist Ihnen schon bewußt, welche paradoxen Geschenke Sie aufgrund der Verletzung erhalten haben. Nun haben Sie vielleicht schon eine lange Liste neu entdeckter Werte, neuer Freunde und unerwarteter Freundlichkeiten, die Ihnen aus Ihrer Erfahrung erwachsen sind. Die meisten dieser Geschenke haben Sie vermutlich ohne eigene Anstrengung erhalten. Nun ist es an der Zeit, selbst neue Mittel und Möglichkeiten zu suchen, um Sie wieder ins Gleichgewicht zu bringen.

Die folgenden Übungen können als Geschenke an Sie eingerahmt werden. Wenn Sie genügend erhalten haben, dann werden Sie in der Lage sein, Ihrem Verletzer das Geschenk der Freiheit zu machen.

Übung 4: Übung neuer Fertigkeiten

Gewöhnlich verbergen Menschen ihre Wünsche nach neuen Fertigkeiten, weil sie fürchten, sie nicht erlernen zu können. Nun ist es an der Zeit, das Risiko einzugehen.

Denken Sie an eine Fertigkeit, über die Sie gerne verfügen möchten (Sticken, Spanisch sprechen, Autoreparatur, Fotografieren, Auto fahren, Fliegen, Tennis, Tischlern, Klavier spielen, Steppen). Suchen Sie in Ihrem Telefonbuch nach Clubs, Dienstleistungsorganisationen oder Volkshochschulen, wo Sie Kurse belegen können. Fragen Sie Freunde, ob sie jemanden kennen, der Sie unterrichten könnte. Fragen Sie in der öffentlichen Bücherei nach. Wenn Sie auf dem Land leben, dann befragen Sie Ihren Geistlichen oder den Leiter der Ortsgruppe. Fällt Ihnen selbst nichts ein, dann sehen Sie sich noch einmal Ihre Ablenkungsliste an (Seite 195 f.). Fehlen Ihnen vielleicht die Fertigkeiten, um sich ablenken zu können?

Der Erwerb neuer Fertigkeiten macht Menschen oftmals flexibler und interessanter. Manchmal lernen Sie dabei auch neue Freunde kennen.

Übung 5: Die Freundschaftsübung

Es ist schwierig, wahre Freunde zu gewinnen, doch sie sind häufig die beste Stütze in guten und schlechten Zeiten. Es ist leicht, alte Freundschaften im Sande verlaufen zu lassen oder keine neuen Freunde zu gewinnen, weil Sie einen vollen Terminplan oder andere Prioritäten haben. Auch verliert man manchmal bei einer unverzeihlichen Verletzung Freunde, besonders bei einer Scheidung. Da Freundschaften kraftvolle Mittel und Möglichkeiten darstellen, mag es für Sie an der Zeit sein, eine alte Freundschaft wieder aufleben zu lassen oder eine neue zu beginnen.

Wie gewinnt man einen neuen Freund? Was macht eine Freundschaft aus? Die Antworten ähneln wahrscheinlich denen, die Sie auf die Frage nach einer Liebesbeziehung geben. Im Kern beider ist Wahrhaftigkeit, emotionale Unterstützung, Respekt, Loyalität und die Bereitschaft zum Zuhören, Sprechen und, im Falle von auftretenden Schwierigkeiten, «da und greifbar zu sein». Mit diesen Vorstellungen im Kopf probieren Sie folgendes:

1. Suchen Sie einen Ort, an dem Sie mit hoher Wahrscheinlichkeit Leute mit ähnlichen Interessen treffen.
2. Suchen Sie sich eine Zeit aus, wann Sie dorthin gehen wollen. Dann zwingen Sie sich zu gehen.
3. Wenn Sie jemanden treffen, der Sie interessiert, versuchen Sie, mit ihm so wie mit einem Freund in Kontakt zu kommen. Seien Sie Sie selbst. Seien Sie ehrlich. Sie haben nichts zu verlieren. Sagen Sie, was Sie wirklich denken. Hören Sie aufmerksam zu, um zu entscheiden, ob Sie die Person mögen und vielleicht Dinge miteinander teilen können. Fangen Sie langsam an! Denken Sie daran, daß Sie nicht nur jemand sind, der sich von einer Verletzung erholt. Erzählen Sie dem anderen etwas von sich, was nichts mit dem Verzeihensprozeß zu tun hat. Einzelheiten über schmerzvolle Erfahrungen können andere ängstigen.

4. Wenn Sie den Menschen mögen, dann verabreden Sie sich, um etwas Angenehmes zusammen zu unternehmen, z. B. einen gemeinsamen Kinobesuch.

5. Denken Sie daran, daß Sie keinen Ersatz für den Verletzer oder einen Beistand suchen, sondern einen Freund. Das sollte die Durchführung angenehmer und leichter machen. Sie haben ja nichts zu verlieren, wenn sich herausstellen sollte, daß sich nicht genug Interessen oder Ähnlichkeiten finden, die eine Freundschaft tragen würden.

Wenn Ihnen wichtige alte Freundschaften entglitten sind, suchen Sie nach erneuter Kontaktaufnahme. Erklären Sie ehrlich Ihre Gründe. Versichern Sie, daß Sie sich dieses Mal stärker darum bemühen wollen, diese Freundschaften länger aufrechtzuerhalten, selbst nachdem Sie vollständig verziehen und Ihr Leben wiederaufgenommen haben. Freunde sind immer eine Quelle der Kraft.

Um Ihren Schmerz zu Ihrem Vorteil arbeiten zu lassen, können Sie sich von ihm abwenden und sich dem anderer zuwenden. Wenn Sie Ihren eigenen Schmerz dazu verwenden, jemand anderem beizustehen, wird er zu einer Quelle der Kraft. Es gibt genug Menschen in jeder Gemeinde, die in Schwierigkeiten sind und Schmerzen erfahren. Viele von ihnen könnten die Aufmerksamkeit und das Mitgefühl anderer gebrauchen.

Übung 6: Reichen Sie jemandem Ihre Hand

Vielleicht haben Sie sich früher schon für Miseren und Schmerzen der einen oder anderen Art interessiert. Hier eine Liste: Heimatlose, verlassene Kinder, einsame Menschen aller Altersgruppen und Arten, Geschlagene und Mißbrauchte, Menschen, die gegen ihren Willen weit weg von zu Hause sind, Kranke, jugendliche Eltern ohne Unterstützung, Gefängnisinsassen und viele andere.

Wenn etwas an dieser Liste Ihnen ans Herz greift und in Ihnen das Gefühl auslöst, helfen zu wollen, dann sollten Sie es nun in die Tat umsetzen.

1. Wenn es in Ihrer Gemeinde eine entsprechende Hilfsorganisation gibt, rufen Sie dort an. Sagen Sie, daß Sie gern ehrenamtlich mitarbeiten möchten.
2. Suchen Sie in den Gelben Seiten Ihres Telefonbuches nach weiteren sozialen Hilfseinrichtungen. Viele dieser Organisationen setzen freiwillige Helfer ein. Rufen Sie bei einer oder mehreren an.
3. Vielleicht gibt es Menschen in Ihrer religiösen Gemeinde, die sich um Alte und andere Hilfsbedürftige kümmern. Nehmen Sie Kontakt zu ihnen auf.
4. Fast alle Krankenhäuser brauchen ehrenamtliche Mitglieder. Versuchen Sie, Kontakt aufzunehmen.

Ist keine der oben angeführten Möglichkeiten an Ihrem Wohnort verfügbar, so leben sicherlich in Ihrer Gemeinde hilfsbedürftige Menschen. Haben Sie eine Möglichkeit, ihnen zu helfen? Könnten Sie beispielsweise jemanden zu Verabredungen fahren oder für ihn einkaufen gehen? Könnten Sie nach einem alten Menschen, einem Invaliden oder einem Kind schauen, während der Betreuer einen Spaziergang macht? Könnten Sie streichen, reparieren oder etwas anderes für jemanden erledigen, der das nicht selbst tun kann?

Übung 7: Arbeiten Sie in einer Hilfsgruppe

Anderen zu helfen ist ein wichtiger Mechanismus zur Umwandlung des Schmerzes in einen Aktivposten. Eine andere Methode ist, Menschen zu helfen, die die gleiche Verletzung wie Sie erfahren haben. Selbsthilfegruppen sind sehr hilfreich für Verletzte aller Art. In diesen Gruppen erhalten Sie Hilfe. Hier ist eine verkürzte Liste von Selbsthilfegruppen:

Eltern, deren Kinder gestorben sind
Partner von Bisexuellen, Schwulen, Lesbierinnen
Süchtige und ihre Familien
Anonyme Alkoholiker
Frauenhäuser

> Genaue Angaben finden Sie in Nachschlagewerken in der öffentlichen Bücherei, über den Verbraucherschutz, die Telefonseelsorge[1].
>
> Gehen Sie zu mehreren Treffen der Gruppe. Sie erhalten dort mit Sicherheit Hilfe. Versuchen Sie aber auch, sich auf die Probleme anderer zu konzentrieren. Mit Ihren Einsichten und Geschichten könnten Sie anderen sehr helfen.
>
> Wenn es in Ihrer Gemeinde keine für Sie passende Gruppe gibt, können Sie eine eigene gründen. Ist Ihnen das nicht möglich, finden Sie vielleicht über Ihren Geistlichen oder ein anderes Gemeindemitglied jemanden, der eine ähnliche Situation erlebt hat.

Paradoxerweise sind aus großem Schmerz viele schöne Kunstwerke, Gedichte und Romane erwachsen. Den meisten Menschen fehlt das Talent zur Produktion großer Kunstwerke, aber viele können gute Kunst produzieren. Versuchen Sie diese Übung:

Übung 8: Etwas Schönes schaffen

> Sehen Sie Ihr Tagebuch durch, besonders die Geschenkliste. Sind Sie ein Künstler, dann versuchen Sie, zu zeichnen, zu malen, zu bildhauern und eine Arbeit zu machen, die die Geschenke darstellt, die Sie durch die unverzeihliche Verletzung erhalten haben. Sind Sie Autor oder Dichter, schreiben Sie etwas, was die Schönheit der Wohltaten, die Sie aus dem Verletztsein gezogen haben, ausdrückt. Nähen oder weben Sie, dann schaffen Sie ein Stück, das Ihre Dankbarkeit für die Geschenke der Verletzung ausdrückt. Sind Sie ein Musiker, dann schreiben Sie einen Song, der das Gute betrachtet, das aus dem Leiden erwachsen ist.

Eine abschließende Übung in dieser Phase des Verzeihens spricht den Punkt an, an dem Menschen beschlossen haben, daß sie ebenso anzuklagen sind wie ihr Verletzer. Beide haben falsch gehandelt, und beide haben vorhergesehen, daß ihr Verhalten in einen nicht reparablen Schaden münden kann. Wenn Sie diesen Schluß gezogen haben, versuchen Sie die nächste Übung.

Übung 9: Die Dankeschön-Notiz

> Nehmen Sie ein Papier, und schreiben Sie eine Danksagung an die Person, die Sie verletzt hat. Lassen Sie die Worte natürlich fließen. Danken Sie für so viele Geschenke wie möglich, die Sie von Ihrem Verletzer erhalten haben. Dabei sollte es nicht nur um materielle Geschenke gehen, sondern auch um das Kümmern oder die Großzügigkeit oder andere immaterielle Quellen für Freude oder Dankbarkeit, an die Sie sich erinnern. Danken Sie dem Verletzer auch für die Geschenke, die Sie aus dem Ergebnis der Verletzung erhalten haben. Haben Sie das getan, dann legen Sie den Brief sicher weg. Sie können ihn auch verschicken.

Die Phase des Verzeihens, in der Sie die Waagschalen wieder ins Gleichgewicht bringen, ist entscheidend, weil Verzeihen aus Stärke erwächst, nicht aus Schwäche. Um zu verzeihen, müssen Sie glauben, daß Sie so stark sind wie Ihr Verletzer. Bestrafung, Scheinbestrafung oder das Beladen der Waagschale zusammen führt zu diesem Ziel. Wenn Sie einmal stark sind, dann liegt nur noch eine Aufgabe vor Ihnen: das Verzeihen zu wählen.

Werkzeuge, um das Verzeihen wählen zu können

Nur die Tapferen können verzeihen... Ein Feigling
vergibt niemals; das liegt nicht in seiner Natur.
LAURENCE STERNE

Unverzeihliche Verletzungen haben ein unerwartetes und wunderbares Geschenk zur Folge – die Möglichkeit, ein neues Leben zu beginnen. Der Verletzte muß seinen Verletzer loslassen. Damit befreit er sich selbst.

Wenn Sie das Verzeihen wählen, dann zerreißen Sie alle ausstehenden Schuldscheine. Sie entscheiden sich, Ihre Identität von der des Verletzers zu trennen. Sie wollen Ihr Leben weiterleben und sich nicht an die Vergangenheit klammern. Wenn Sie und Ihr Schädiger zusammen weitergehen, dann setzen Sie einen neuen Verlauf für die erneut bestätigte Beziehung fest und müssen neue Glaubenssätze, Hoffnungen und Träume für sich selbst gestalten.

Die Barrieren, die vor dem Verzeihen liegen, reflektieren die Furcht des Verlustes – Verlust der Identität, Verlust der Besonderheit, Gesichtsverlust und den Verlust der Kontrolle, die Sie über Ihren Angreifer haben. Menschen können fälschlicherweise glauben, daß das Festhalten und Pochen auf ihre Rechte ihnen Macht über die verleiht, die ihnen etwas schulden, oder daß sie zumindest moralisch «richtig» damit liegen. Doch in den meisten Fällen glaubt der Verletzer nicht an seine Schuld, und wenn beide Parteien sich darüber nicht einigen können, dann ist jede derartige Forderung eine Illusion. Um sich für das Verzeihen entscheiden zu können, muß ein Verletzter diese Illusion aufgeben.

Die ersten neun Übungen bereiten auf die Entscheidung zum Verzeihen vor. Sie helfen Ihnen dabei, jede Vorstellung von Kontrolle über den Verletzer oder Ihr Bedürfnis, über ihn Identität zu erlangen, aufzugeben. Machen Sie eine oder mehrere der folgenden Übungen, die Ihnen beim Loslassen der Bindung helfen:

Werkzeuge, um das Verzeihen wählen zu können

Übung 1: Das Entfernen des Etiketts

Um das Verzeihen wählen zu können, dürfen Sie sich nicht mehr über die unverzeihliche Situation definieren. Versuchen Sie folgendes:

Schreiben Sie jeden Begriff auf, mit dem Sie sich in bezug zu Ihrem Angreifer definierten, z. B. «mißbraucht», «plump», «Exfrau», «Opfer», «betrogene -», «betrogener Ehemann», «Co-Abhängiger». Nachdem Sie die Liste vervollständigt haben, suchen Sie jedes Etikett heraus, das Sie in Unterhaltungen immer noch benutzen.

Machen Sie mit den folgenden Begriffen einen Vertrag:
Eine Woche lang werde ich

1. keines dieser Etikette benutzen (in keiner gesellschaftlichen Unterhaltung),
2. mich selbst nur auf andere Aspekte dessen, was ich bin, beziehen (z. B. meine Interessen, Hobbies, Familie, Freunde oder Arbeit),
3. versuchen, höflich das Thema zu wechseln, wenn Menschen nach der unverzeihlichen Situation fragen, und ihnen den Grund für mein Verhalten nennen.

Wenn Sie eine Woche lang Erfolg haben, üben Sie noch eine weitere Woche.

Übung 2: «Du schuldest mir nichts»

Mit Ihrem Beistand oder einem Freund (oder einem leeren Sessel oder einem Bild Ihres Verletzers) üben Sie zu sagen:

«Du schuldest mir überhaupt nichts mehr. Ich möchte nicht, daß du mir etwas zurückzahlst. Du bist frei.»

Tun Sie das nicht, bevor Sie das Gefühl haben, daß Sie es auch so meinen.

Wenn Sie es nicht fertigbringen, die Worte der Übung 2 zu sagen, beantworten Sie folgendes: Was schuldet der Verletzer Ihnen immer noch? Wenn es eine Entschuldigung oder ein «Dankeschön» ist, machen Sie die nächste Übung.

Übung 3: Sich selbst danken

> Auch wenn Sie nun stark und ausgeglichen sind und weitergehen können, wünschen Sie vielleicht immer noch, daß der Verletzer sich die Zeit nimmt, sich zu entschuldigen oder «Danke schön» zu sagen für all das, was Sie all die Jahre getan haben. Wenn Beziehungen zerbrechen, dann nehmen sich die Menschen selten die Zeit, Dankbarkeit, Unterstützung und das gegenseitige Umsorgen auszudrücken.
>
> Schreiben Sie sich selbst eine Danksagung, so, als hätte Ihr Verletzer sie geschrieben. Nehmen Sie sich die Zeit, jeden wichtigen Beitrag einzubeziehen. Sind Sie fertig, lassen Sie sich den Brief von einem Freund oder Beistand vorlesen, der Ihnen Schritt für Schritt für all die Dinge, die Sie aufgelistet haben, dankt.
>
> Beispielsweise kann der Freund direkt zu Ihnen sagen: «Danke, daß du mir moralische Unterstützung gegeben hast, als ich Schüler war. Ich weiß nicht, ob ich ohne deine Hilfe den Abschluß geschafft hätte.»
>
> Als Erwiderung sagen Sie: «Ich danke dir. Ich wollte dir helfen und war stolz, als du den Abschluß machtest.» Auf jede Sache, für die man Ihnen dankt, antworten Sie mit: «Ich danke dir.»
>
> Dies kann eine starke Erfahrung sein. Sprechen Sie über Ihre Gefühle, wenn Sie die Übung beendet haben.

Liebe ist eine besondere Verbindung und eine Geschichte, die nur Ihnen gehört. Das Verzeihen macht Ihre Geschichte weder ungeschehen noch die Tatsache ungültig, daß Sie geliebt haben. Das Verzeihen erkennt an, daß Sie unabhängig vorwärts gehen, meint aber nicht, daß Sie niemals für Ihren Verletzer etwas Besonderes waren. Um sich nochmals Ihrer besonderen Geschichte mit dem Verletzer zu versichern und zu bestätigen, versuchen Sie folgendes:

Übung 4: Das Sammelalbum

Diese Übung kann Zeit kosten. Sie kann an fast jedem Zeitpunkt des Verzeihensprozesses begonnen werden. Wenn Sie ein ähnliches Bestandsverzeichnis noch nicht angefangen haben, schreiben Sie jetzt Ihre Geschichte mit dem Verletzer chronologisch auf.

Sehen Sie Briefe durch, Fotos, Notizen und andere Dinge, an denen Sie hängen, die Sie im Lauf Ihrer Beziehung zu dem Verletzer gesammelt haben. Wenn Sie schon Alben und Sammelbücher Ihrer Beziehung besitzen, suchen Sie die noch ungeordneten Dinge (wie Bilder, Postkarten usw.) zusammen und sortieren Sie sie in ein Album ein. Wenn Sie niemals so ein besonderes Album angelegt haben, dann fangen Sie nun damit an.

Sehen Sie sich jedes Foto an. Lesen Sie die Briefe. Lassen Sie Ihre Gefühle zu.

Wenn Sie alles geordnet haben, behalten Sie das Album einige Zeit in Ihrer Nähe. Gehen Sie es durch, wenn Sie Zeit haben. Dann legen Sie es außer Sichtweite. (Sie können es immer wieder zur Hand nehmen. Aber für den Moment ist es abgeschlossen.) Es ist an der Zeit, nach vorn zu blicken.

Übung 5: Die Ballonübung

Machen Sie eine Liste der verbleibenden Schulden, von denen Sie immer noch glauben, daß Ihr Verletzer sie Ihnen schuldet (oder der «Bedürfnisse/Wünsche», die Sie von ihm erfüllt haben möchten). Nun sollte die Liste recht kurz sein, aber wenn Sie immer noch an seine Schulden glauben, schreiben Sie sie auf.

Kaufen Sie einige Luftballons. Auf jeden schreiben Sie mit einem Leuchtstift die Begriffe Ihrer «Schuldenliste».

Gehen Sie mit Ihren Ballons an einen Ort, der Sie an Ihren Verletzer erinnert. Stellen Sie sich vor, daß die Ballons mit den darauf geschriebenen Schulden Ihre letzten verbliebenen Verbindungen mit dem Verletzer darstellen. Denken Sie an die Einzelheiten seines Gesichts. Denken Sie an die Schulden, die er nie begleichen wird.

Wenn Sie bereit sind, lassen Sie einen Ballon nach dem anderen fliegen. Stellen Sie sich vor, Sie geben diese letzten Verbindungsfäden preis, während Sie sehen, wie die Ballons sich erheben. Trauern Sie, wenn Sie wollen, aber denken Sie daran: Sie haben den Schädiger losgelassen.

Übung 6: Die Schuldscheinübung

Schreiben Sie einen erfundenen Schuldschein aus. Listen Sie alles auf, was der Angreifer Ihnen schuldet. Gehen Sie die Liste durch. Wird er es zurückzahlen? Kann er es jemals zurückzahlen?

Wenn Sie bereit sind, zerreißen Sie den Schein. Nun schuldet er Ihnen nichts mehr. Die Schuld ist verziehen.

Verzeihen kann zu Verantwortungen führen. Wenn Sie entscheiden, daß keiner außer Ihnen selbst für die Qualität Ihres Lebens zur Rechenschaft zu ziehen ist, dann akzeptieren Sie Verantwortung für alle zukünftigen Probleme. Von nun an müssen Sie Ihre Probleme selbst lösen.

Verzeihen kann auch zu schwierigen Veränderungen führen (z. B.: Sie nehmen das Gespräch mit Ihren Brüdern und Schwestern wieder auf oder akzeptieren den Ehepartner eines Kindes, den Sie vorher mißbilligten. Wenn Sie einige dieser Veränderungen vorausahnen, dann müssen Sie diese neuen Verantwortungen trotzdem übernehmen.

Wenn Sie diese neue Verantwortung noch nicht herausgefunden haben, machen Sie folgende Übung:

Übung 7: «Wenn ich dir verzeihen würde, müßte ich _____.»

Versuchen Sie, an die wichtigsten Bereiche Ihres Lebens zu denken (z. B. Arbeit, Familie, Clubs, etc.). Wofür müßten Sie im Fall des Verzeihens eigene Verantwortung übernehmen? Können Sie damit umgehen? Wollen Sie damit umgehen?

Sie können auch Angst vor einem Gesichtsverlust haben. Andere verlangen vielleicht von Ihnen, daß Sie auf Wiedergutmachung beharren, oder sie ermutigen Sie dazu, die Wut in sich aufzustauen. Das ist normal, weil Freunde, die Zeugen Ihres Kampfes mit dem Schmerz geworden sind, manchmal befürchten, daß Sie zur Selbstanklage neigen könnten. Machen Sie den Unterschied zwischen Verzeihen und Anklagen deutlich. Sagen Sie, daß das Verzeihen Sie stärker macht, weil Sie nun so stark sind, daß Sie nichts von dem Angreifer brauchen. Der Starke kann loslassen. Wenn Ihre Freunde oder Unterstützer Ihre Wahl für das Verzeihen nicht verstehen, machen Sie diese Übung:

Übung 8: «Würde ich verzeihen, dann würden meine Freunde _____.»

Nennen Sie die wichtigsten Leute, die Sie im Verlauf des Verzeihens unterstützt haben. Versuchen Sie sich vorzustellen, was jeder von ihnen sagen würde, wenn Sie offenbarten, daß Sie Ihrem Verletzer vergeben wollen.

Nun nennen Sie andere, die Ihre Situation gut kennen, besonders Familienmitglieder. Wie würde jeder von ihnen auf Ihre Ankündigung reagieren?

Ist eine dieser Antworten wichtig genug, Sie von der Entscheidung abzuhalten?

Sie können auch befürchten, daß Ihr Verzeihen ein Schuldeingeständnis sei. Dann machen Sie diese Übung:

Übung 9: «Du bist immer noch anzuklagen, aber ich will nichts von dir.»

Denken Sie wieder an den Verletzer. Dann sagen Sie diesen Satz:

«Du bist immer noch anzuklagen, aber ich will nicht länger _____ von dir.»

> Das fehlende Wort kann Liebe, Geld, Pflege, Unterstützung, Telefonanrufe, Entschuldigungen, ein Dankeschön, Versprechungen, Respekt sein oder andere alte Erwartungen bezeichnen.

Die neun vorbereitenden Aufgaben führen Sie zu der Position der Stärke, von der aus Sie laut sagen können: «Ich verzeihe dir.» Die vier Ängste – die Furcht vor der Auslöschung Ihrer Geschichte, die Angst vor neuer Verantwortung, die Furcht vor einem Gesichtsverlust, die Angst, eine eigene Identität zu verlieren – sind nun überwunden. Die einzige noch verbliebene Aufgabe ist die Entscheidung für das «Ich verzeihe dir». Wenn Sie sich dafür entscheiden, dann entscheiden Sie sich für die Zukunft.

Übung 10: Sagen: «Ich verzeihe dir.»

> Bitten Sie einen Freund oder Beistand, Ihnen gegenüber in einem Sessel zu sitzen. Stellen Sie sich noch einmal vor, daß dies Ihr Verletzer ist und daß Sie bald vollständig von Ihrer alten Beziehung befreit sein werden.
>
> Wenn Sie bereit sind, fangen Sie an zu sagen: «_____, ich verzeihe dir. Was du getan hast, hat mich tief verletzt. Das bedeutet nicht, daß wir einander nicht geliebt haben. Wir haben es getan. Dir zu verzeihen bedeutet, daß ich von dir nichts mehr will. Du bist frei, deinen Weg zu gehen, so wie ich frei für meinen bin. Dir ist verziehen, und wir sind frei.»

Sich für das Verzeihen zu entscheiden ist die Tat einer mutigen Person, die gegen den tiefsten Schmerz gekämpft hat. Wenn Sie verziehen haben, dann haben Sie eine der schwierigsten Aufgaben des Lebens gemeistert. Ihre Zukunft gehört nun Ihnen. Sie sind frei, das zu tun, was Sie können.

Gedanken über das neue Selbst

Tiefer Gram... wandelt die Elenden.
VICTOR HUGO

Wenn Sie das Unverzeihliche verziehen haben, haben Sie sich verwandelt. Der Verletzer vergiftet nicht länger Ihr Herz. Ob Sie nun entschieden haben, Sie können die Ereignisse des Lebens nicht kontrollieren, oder nun an eine universelle, aber unerforschliche Ordnung der Dinge glauben, Sie haben Ihren Frieden gefunden. Ihre neuen Glaubenssätze über Gerechtigkeit und Kontrolle passen zu Ihren neuen Vorstellungen über sich selbst, andere und die Verletzung. Keine Verletzung kann sich jemals wieder so tief in Ihr Herz bohren. Das Schlimmste ist überwunden.

Das bedeutet nicht, daß Ihr neues Set an Glaubenssätzen nicht auf die Probe gestellt wird: Das wird passieren. Es bedeutet nicht, daß Sie nie wieder verletzt werden. Aber Ihre neuen Glaubenssätze werden Sie durch die nächste Phase Ihres Lebens lotsen. Ihre neuen Glaubenssätze werden nicht bei einer Verletzung auseinanderbrechen. Sie sind zu fest geschmiedet, als daß ein Gewicht sie zerreißen könnte. Wahrscheinlich wird niemals wieder etwas unverzeihlich sein.

Die nächste Phase Ihres Lebens wird eine Reise nach vorn sein. Bevor Sie sich auf den Weg machen, halten Sie einen Moment inne. Schreiben Sie auf, woran Sie im Augenblick glauben. Sie haben einen der schwierigsten Prozesse des Lebens erfolgreich gemeistert. Wollen Sie auf all die getane Arbeit und die Veränderungen zurückblicken, die Sie durchlebt haben? Das Innehalten in diesem Moment kann Ihnen in zukünftigen Zeiten der Verwirrung oder Aufruhr Festigkeit geben.

Nun ist es an der Zeit, zu feiern, sich selbst für Ihre harte Arbeit und Ihre standhafte Weigerung, zerstört oder verbittert zu werden, zu respektieren.

Die letzte Eintragung in Ihrem Notizbuch sollte etwas über Ihr Prinzip des Verzeihens sagen. Nun, da Sie dahin gekommen sind, persönlichen Schaden als Teil des Lebens zu akzeptieren, kann Ihnen das helfen, sich an Ihre neuen Glaubenssätze und die gesetzten Grenzen zur zukünftigen Kontrolle von Verletzungen zu erinnern.

Schlußübung: Das Prinzip des Verzeihens

Schreiben Sie Ihre neue Zukunftsphilosophie in Ihr Tagebuch des Verzeihens für den Fall, daß wieder Schaden Ihren Weg kreuzen sollte. Hier ein Vorschlag:

«Ich weiß, daß ich nicht verhindern kann, daß Schaden auf meinem Weg liegt. Es gibt kaum einen Menschen, der nicht von einer Person, die er liebt, verletzt werden kann. Ich werde Schaden nach Möglichkeit aus dem Weg gehen. Aber in der Zukunft weiß ich, daß jeder Verletzungen erfährt. Einige davon wird man kontrollieren können. Andere nicht. Mit diesem Wissen bin ich frei. Verzeihen wird nie wieder so schwierig sein.»

Wenn Sie das Unverzeihliche verziehen haben, dann haben Sie das vollbracht, wozu viele andere nicht in der Lage sind. Seien Sie stolz auf sich selbst, wenn Sie mit einem neuen Leben beginnen.

Teil IV

Die Notwendigkeit zu verzeihen

Es liegt in der menschlichen Natur,
jene zu hassen, die man verletzt hat.
TACITUS, *Agricola*

Jemandem zu verzeihen, den Sie geliebt haben – oder Verzeihung von jemandem zu erfahren, den Sie geliebt und dann verletzt haben –, mag mehr als ein Wunsch sein. Verzeihen kann eine Notwendigkeit sein. Ich betone «kann», weil diese Notwendigkeit durch alle Barrieren der Sprache, Kultur und Politik zum wahren Kern des Menschen vordringt. Wünsche sind die Träume des Menschen, die Notwendigkeit ist sein Wesen. Wenn Verzeihen ein menschliches Bedürfnis ist, dann deshalb, weil es für das Überleben des Menschen und sein Wachstum essentiell ist.

Der Durst treibt uns zum Wasser. Ohne Wasser stirbt der Mensch. Der Hunger treibt uns zum Essen. Einen hungrigen Menschen verlangt es danach, seinen leeren Bauch zu füllen. Der Unversöhnliche bedarf des Verzeihens, nicht um physisch zu überleben, aber für ein weniger konkret greifbares Überleben. Grundlegende körperliche Bedürfnisse, die nicht beachtet und gestillt werden, bedeuten den physischen Tod. Essentielle emotionale Bedürfnisse, die nicht beachtet werden, können zu emotionaler Auflösung führen – dem Schrumpfen der Fähigkeit, zu lieben und geliebt zu werden, zu vertrauen und Vertrauen zuzulassen. Menschliche Wesen ohne diese Fähigkeiten können sich selbst für so «tot» wie jene halten, die es wirklich sind.

Ungelöste Verletzungen zwischen Fremden können mit der Zeit vergehen, unverzeihliche Verletzungen zwischen Menschen, die einander geliebt haben, nicht. Zeit und Ferne löschen sie nicht aus. Zu viele Menschen leben weit entfernt von denen, die sie geliebt haben, und lechzen nach dem «Es tut mir leid» oder «Ich verzeihe dir». Werden diese Worte nie ausgesprochen, kann das Herz sich nur auf ein langes Warten einstellen, während das langsame Austrocknen des unbewässerten moralischen Bodens sein Opfer zerstört.

Wenn das Verzeihen zwischen nahen Menschen, die jeweils die moralischen Erwartungen des anderen verletzt haben, wirklich ein Bedürfnis und nicht einfach ein Wunsch ist, was stellt dann die Basis für dieses Bedürfnis dar? Warum beispielsweise würde ein alter, sterbender Mann immer noch darum kämpfen, seiner alten Frau eine lange zurückliegende Indiskretion zu verzeihen? Warum sollten sich alte Freunde, die sich in Haß und Betrug trennten, Jahre später um Wiedergutmachung bemühen? Der Philosoph Immanuel Kant fand eine Antwort darauf. Er nannte das Bedürfnis, sich mit dem Ungelösten auszusöhnen, das «innewohnende moralische Gesetz», das Ideal, daß menschliche Wesen ein «inneres Gefühl haben, wie die Dinge sein sollten».[1] Moralisch normal entwickelte Menschen wollen richtig leben. Wir mögen die Schuldgefühle nicht, die dem Betrug an einer geliebten Person folgen. Menschen sehnen sich nach dem Frieden. So mancher im Felde stehende Soldat wird des Nachts von beklemmenden Schuldgefühlen heimgesucht, obwohl der Angriff legitim war. Schuld und Schmerz in der Folge der unverzeihlichen, intimen Verletzung sind noch weit beunruhigender. Wenn es so schwer ist, mit dem Angriff auf einen Feind zu leben, dann ist es noch weitaus schwieriger, einen Menschen, den man geboren, geheiratet, aufgezogen oder in den Armen gehalten und mit dem man zusammen geweint hat, allein zu lassen.

Wir haben ein inneres Bedürfnis, mit einem klaren Bewußtsein und einem friedvollen Herzen unser Leben zu beenden. Unverzeihliche Verletzungen, die nicht verziehen wurden, arbeiten gegen dieses Bedürfnis. Zeit und Umstände können die Stimmen der Schuld oder Trauer stumm machen, aber Ferne allein wird diese Gefühle nicht gänzlich zum Schweigen bringen. Verzeihen tut dies.

Bedürfnisse und Überleben

Das Bedürfnis, zu verzeihen oder Verzeihung zu erlangen, ist vielleicht nicht länger notwendig für das menschliche Überleben an sich. Wenn vor fünfzig Jahren jeder in einem Eskimodorf hungrig war und sich die Dorfbewohner zusammentaten, um ein Walroß zu töten, dann erfüllte der Tod des Tieres zwei Dinge: das Bedürfnis eines jeden nach eßbarem Fleisch, und es sicherte das Überleben des Dorfes. Individuelle Bedürfnisse und das Überleben der Gemeinde lagen «in Einklang» miteinander. Individuelle Bedürfnisse und das der Gruppe nach Überleben stützten sich gegenseitig. Wenn das eine erfüllt wurde, war auch das andere garantiert.

Einem fehlenden Gemeinschaftsmitglied zu verzeihen erhöhte mit die Chancen für das Überleben der gesamten Gemeinschaft. Heute ist das Bedürfnis zu verzeihen vielleicht nur ein Überbleibsel der Fähigkeit des Individuums, Schuld zu fühlen. Zwischenmenschliches Verzeihen bedeutet keinen unmittelbaren kollektiven Gewinn mehr. In der Tat ist das Überleben im Geschäft, der Schule oder im Job eher eine Angelegenheit der individuellen Kenntnisse und konkurrierender Schärfe als eine des kollektiven Überlebens und der Kooperation. Das Bedürfnis zu verzeihen kollidiert vielleicht mit Haltungen und Fertigkeiten, die in unserer heftigen Wettbewerbsgesellschaft für den Erfolg notwendig sind. Was nun?

Was, wenn wir am Ende des zwanzigsten Jahrhunderts mit dem inneren Bedürfnis, geliebten Menschen zu verzeihen, dastehen, Verzeihen aber keine weiterreichende Bedeutung für die menschliche Gemeinschaft als Ganzes darstellt? Was, wenn persönliches emotionales Überleben im Job oder im Geschäft inkompatible Vorstellungen geworden sind?

Menschen sind entbehrlich. Wir können neue Ärzte oder Anwälte finden, Innendekorateure und selbst Ehepartner. Wir brauchen keinem anderen zu verzeihen, um das Überleben aller zu sichern.

Oder doch?

Teil IV Die Notwendigkeit zu verzeihen

Ist das Verzeihen für das Überleben essentiell?

Was wäre, wenn nie einer einem anderen vergäbe? Was würde in einer Gesellschaft geschehen, in der Verzeihen weder ein zwischenmenschliches Bedürfnis noch ein geschätzter Mechanismus zur Aussöhnung von interpersonellen Problemen darstellt? Würde die sehr private Angelegenheit des Nichtverzeihens das öffentliche Wohl beeinträchtigen?

Nehmen Sie einmal an, es gäbe drei verschiedene Gesellschaften, in denen das Verzeihen nicht existierte. In diesen drei Gesellschaften können die Täter und die Opfer den Schmerz eines unverzeihlichen Angriffs immer spüren. Wie auch immer, diese drei Gesellschaften kennen das Verzeihen nicht. In diesen Gesellschaften tragen die Menschen ihre Verletzungen mit sich herum, aber das tun sie auf drei verschiedene Weisen. In der ersten Gesellschaft müssen Menschen sich nicht rächen oder auf Rache sinnen, aber sie müssen weiterhin in derselben Gemeinde mit dem Täter leben. In der zweiten Gesellschaft agieren die Menschen ihren Ärger aus und versuchen «klarzukommen». In der dritten Gesellschaft können die Menschen weit weggehen, tragen ihre Verletzungen mit sich, schließen aber jede Konfrontation von Angesicht zu Angesicht aus.

**Gesellschaft eins:
Nichtverzeihen bei unmittelbarer Nähe**

Stellen Sie sich vor, Eltern mittleren Alters haben einen unverzeihlichen Streit mit ihrer jungen erwachsenen Tochter. Keiner von ihnen rächt sich, keiner zieht weg. In ihrer Gesellschaft verzeihen die Menschen einander nie, sondern sie müssen in fortgesetzter Nähe weiterleben. Wie würden diese Eltern und ihre Tochter handeln? Wie würden ihre Handlungen und die anderer die Gemeinde, in der sie leben, beeinträchtigen? Die weiterreichende Frage ist: Wie würden Schuld, Wut, Trauer und Reue sich zwischen Menschen auswirken, die einander nie verzeihen, sich aber wahrscheinlich ständig begegnen?

Menschen, die einander verletzen, haben zwei Möglichkeiten: Sie können aufeinander zugehen, um sich auszusöhnen, oder sie können einander aus dem Weg gehen. In dieser Gesellschaft wird das Aufeinanderzugehen weder geschätzt noch verurteilt. Eine Aussöhnung hätte keinen Zweck. Daher ist es sinnvoll, den Verletzer oder Verletzten gänzlich zu meiden. Doch ein Leben in unmittelbarer Nähe macht es unwahrscheinlich, einem anderen vollständig aus dem Weg gehen zu können. Es wären spezielle Vorsichtsmaßnahmen vonnöten, damit man sich nicht plötzlich unerwartet gegenübersteht. Wie würden die Eltern und ihre Tochter dies bewältigen? Sie müßten mehrere Schritte unternehmen.

Zuerst sortieren die Eltern und die Tochter alle gemeinsamen Aktivitäten aus. Nach und nach vermeiden sie systematisch alle Plätze, an denen sie sich vorher begegnet sind. In der ersten Woche nach der unverzeihlichen Verletzung hören sie auf, in die Kirche zu gehen. Danach treten sie aus dem Bowling- und Feuerwehrclub aus. Im Frühling dann hören alle drei auf, Softball im Kneipenteam der Nachbarschaft zu spielen. Die Mutter beendet ihre ehrenamtliche Tätigkeit im Gemeindekrankenhaus, weil die Tochter dort als Krankenschwester arbeitet. Nach einiger Zeit haben sie alle Plätze, an denen sie mit Sicherheit den anderen getroffen hätten, aus ihrem Leben eliminiert. Damit ist die Wahrscheinlichkeit einer Konfrontation von Angesicht zu Angesicht beträchtlich verringert. Es gibt aber immer noch Sorgen. Was könnte passieren, wenn sie anderen Clubs oder Kirchen beiträten? Wie kann der eine wissen, daß der andere nicht auch beitritt?

Um neuen möglichen Konfrontationen vorzubeugen, fangen die Eltern und die Tochter an, «Späher» auszusenden. Sie bitten ihre Freunde, zu Veranstaltungen zu gehen und scharf nach der anderen Partei Ausschau zu halten. Berichten die Späher, daß die andere Partei nicht teilnimmt, dann könnte der Angreifer oder der Angegriffene es mit einer neuen Aktivität oder einem Club probieren. Dann fangen Eltern und Tochter an, die Parkplätze abzusuchen, um zu sehen, ob das Auto des anderen dort geparkt ist. Ist dem so, dann ist diese Aktivität zukünftig ausgeschlossen. Dazu kommt, daß jede Partei den Gastgeber oder den Clubleiter anruft, bevor sie zu einem gesellschaftlichen Ereignis geht, um sicherzugehen, daß der andere nicht auf der Gäste- oder Mitgliederliste steht.

In Ferienzeiten werden Freunde der Familien gebeten, sich zu entscheiden. Einige wählen die Eltern, andere die Tochter. Keiner, der den einen besucht, wird vom anderen eingeladen, und umgekehrt. Diese «Verbündeten» werden fortan als Feinde betrachtet.

Ihre tägliche Bewegungsroutine machen Eltern und Tochter mit großer Vorsicht, meiden beharrlich öffentliche Straßen auf ihrem Weg zum Gemüsemann oder ins Einkaufszentrum. Können sie sich nicht aus dem Weg gehen, dann wappnen sie sich gegeneinander. Sie vermeiden Blickkontakt, versuchen über dritte miteinander zu reden. Ihr Leben wird nach und nach von engen, vorhersagbaren Mustern geprägt. Sie sind in ihren Aktivitäten eingeengt und werden immer vorsichtiger. Schließlich finden sie sich selbst in der Situation, aus Angst vor einer unangenehmen, unvorhersehbaren Begegnung nicht hinausgehen zu wollen. Sie leben das Leben von freiwilligen Gefangenen.

Nun stellen Sie sich eine ganze Gemeinde vor, die mit ähnlichen Vermeidungsstrategien beschäftigt ist. Freunde planen ihren Tag so, daß sie sich nicht begegnen. Exehepartner heuern Detektive an, um Konfrontationen zu vermeiden. Das Leben besteht daraus, etwas zu vermeiden. Das offensichtliche Ergebnis des Nichtverzeihens in dieser hypothetischen Gesellschaft ist nach einer Zeit eine solche Ermüdung, daß jeder einfach zu Hause bleibt. Extreme Vermeidung bedeutet Isolation.

Eine isolierte Gesellschaft scheint das Endprodukt einer nicht verzeihenden Gesellschaft zu sein. Die Isolation wäre wahrscheinlich eine physische, könnte aber auch eine psychologische sein.

Gibt es Möglichkeiten, diese individuelle Isolation zu durchbrechen? Möglicherweise, aber es wäre schwierig.

Man könnte Masken tragen oder sich einer plastischen chirurgischen Operation unterziehen. Sollte jemand die Gesellschaft anderer wünschen, um die individuelle Isolation aufzubrechen, könnte er einen speziellen Club gründen. Die Mitglieder jedes Clubs wären nur Leute, die niemals ein anderes Mitglied verletzt hätten oder von einem Mitglied verletzt worden wären. Andere gemeinsame Interessen oder Merkmale unter den Mitgliedern wären schwierig zu finden, aber man könnte sich zumindest auf einen Kaffee treffen. Treffzeiten könnten veröffentlicht oder mit der Post versendet werden, so daß sich alle betroffenen Parteien während der Zeit fernhalten könnten. An dieser hypothetischen Gesellschaft wird deutlich, daß Nichtverzeihen tatsächlich die Gemeinschaft beeinträchtigen würde. Es würde Clubs, Kirchen, die Mobilität der Menschen, den Arbeitsplatz und endlich genau die Vorstellung von einem Leben ohne Zwänge beeinträchtigen.

Das fließende Kommen und Gehen von Menschen, die nicht von ihren Verletzungen definiert oder beherrscht werden, würde der Vorsicht und der Starre weichen. Das Leben würde aus krampfhaften Bewegungen bestehen, Familien und Freunde wären getrennt und Spontanität nahezu ausgeschlossen. So könnte sich individuelles Nichtverzeihen auf andere ergießen und das allgemeine Wohl einer Gesellschaft beeinträchtigen. Wenn wir genau genug hinsehen, dann können wir einiges davon auch heute in unserer Gesellschaft entdecken. Doch bevor wir das vertiefen, betrachten wir zuerst die zweite Gesellschaft: Was wäre, wenn keiner wegzöge, sondern jeder, der in eine unverzeihliche Verletzung involviert ist, ermutigt würde, auf Rache zu sinnen?

**Gesellschaft zwei:
Vergeltungsmaßnahmen ergreifen**

Was, wenn interpersönliche Vergeltungsmaßnahmen die gesellschaftlich sanktionierte Antwort auf eine unverzeihliche Verletzung darstellten? In der hypothetischen Gesellschaft zwei, in der Verletzer und Verletzter weiterhin in unmittelbarer Nähe zueinander weiterleben, ist Rache und Vergeltung akzeptiert. Gleiches wird mit Gleichem vergolten. Über Formen der Wiedergutmachung für Verletzungen wird nicht vor Gericht entschieden oder über eine unbeteiligte Partei vermittelt. Die Wiedergutmachung kann jede Form annehmen, die Täter und Opfer für angemessen halten. Was würde zwischen den Eltern und ihrer jungen erwachsenen Tochter in dieser Gesellschaft geschehen? Wie würden ihre Handlungen die Gemeinschaft beeinträchtigen?

Der Angriff zwischen den beiden Parteien begann, als sich die Tochter einen großen Geldbetrag von ihren Eltern lieh und sich dann weigerte, ihn zurückzuzahlen. Sie ging nicht mehr ans Telefon, wenn die Eltern anriefen. Sie besuchte sie nicht mehr. Sie sagte ihnen einfach, daß sie nicht die Absicht hätte, das Geld zurückzuzahlen. Damit zerstörte sie die Träume ihrer Eltern von einem eigenen Alterssitz in Arizona, das Bild, das sie von sich selbst hatten, als Eltern einer netten Tochter, und ihre Annahme, daß ihre Tochter sie liebte und daß es ein Band der Gegenseitigkeit und des Vertrauens gäbe. Was würden die Eltern als nächstes tun? Da das Verzeihen auch hier nicht zur Debatte steht und sich die Menschen eher angreifen als aus dem Weg gehen, würden sich die Eltern rächen. Die Form der Rache hängt von den Eltern ab.

Zuerst entscheiden sie sich, der Tochter mitzuteilen, daß sie sie enterbt hätten. Die Tochter schreibt einen Brief zurück, in dem steht, daß die Eltern nicht mehr oder niemals wieder ihren Sohn, ihren einzigen Enkel, sehen können. Dann begeben sich die Eltern zum Haus der Tochter und stehlen deren Auto, verkaufen es schnell über einen Mittelsmann, der es in einer entfernten Stadt absetzt. Das Geld sehen sie als eine Teilrückzahlung der Leihsumme an. Die Tochter stiehlt ihrer Mutter dann deren teuren Lieblingsschmuck und deponiert ihn in einem Safe. Mit jeder Aktion und Reaktion wird der Grad der Gewalt und des Hasses zwischen den Parteien höher. Schließlich kommt es zu körperlicher Gewalt. Jemand wird eingesperrt. Doch das Rächen hört nicht auf. Es kann in Gesellschaft zwei nicht aufhören. Man kann Verschnaufpausen einlegen, aber man lebt weiterhin in unmittelbarer Nähe zueinander und muß versuchen, mit den Verletzern «reinen Tisch zu machen».

Da Rache in der Regel eine symmetrische Interaktion ist – eine verletzende Handlung ruft eine gleich oder etwas stärker verletzende Reaktion hervor –, steigert sie sich gewöhnlich bis zur völligen Zerstörung einer oder beider Parteien. Zwangsläufig gibt es einige Auswirkungen auf die Gemeinschaft, in der sie leben. Wie würde das Leben aussehen, wenn sich jeder an jedem rächen würde, der ihn unverzeihlich verletzt hätte? Hier ein Beispiel:

Mehrere Male in der Nacht sind in den Stadtteilen die Signale der Krankenwagen zu hören, die mit den Opfern der Angriffe ins Krankenhaus rasen. Geräusche zerberstender Scheiben und Schreie durchdringen die Nacht. Feuerwehrautos rasen von einem brennenden Haus zum nächsten, wenn betrogene Ehepartner den verbliebenen Besitz des anderen zu zerstören versuchen. Im Gemüseladen brechen Kämpfe zwischen ehemaligen Freunden aus, die sich in der Tiefkühlkostabteilung ständig über den Weg laufen.

Der Tag einer Person ist ausgefüllt damit, Pläne für Rachefeldzüge zu schmieden. Die Produktion ist nahezu stillgelegt. Dieses Leben wäre schrecklich und bedrohlich. Es gäbe zwei Themen: Entwerfen der Strategie zur Schädigung des Schädigers und der Strategie zum eigenen Schutz gegen Racheausübung anderer. Bald würden die Gesetze des Dschungels vorherrschen. Es überlebt, wer am gerissensten, gemeinsten und vielleicht am fittesten ist. Der Schwächere versagt. Doch auch hier wäre jeder auf sich gestellt, wäre Isolation vorherrschend, die nur einen anderen Ursprung hätte als in Gesellschaft eins.

In Gesellschaft eins würden die Menschen müde werden, sich aus dem Weg zu gehen. In Gesellschaft zwei würden sich die Menschen isolieren, um zu überleben. Ist ein Weg aus der Isolation in Gesellschaft zwei denkbar? Doch der Weg hinaus könnte in noch mehr Gewalt münden. Die Schwächeren könnten beispielsweise Banden bilden, ihr Geld zusammenlegen, um größere oder tödlichere Waffen zu erwerben. Sie könnten gegen die Verletzer vorgehen. Im Extrem könnten herumstreifende Banden von Angreifern und Angegriffenen das Leben der Gesellschaft zwei beherrschen. Rache könnte das große Geschäft werden, und die Verwobenheit von Menschen würde wechselseitige Bedürfnisse nach Schutz oder Macht erzeugen.

In dieser nichtverzeihenden, sich rächenden Gesellschaft müssen die Individuen, die wegen unverzeihlicher Verletzungen Rache üben, die Gemeinschaft mit Gewalt durchdringen. Dadurch käme mit aller Wahrscheinlichkeit das Leben der Gemeinschaft zum Erliegen, entweder durch die völlige Zerstörung oder die Beherrschung der Schwachen. Persönliches Nichtverzeihen und gesellschaftliches Wohl sind hier deutlicher miteinander verbunden. Gesellschaft zwei würde nicht lange überleben können.

Was ist mit der dritten hypothetischen, nichtverzeihenden Gesellschaft? Was würde geschehen, wenn Menschen denjenigen nicht aus dem Weg gingen, die in ihre Verletzungen involviert sind, aber nicht versuchten, «ins Reine zu kommen»?

**Gesellschaft drei:
Flucht, Entfernung und Zeit**

In Gesellschaft drei verteidigen sich die durch unverzeihliche Verletzungen Geschädigten nicht, sondern versuchen, einander auszuweichen. Sie gehen einfach. Sie machen sich nie wieder ausfindig und versuchen nicht, wieder Verbindung aufzunehmen. Ihre Methode, Schmerz zu lösen, ist Flucht, Zeit der Heiler. Was könnte falsch daran sein? Das gibt es in weiten Teilen unserer Gesellschaft. Die Menschen brennen nicht gegenseitig ihre Häuser nieder oder verstecken sich nachts zu Hause aus Angst vor einer ungewollten Konfrontation. Ihr Leben geht weiter. Sie machen neue Bekanntschaften. Sie fangen ein neues Leben an. Welchen Einfluß könnte diese Form des Nichtverzeihens auf die Gesellschaft als Ganzes haben?

In Gesellschaft drei begeben sich die Eltern zur Wohnung der Tochter und fordern von ihr die Rückzahlung der Anleihe. Der Tochter bricht das Herz, und sie fühlt sich schlecht, sieht aber keine Möglichkeit, der Forderung Folge zu leisten. Natürlich muß eine der beiden Parteien wegziehen, um zu verhüten, daß diese unverzeihliche Verletzung noch andere betrifft. Die Eltern werden nicht verzeihen, die Tochter wird sich nicht entschuldigen oder die Schulden begleichen. In Gesellschaft drei ist die einzige gesellschaftlich akzeptierte Lösung dieser Situation der Weggang einer Partei. Da die Tochter weniger gebunden ist als ihre Eltern und keinen Grundbesitz hat, nimmt sie den Vorteil eines besonderen Kredits wahr, packt ihre Besitztümer zusammen, setzt ihr Kind und sich selbst in einen gemieteten Transporter und zieht in eine weit entfernte Stadt, um nie wieder von sich hören zu lassen.

Die Eltern machen mit ihrem Leben weiter, erwähnen den Namen ihrer Tochter nie wieder. Sie entfernen ihre Fotos von den Wänden. Sie zerstören alte Postkarten, High-School-Kleidung und Schuljahrbücher bei einem Freudenfeuer, zu der sie ihre Freunde eingeladen haben. Da der Umzug in der Zeitung angekündigt wurde, wissen die Freunde der Familie, daß sie den Namen der Tochter nie wieder erwähnen dürfen. Mitarbeiter, der Pastor und der Hausarzt behandeln die Eltern so, als sei die Tochter nie geboren worden. Sie ist eine Unperson – weg und vergessen.

Auch die Tochter macht mit ihrem Leben weiter. Sie heiratet wieder, aber da ihr neuer Ehemann den Prozeß der Umsiedlung versteht, fragt er sie nie nach ihren Eltern. Sie ändert legal all ihre persönlichen Unterlagen und entfernt den Namen ihrer Eltern. Sie zerstört alle Fotos von ihnen. Stellt ihr Sohn Fragen nach seinen Großeltern, dann verweigert sie ihm die Antwort und verbietet ihm weitere Fragen. Sie verleugnet ihre Eltern nicht, sagt nur nichts über sie. Jede Partei ist für die andere verschwunden. Es gibt keine Rache, kein Ausweichen. Das Leben ist einfach weitergegangen, und Nichtverzeihen existiert in Form von unausgesprochenem Groll.

Diese Form des interpersonellen Nichtverzeihens scheint keinen Einfluß auf die weitere Gemeinde zu haben. Vielleicht stellen Leute sich gegenseitig keine persönlichen Fragen. Was könnte sonst noch betroffen sein? Bei genauerem Hinsehen ist die Antwort: «Viel.»

In einer Gesellschaft, in der einmal Verletzte sich nie wieder gegenüberstehen, verlassen die Menschen nicht nur ihre Verletzer, sondern auch alte Freunde, ihre Gemeinschaften, Schulen, Kirchen und Clubs. Sie lassen alles hinter sich zurück.

Die Kontinuität des Lebens geht verloren, der Verbindungsfaden zwischen Generationen. Nach der Umsiedlung verlieren die Menschen ihre Familiengeschichten, Loyalitäten und ihre persönliche Vergangenheit. Der Sohn der Tochter hat keine Familiengeschichte mehr mit Ausnahme der seiner Mutter. Ihr Ehemann weiß nichts über ihre Vergangenheit. Wenn in einer nichtverzeihenden Gesellschaft jeder vor seinen Wunden flieht, würde die Gesellschaft aus kleinen Gruppen von umherziehenden Siedlern bestehen, die nach jeder folgenden Verletzung ein neues Zuhause suchen. Der Raum für die Entwicklung von Loyalität und Freundschaften wäre eng. Menschen könnten es sich nicht leisten, Wurzeln zu schlagen. Das Leben würde von Flucht beherrscht und von unverzeihlichen Wunden diktiert.

Könnte es in Gesellschaft drei einen Weg geben, Freundschaften zu entwickeln? Ja, das wäre möglich. Es könnte Clubs und Teams geben. Es würde Kirchen, Geschäfte und Regierungen geben. Aber die persönliche Anteilnahme wäre geringer. Die Menschen könnten es sich kaum leisten, sich auf irgend etwas tiefer einzulassen. Ihre «Wurzeln» wären ihre eigenen Lebensgeschichten. Die menschlichen Wurzeln würden sich gerade eben unter der Bodenoberfläche kriechend entwickeln, schnell wachsen, ebenso schnell wieder herausgerissen werden.

In Gesellschaft drei führt das Nichtverzeihen wie in den Gesellschaften eins und zwei zu persönlicher Isolation durch Vermeidung, Abwehr oder flüchtige Verbindungen. Ein Leben voll beständiger, rigider Planung, aufmerksamen Schutzes oder wurzelosen Treibens. Welche Form Leben in unversöhnlichen Gesellschaften auch annimmt: Persönliches Nichtverzeihen hat einen grundlegenden Einfluß auf die Gesellschaft als Ganzes. Die Handlungen zweier Individuen fließen in die Gesellschaft ein. Nichtverzeihen entfremdet die Menschen voneinander, reduziert die Gesellschaft zu einer Ansammlung von unverbundenen Individuen, deren Leben vom Schaden beherrscht wird. Nichtverzeihen schwächt das soziale Gefüge jeder menschlichen Gemeinschaft. Jeder trägt sein persönliches Gepäck an Groll und Trauer allein. Kaum einer könnte noch die Energie oder die Zeit aufbringen, dem anderen zu helfen. Nichtverzeihen führt zur Isolation.

Nichtverzeihen in der Realität

Beeinträchtigt Nichtverzeihen oder eine seiner Nebenwirkungen uns in unserer heutigen Gesellschaft? Sind professionelle Killerpraktiken, Scheidungsraten und der Anstieg von Gewaltverbrechen das letzte Zucken der tödlichen Wirkung des Nichtverzeihens? Wahrscheinlich nicht. Einigen der Interviewten war jedoch schmerzhaft bewußt, daß ihr eigenes Nichtverzeihen nicht nur sie selbst, sondern auch viele andere hinweggespült hat. Einige haben Angst, daß ihre Unfähigkeit, ihrem Ehepartner zu verzeihen, ihre Kinder dauerhaft geschädigt haben könnte. Andere sprachen von den Auswirkungen auf Freunde und Bekannte. Die Bitterkeit des Nichtverzeihens infiziert unsere Gemeinden und unsere Gesellschaft.

Gesellschaft vier:
Die Gesellschaft des Ersatz-Verzeihens

Wie sähe eine Gesellschaft aus, in der Verzeihen respektiert und gefördert würde? In gesellschaftlichen Einrichtungen im Gesundheits- und Erziehungsbereich gefördert? In Gesellschaft vier gibt es einen Ersatz oder «Austausch», damit Menschen einander verzeihen können, wenn sie die Aufgabe nicht allein vollbringen können. Wir kehren zurück zu der gestrandeten Tochter aus den vorherigen Gesellschaften.

Unsere «verschuldete Tochter» lebt weiterhin weit weg von zu Hause. Sie ist nun Ende vierzig und begegnet mit Glück einem kürzlich Zugezogenen, der vom tragischen Tod ihrer Eltern vor einigen Jahren berichtet. Sie ist bekümmert, trauert aber nicht.

Ihr Leben ist in den meisten Bereichen erfolgreich. Ihre Arbeit führte sie zu zahllosen interessanten Projekten. Ihr Sohn zog sofort nach dem Schulabschluß weg. Sie hat viele Bekannte und Freunde. Auch ihre Ehe hat Bestand. Doch sie hat das Gefühl, daß etwas fehlt. Sie fühlt sich einsam und weiß nicht, warum. Im Traum erscheinen ihr die Schatten ihrer Eltern. Kurz danach leiht sich ein

Freund etwas Geld von ihr und gibt es nicht zurück. Dieser Betrug erinnert sie daran, wie sie ihre Eltern behandelt hat. Eines Tages wird sie von dem Wunsch überwältigt, ihre Heimatstadt zu besuchen.

Nachdem sie das mit ihrem Mann besprochen hat, macht sie sich auf den Weg, die verblaßten Erinnerungen ihrer Vergangenheit neu zu beleben. Sie kauft sich ein Ticket und fliegt nach Hause. Bei der Ankunft sieht alles anders aus. Sie mietet ein Auto und findet mit Schwierigkeiten, da es nun eine Autobahn gibt, den Weg in ihre alte Gegend. Sie ist dankbar, ihr Zuhause noch vorzufinden. Die wunderbaren Ulmen in der Straße sind weg, die Straße sieht in der Sonne kahl aus.

Das Haus ist klein und in einer anderen Farbe gestrichen. Sie kämpft mit sich, ob sie hineingehen soll oder nicht. Sie entscheidet sich dagegen. Ein Kind spielt im Hof. Ein blaues Auto ist in der Einfahrt geparkt.

Die Tochter trödelt noch eine Weile herum und fährt dann hinauf zu der Straße, in der ihre alte Schule stand. Die ist abgerissen worden. Die Kirche hat dem Verwaltungssitz einer Versicherungsgesellschaft Platz gemacht. Sie geht in eine Telefonzelle, nimmt das Telefonbuch und sucht nach den Namen alter Freunde. Sie findet einen Namen, ruft aber nicht an. Sie hat noch etwas zu tun.

Zögernd fährt sie zum Friedhof, auf dem ihre Familie begraben liegt. Ihren Weg dorthin findet sie überraschend leicht. Sie biegt in einen Kopfsteinpflasterweg, sieht das Familiengrab gleich links. Sie hält an und steigt aus. Neben dem Grabstein ihrer Großeltern gibt es zwei neue. Sie weiß, daß es die ihrer Eltern sind. Ihre Namen wirken sonderbar, in grauen Marmor gemeißelt, wie die aufgeschlagene Seite einer Tageszeitung. Sie sagen ihr nichts. Es sind Zeichen im Stein. Die Tochter fährt zurück zum Flughafen und fliegt nach Hause.

Zwei Wochen lang laufen die Dinge ganz normal, dann fangen die Träume wieder an. Die Gesichter ihrer Eltern erscheinen ihr verschwommen. Ohne Einzelheiten. Das fängt an, sie tagsüber zu stören. Sie fragt sich, wie die Stimmen ihrer Eltern geklungen haben. Eines Tages stellt sie sich vor, sie könnte die Jalousien in dem Zimmer ihrer Kindheit hören, wie sie sanft vom Wind hin und her bewegt wurden und gegen das Fenster schlugen. Sie träumt eines Nachts, daß sie ihrem Hund einen Ball zuwirft, und als sie ihren Blick auf das Haus richtet, sieht sie ihren Vater. Dieses Mal wacht sie weinend auf.

In Gesellschaft vier gibt es überall Anzeigen für «Verzeihens-Service und Beistand». Jede Woche berichten die Zeitungen groß über alte Freunde, die sich wieder versöhnt haben. Politiker bekennen ganz offen im Fernsehen ihre Fehler. Je ehrlicher jemand ist, desto mehr wird er bewundert.

Kinder lernen in der Schule, «Es tut mir leid!» zu sagen. Kirchen bieten besondere Kurse zum Verzeihen an.

An dem Morgen, an dem sie weinend aufwacht, weiß die Tochter, daß sie etwas unternehmen muß. Sie ruft ihre örtliche Notrufstelle an. Der Diensthabende hört ihr zu und schlägt ihr vor, eines der Verzeihenszentren der Gemeinde anzurufen. Das tut sie, und mit etwas Beklommenheit macht sie ihren ersten Termin fest.

Verzeihenszentren in Gesellschaft vier werden öffentlich gefördert. Dort arbeiten Fachleute, die auf den Prozeß des Verzeihens spezialisiert sind. Im Team gibt es auch ehrenamtliche Mitarbeiter, die verschiedene Rollen übernehmen. Einige spielen Kinder, die von ihren Eltern verletzt wurden. Einige sind spezialisiert auf Probleme derjenigen, die früheren Freunden oder Geliebten verzeihen wollen. Andere übernehmen die Rolle des Verletzers. Es gibt u. a. Kurse für das Wiedergutmachen gebrochener Versprechen. Alle Mitarbeiter sind gründlich ausgebildet und verstehen die Phasen und Zwischentöne im Prozeß des Verzeihens.

Bei ihrem ersten Termin erzählt die Tochter dem professionellen Koordinator die Einzelheiten ihrer Weigerung, ihren Eltern die Leihsumme zurückzuzahlen. Sie erklärt, wie sie wegzog und das einzige Enkelkind mitnahm. Sie erzählt von ihren quälenden Träumen. Der Fachmann bittet sie, bis zur nächsten Woche eine Aufgabe zu lösen und wiederzukommen. Wie hat das Nichtzurückzahlen der Schuldsumme ihre Eltern tatsächlich verletzt? Welche Glaubenssätze haben sie verloren? Was fühlten sie bei ihrem Tod?

In der nächsten Woche denkt die Tochter an ihre Eltern und die

Eigentumswohnung in Arizona, die sie ihretwegen nie besaßen, und wie sie den Glauben an ihre Qualitäten als Eltern verloren. Sie denkt daran, wie sehr sie sich darauf gefreut hatten, gute Großeltern zu sein, und wie sie starben, ohne noch etwas von ihr zu wissen. Bei dieser Aufgabe fühlt sie das erste Mal etwas für ihre Eltern. Sie fühlt Kummer. Sie weiß, daß sie die Träume ihrer Eltern zerstörte.

In den nächsten sechs Wochen hat die Tochter jede Woche einen Termin im Verzeihenszentrum. Ihr werden zwei Freiwillige vorgestellt, die die Rollen ihrer Eltern übernehmen. Sie sind gut vorbereitet und scheinen zu wissen, was ihre Eltern gefühlt haben müssen. Sie sind auch ungefähr so alt, wie diese sein müßten, wenn sie noch lebten. Die ersten Treffen sind schmerzhaft und schwierig. Die Ersatzverzeihenden – die «Eltern» – erzählen ihr genau, wie sie von ihr verletzt wurden. Sie weinen. Sie sind böse. Sie benennen ihre verlorenen Träume und klagen sie offen an, eine moralische Vereinbarung gebrochen zu haben. Nach mehreren Wochen fragt die Tochter die Ersatzeltern, was sie tun soll. Es ist wichtig, daß sie fragt, und nicht umgekehrt. Sie antworten, daß sie sich bei ihnen entschuldigen soll.

Die Tochter hat sich selten entschuldigt, möchte es nun aber gern tun. Sie sucht sich einen Fachmann, der ihr bei der Vorbereitung der Entschuldigung hilft.

In der achten Sitzung bringt die Tochter ihre Entschuldigung vor. Sie bittet um Verzeihung. Die Ersatzeltern sagen beide, daß sie ihr verzeihen. Sie ist frei. Die Schuld ist beglichen.

In Gesellschaft vier, in der das Verzeihen nicht nur geschätzt, sondern die Durchführung auch leichter gemacht wird, weicht Isolation der Wiedervereinigung. Angegriffene und Angreifer werden ermutigt, nach den Wurzeln zu suchen, von denen sie durch eine schreckliche Verletzung abgetrennt wurden. Was würde geschehen, wenn jeder jedem verziehe?

Befürchtet wird vor allem, daß das Verzeihen als Aufforderung zu wiederholten Angriffen verstanden werden und das Schlechte fördern könnte. Wer das Schlechte oder wiederholte Angriffe fürchtet, sollte sich daran erinnern, das wahres Verzeihen nicht einfach ist. Man muß einen Preis zahlen: Haß, Bestrafung und Versprechen.

Verzeihen ohne eigene Transformation oder manipulatives Vergeben kann gefährlich sein. Es ist kein wirkliches Verzeihen. Auch manipulative «Verzeiher», die die Sprache des Verzeihens benutzen, um jene, denen sie «verzeihen», in ein klebriges Netz von Verpflichtungen einzuspinnen, können ein Werkzeug des Friedens benutzen, um Kontrolle oder Macht über andere zu gewinnen.

Was geschieht, wenn entweder der Verletzer oder der Verletzte abwesend ist? Ist es gefährlich, wenn Unbeteiligte wie die Ersatzeltern in Gesellschaft vier Verletzungen verzeihen? Wieder kommt es darauf an, ob die Gefühle der Reue echt sind.

Wenn Menschen nur vor anderen ihre Schuld bekennen, um von der Verantwortung für die Verletzung freigesprochen zu werden, dann suchen sie nicht nach dem Verzeihen. Sie suchen nach Begnadigung. Auch zuviel Gnade kann gefährlich sein. Die Verantwortung gegenüber dem unverzeihlich Verletzten sollte kein scheinbares Vergeben zulassen.

Verzeihen in der Realität

Unsere Gesellschaft gleicht keiner der vier von mir vorgestellten hypothetischen. Sie ist eine Mischung aus allen. In unserer Gesellschaft gibt es Verzeihen und Nichtverzeihen wie in den beschriebenen fiktiven Gesellschaften, nur in einem anderen Ausmaß.

Manche Menschen leben weiterhin in der Nähe ihrer Verletzer. Sie gehen ihnen unter allen Umständen aus dem Weg oder bauen psychologische Verteidigungsstrategien gegen sie auf. Ihre Härten und ihre Wachsamkeit beeinflussen uns alle in geringem Maße.

Einige der Verletzer ziehen vielleicht ans andere Ende des Landes. Auch ihre Verschlagenheit und Gewalt beeinflußt uns andere. In unserer Gesellschaft gibt es viele Barrieren dem Verzeihen gegenüber. Selbst die von mir Interviewten, deren furchtbare Zerstörung sie zum Verzeihen getrieben hatte, hatten Schwierigkeiten, diese Barrieren zu überwinden. Wie können wir einige der Hindernisse beiseite räumen und das Verzeihen leichter erreichbar machen?

Teil IV Die Notwendigkeit zu verzeihen

**Barriere 1: Eine private Wunde
zu einer juristischen Angelegenheit machen**

Da so viele unverzeihliche Verletzungen gleichzeitig illegale Angelegenheiten sind, führen sie oftmals zu Gerichtsprozessen. Scheidungen, angefochtene Testamente und Sexualdelikte führen zu häßlichen Verfahren. Weil viele der von mir Interviewten noch immer mit dem Entwirren von Vertrauen und Liebe befaßt waren, ließen sie sich von ihren Anwälten zu unnatürlichem Verhalten verleiten. Ihnen wurde oftmals geraten, nicht mit dem Verletzer zu sprechen.

Anwälte befürchten, eine Entschuldigung oder daß das Eingeständnis, falsch gehandelt zu haben, später im Prozeß als Beweis angesehen werden könnte. Aber nur wenn man zugibt, falsch gehandelt zu haben, und/oder sich entschuldigt, wird der Prozeß des Verzeihens zwischen zwei Menschen in Gang gesetzt. Eine Entschuldigung ist eine Einladung zum Gespräch und ein Weg, einem Verletzten wieder etwas Kraft zu geben. Hat jemand die Entschuldigung angehört, kann er den Verletzer verurteilen, Änderungen fordern oder versuchen zu verstehen, warum der andere so handelte. Er kann sich für das Verzeihen entscheiden. Er kann auch, so wie es die Anwälte befürchten, den Entschuldiger verklagen und die Entschuldigung gegen den Verletzer verwenden.

Wenn private unverzeihliche Verletzungen zu schnell zu juristischen Angelegenheiten werden, dann ist eine Entschuldigung verboten. Wenn Scheidungsverfahren oder andere Handlungen «sich hochschrauben», werden Leute, die sich geliebt haben, Freunde waren, Ehemänner und Ehefrauen schnell zu streitenden Parteien und Feinden. Die einzigartige moralische Geschichte kann abrupt im Gerichtssaal enden, bevor die Menschen überhaupt wissen, wie ihnen geschieht. Ihre komplexen Gefühle füreinander werden schnell auf den Haß reduziert. Sie streiten über finanzielle Abkommen und materiellen Besitz. Sind die Menschen erst einmal auf dieser untersten Stufe angekommen, vergessen sie vollkommen, daß sie sich eigentlich entschuldigen wollten. Aber ohne Entschuldigung kann kein Verzeihen zwischen zwei Menschen stattfinden. So wie die Interviewten ihren abwesenden Verletzern verziehen, können auch die, die niemals eine Entschuldigung hörten, verzeihen. Aber sie müssen es allein tun.

Um zu vermeiden, daß unverzeihlicher Schaden zu einer juristischen Angelegenheit wird, sollten Sie etwas abwarten, bevor Sie mit Ihrem Problem in den Gerichtssaal ziehen. Sie sollten sich zuerst einen Beistand suchen, bevor Sie Ihre verwirrten Emotionen gegenüber Ihrem Verletzer unabsichtlich in konkreten Haß verwandeln. Die Konkurrenznatur unserer streitsüchtigen Gesellschaft reduziert oftmals höchst komplexe und wertvolle Beziehungen auf das schlichte Ziel, einen Menschen zu ruinieren. Die Gnade des Verzeihens sollte nicht durch das gerichtliche Vorgehen zerstört werden.

Barriere 2: Schlechte Hilfe

Viele der von mir Interviewten suchten Hilfe bei Fachleuten. Die meisten von ihnen erhielten kaum Unterstützung.

Helfende Fachleute und Geistliche haben, wie wir alle, vorgefaßte Meinungen darüber, was richtig und was falsch ist, was verzeihbar und was unverzeihlich ist. Eine der schlimmsten Erfahrungen eines Verletzten kann die sein, mit einem professionellen Helfer zu tun zu haben, der die Verletzung als erledigt betrachtet oder deren Wichtigkeit herunterspielt. Es kann auch schlimm sein, wenn ein Helfer davon überzeugt ist, daß die Verletzung, die der Klient zu verzeihen trachtet, niemals verziehen werden sollte. Sucht ein unverzeihlich Verletzter Hilfe, möchte er, daß der Helfer versteht, warum er sich unverzeihlich verletzt glaubt. Er wünscht, daß der Helfer das Verzeihen nicht negativ bewertet.

Es ist völlig gerechtfertigt, daß jemand, der nach Hilfe sucht, einem Fachmann zwei Fragen stellt: «Glauben Sie, daß Verletzungen wie diese unverzeihlich sind?» und «Haben Sie Angst vor Wut? Kann ich ihr hier Ausdruck verleihen?»

Weil die Arbeit an einer unverzeihlichen Verletzung Wut beinhaltet, sollte der Fachmann in der Lage sein, dem Klienten zu helfen, sich ihr zu stellen und mit ihr fertig zu werden. Wenn Klienten und Fachleute auf unterschiedliche Ziele hinarbeiten, dann ist der therapeutische Prozeß nicht sehr hilfreich. Klienten und Fachleute sollten offen ihre Gedanken über das Verzeihen klären, und ein Verletzter sollte sich das Recht nehmen, den Fachmann aufzusuchen, der seine Vorstellungen über das Verzeihen teilt.

Barriere 3: Freunde und Familienmitglieder

Den von mir Interviewten wurde Hilfe meistens durch Freunde zuteil. Die Freunde versuchten oftmals, eine Änderung des «Schwarzweiß»-Denkens über den Angreifer herbeizuführen. Aber auch Freunde und Familienmitglieder können unveränderliche Ansichten über Vergeltung und Verzeihen haben.

Wenn Menschen verletzt sind, dann ist es für alle, die sie lieben, schwierig, ihren Schmerz nicht zu teilen. Wenn Freunde nicht an das Verzeihen glauben und den Schmerz des Verletzten teilen, können sie wie der Verletzte mit dem Schädiger reinen Tisch machen wollen.

Unsere Gesellschaft hat eine seltsame Beziehung zu Vergeltung und Gewalt. Die meisten Religionen sprechen sich entschieden gegen Gewalt aus, doch viele unterstützen Krieg, wenn er aus dem «richtigen» Grund geführt wird. Politiker und Geistliche treten gegen die Gewalt auf der Straße ein, und doch ist Gewalt auf den Straßen ein Hauptthema in Fernsehen und Film.

Die Freunde und Familienmitglieder von unverzeihlich Verletzten unterliegen manchmal, wie viele andere dem Wunsch, sich für Schäden zu rächen. Auch sie sind Teil einer Gesellschaft, die nicht weiß, wie sie mit Rache, Vergeltung und Rachgier umgehen soll.

Keiner hat die «richtige» Antwort darauf, wann jemand verzeihen sollte und wann nicht. Wenn Freunde und Familienmitglieder, die nicht an das Verzeihen glauben, zu Hindernissen für den Prozeß des Verzeihens werden, dann sollte ein Verletzter dem Freund deutlich machen, daß jeder auf seine Art mit seinen Verletzungen umgehen muß. Das Verzeihen ist einzig und allein die Sache des Verletzten. Keiner kann für einen anderen verzeihen, und keiner sollte einen anderen davon abhalten. Der Verletzte sollte jedoch auch verstehen, daß sein Nichtverzeihen seine Freundschaften und Familienbeziehungen vergiften kann. Wenn Sie schließlich die Entscheidung für das Verzeihen treffen, sollten Sie jenen besonders danken, die Ihren Kummer und Ihre Wut teilten, und sie auch bitten, ebenfalls zu verzeihen.

Freunde und Familienmitglieder sind Stützen, die dem Verzeihenden helfen, seine Mittel und Möglichkeiten zurückzugewinnen. Wenn sie zu Barrieren gegen das Verzeihen werden, dann sollte man sie trotzdem schätzen. Sie haben ihre eigenen Lasten zu tragen.

Barriere 4: Nicht wissen, wie man verzeiht

Das Verzeihen könnte leichter sein, wenn wir Vorbilder dafür hätten. Wenn Politiker und Erziehende öffentlich Verzeihen demonstrierten, könnten andere diesem Beispiel folgen. Alle Elemente des Verzeihens – zuzugeben, daß man falsch gehandelt hat, sich entschuldigen, Versprechungen geben und halten und Reue zeigen – sind noble Handlungen. Sie sind von Natur aus paradox, weil derjenige, der einen Fehltritt zugibt, demjenigen Macht gibt, den er angegriffen hat.

Die meisten Menschen erkennen die Würde und Größe einer Person, die zugibt, etwas falsch gemacht zu haben. Wahre Reue bedeutet, das Wesen der eigenen Handlungen zu erkennen.

Wo sehen wir öffentliche Entschuldigungen? Eher hören wir einen Fisch singen, als daß ein Politiker sich öffentlich entschuldigt. Dasselbe gilt für Geschäftsleute, Geistliche, Ärzte und Lehrer. In unserer Gesellschaft, in der es als stillos oder dumm gilt, falsche Handlungen zuzugeben, zählt Moral zu wenig.

Wenn Vorbilder aller Art zeigen würden, daß es noch immer nicht richtig ist, andere zu schädigen, dann würden wir alle davon profitieren.

Teil IV Die Notwendigkeit zu verzeihen

Acht Übungen für jeden Tag, die das Verzeihen fördern

Unsere Gesellschaft ist mobil. Verletzer können vor den von ihnen Verletzten fliehen. Wir betrachten uns als Konkurrenten und Widersacher. Wir sind streitsüchtig. Die Gesellschaft ist gewalttätig, und die meisten Menschen beurteilen Gewalt ambivalent.

Kein Mensch kann die Gesellschaft allein verändern. Jedoch kann jeder Mensch sein Leben ändern. Jeder kann zeigen, daß er die Welle von ungeprüftem Haß und Nichtverzeihen an seiner Türschwelle aufhalten möchte. Jeder kann versuchen, in seinem eigenen Familien- und Freundeskreis friedfertiger zu werden.

Hier sind acht Übungen für jeden Tag, die das Verzeihen fördern:
1. Geben Sie schnell und offen zu, wenn Sie falsch gehandelt haben.
2. Entschuldigen Sie sich bei Leuten, denen Sie Unrecht getan haben. Äußern Sie Ihre Entschuldigung möglichst in der Anwesenheit von anderen, um zu zeigen, daß Sie keine Angst davor haben, dem, den Sie verletzten, Macht zurückzugeben.
3. Loben Sie die Ihnen Nahestehenden, wenn sie ihr Bedauern darüber ausdrücken, daß sie jemanden verletzt haben. Ermutigen Sie sie, Fehltritte zuzugeben und sich bei dem Verletzten zu entschuldigen.
4. Respektieren Sie die Versuche anderer, jemandem zu verzeihen.
5. Sagen Sie den Leuten, die Ihnen für das Verzeihen als Modell dienten, daß Sie ihre Leistungen respektieren. Sagen Sie auch, wenn Nichtverzeihen Sie vergiftet.
6. Vermeiden Sie jeden Rechtsstreit, bis Sie den Standpunkt des anderen bezüglich der Verletzung angehört haben. Verzeihen ist eher möglich, wenn Menschen nicht verfeindet sind.
7. Akzeptieren Sie, daß das Leben nicht fair ist. Einer wird immer mehr Gaben und Möglichkeiten haben als der andere. Neid oder Habgier sollten nie die Basis des Verzeihens darstellen.
8. Verzeihen bedeutet, sich für den Schritt in die Zukunft zu entscheiden. Zeigen Sie anderen, daß Sie die Zukunft gewählt haben.

Würde keiner von uns jemals verzeihen, dann würden wir alle die Auswirkungen zu spüren bekommen. Glücklicherweise können einige Menschen das Verzeihen selbst angesichts riesiger Hindernisse vollbringen. Hindernisse zu überwinden ist eine ebenso große individuelle Tat wie das Verzeihen. Verzeihen ist eine grundlegende persönliche Reise.

Wir könnten uns das Verzeihen gegenseitig einfacher machen. Wir könnten einander zeigen, daß wir uns schlecht fühlen, wenn wir andere verletzt haben. Wir könnten Fehltritte zugeben, uns entschuldigen und zeigen, daß wir die versöhnende Kraft des Verzeihens schätzen.

Verzeihen ist die einzige Form der Freiheit, die jemand einem anderen geben kann. Ein armer Mensch kann verzeihen. Ein Kind kann verzeihen. Alte Menschen können verzeihen. Es ist die Kunst der Befreiung, für die sich jeder entscheiden kann: Indem er sie dem anderen gewährt, befreit er gleichzeitig sein eigenes Leben.

Wenn die Gesellschaft Barrieren vor dem Verzeihen aufgebaut hat, dann kann jeder von uns seinen Beitrag leisten und eine dieser Barrieren niederreißen. Wir sind die Gesellschaft. Es liegt in der Hand eines jeden, ob wir unsere gesellschaftlichen Beziehungen mit Gewalt, Habsucht und Neid formen. Jeder von uns kann auf seine eigene Weise dazu beitragen, die Zukunft des Verzeihens zu gestalten. Eine Zukunft ohne Verzeihen wäre eine schreckliche Vorstellung.

Anmerkungen

Einleitung

1. Droll, D.: *Forgiveness: Theory and Research.* Diss. University of Nevada, Reno, April 1984
   Horsbrugh, H. J. N.: Forgiveness. In: *Canadian Journal of Philosophy* 4, no. 2 (December 1974)
   Lampert, J. C.: *The Human Action of Forgiving: A Critical Application of the Metaphysics of Alfred North Whitehead.* Diss. Columbia University, 1980
   Martin, J. A.: A Realistic Theory of Forgiveness. In: *The Return to Reason,* ed. J. Wild. Chicago: Henry Regnery, 1953
   Scott, J. W.: Idealism and the Conception of Forgiveness. In: *International Journal of Ethics* 21 (January 1911)
2. Arendt, H.: *Was ist Existenz-Philosophie?* Frankfurt/M.: Athenäum, 1990
   Downie, R. S.: Forgiveness. In: *Philosophical Quarterly* 15 (1965)
   Martin, a. a. O.
3. Horsbrugh, a. a. O.;
   Lampert, a. a. O.
4. Downie, a. a. O.;
   Morrow, L.: I Spoke as a Brother. In: *Time,* 9 January 1984
5. Downie, a. a. O.;
   Morrow, a. a. O.
6. Downie, a. a. O.
7. Martin, a. a. O.;
   Morris, a. a. O.
8. Martin, a. a. O.
9. Lampert, a. a. O.
10. Twamley, P.: Mercy and Forgiveness. In: *Analysis* 36 (1976)

Anatomie einer unverzeihlichen Verletzung

1. Martin, a. a. O.
2. Aristoteles: *Nikomachische Ethik.* München: dtv, 1991
   Downie: a. a. O.;
   Morris, a. a. O.
3. Martin, a. a. O.

Schäden und ihre Verursacher

1 Harvey, J. H., Wells, G. L., Alvarez, M. D.: Attribution in the Context of Conflict and Separation in Close Relationships. In: *New Directions in Attribution Research*, vol. 2, eds. J. Harvey, W. Ickes, R. F. Kidd. Hillsdale, N. J.: Lawrence Erlbaum Associates, 1978
2 Zur weiteren moralischen Entwicklung von Kindern lesen Sie: Hoffman, M. L.: Power Assertion by the Parent and Its Impact on the Child. In: *Child Development* 31 (1960);
Kolberg, L.: *The Philosophy of Moral Development*. New York: Harper & Row, 1981;
Piaget, J.: *Das moralische Urteil beim Kind*. Stuttgart: Klett-Cotta, 1983
3 Hoffman, M. L.: Conscience, Personality, and Socialization Techniques. In: *Human Development* 13 (1970);
Mussen, P., Eisenberg-Berg, N.: *Einführung in die Entwicklungspsychologie*. Weinheim: Juventa Verlag, 1991;
Piaget, a. a. O.

Die Folgen der Verletzung

1 Alvarez, A.: *Life After Marriage*. New York: Simon & Schuster, 1981
2 Bard, M., Sangrey, D.: *The Crime Victim's Book*. New York: Basic Books, 1979
3 Chodoff, P., Friedman, D., Hamburg, D.: Stress Defenses and Coping Behaviors: Observations in Parents of Children with Malignant Disease. In: *American Journal of Psychiatry* 120 (1964);
Bard, Sangrey: a. a. O.

1. Schritt: Die Verletzung benennen

1 Grund, Dauer, Kontrollierbarkeit und Konsequenzen sind abgeleitet aus dem Common-Sense-Modell. Dieses Modell ist ein informationsentwickelndes Paradigma, das nachweist, wie Menschen Bedeutung aus Körperempfindungen ableiten. Lesen Sie dazu: Leventhal, H., Meyer, D., Nerenz, D.: The Common Sense Representation of Illness Danger. In: *Contributions to Medical Psychology*, vol. 2, ed. S. Rachman, New York: Pergamon Press, 1980
2 Lerner, M. J., Miller, D. T., Holmes, J. G.: Deserving and the Emergence of Forms of Justice. In: *Advances in Experimental Social Psychology*, vol. 2, eds. L. Berkowitz, E. Walster, New York: Academic Press, 1976;

siehe auch M. L. Lerner, in: *An Introduction to Attribution Processes*. ed. K. G. Shaver, Cambridge, Mass.: Winthrop Publishers, 1975

3 Droll, a. a. O.;
   Harvey, Wells, Alvarez, a. a. O.
4 Riordan, C., Marlin, N., Kellogg, K.: The Effectiveness of Accounts Following Transgressions. In: *Social Psychology Quarterly* 46, no. 3 (1983)
5 Orvis, B., Kelley, H. H., Butler, D.: Attribution Conflict in Young Couples. In: *New Directions in Attribution Research*, vol. 1, eds. J. Harvey, W. Ickes, R. F. Kidd, N. J. Hillsdale: Lawrence Erlbaum Associates, 1976
6 Droll, a. a. O.
7 Braiker, H., Kelley, H. H.: Conflict in the Development of Close Relationships. In: *Social Exchange in Developing Relationships*, eds. R. Burgess, T. Huston, New York: Academic Press, 1979
8 Weiss, R. S.: *Marital Separation*. New York: Basic Book, 1975; Harvey, Wells, Alvarez, a. a. O.
9 Harvey, Wells, Alvarez, a. a. O.

3. Schritt: Den Verletzer anklagen

1 Shaver, K. G.: *The Attribution of Blame: Causality, Responsibility, and Blameworthiness*. New York: Springer-Verlag, 1985
2 Martin, a. a. O.
3 Morris, a. a. O.
4 Zu Fritz Heiders Pionierarbeit über die Ebenen der persönlichen Verantwortung lesen Sie:
   Shaver: *An Introduction to Attribution Processes*, a. a. O.
5 Shaver: *Attribution of Blame*, a. a. O.
6 Ickes, Layden: Attributional Styles. In: *New Directions in Attribution Research*, vol. 2, a. a. O.
7 Shaver: *Attribution of Blame*, a. a. O.;
   Ickes, Layden, a. a. O.

4. Schritt: Das Ausbalancieren der Waagschalen

1 Über das Gleichgewicht in Beziehungen und zu einigen neueren Argumenten gegen das Konzept lesen Sie:
   Watzlawick, P.: *Die Möglichkeit des Andersseins. Zur Technik der therapeutischen Kommunikation*. Göttingen: A. H. Huber, 1991, und: *Menschliche Kommunikation. Formen, Störungen, Paradoxien*. Göttingen: A. H. Huber, 1990;

Minuchin, S.: *Familien und Familientherapie. Theorie und Praxis struktureller Familientherapie*. Freiburg: A. Lambertus, 1990;
Bertalanffy, L. von: General System Theory. New York: George Braziller, 1969;
Chubb, H.: Looking at Systems as Process. In: *Family Process* 29, no. 2 (June 1990)

2　Watzlawick, P., Weakland, J. H., Fisch, R.: Lösungen. *Zur Theorie und Praxis menschlichen Wandels*. Geleitner, Erickson, Milton. Göttingen: A. H. Huber, 1990

3　Bok, S.: *Lying – Moral Choice in Public and Private Life*. New York: Vintage Books, 1979;
Fried, C.: *Right and Wrong*. Cambridge, Mass.: Harvard University Press, 1978

4　Martin, a. a. O.

5　Hirsch, A. von: *Doing Justice – The Choice of Punishments*. New York: Hill and Wang, 1976
Schwartz, B.: Vengeance and Forgiveness: The Uses of Beneficence in Social Control. In: *School Review* (August 1978);
Martin, a. a. O.

6　von Hirsch, a. a. O.

7　Zur Bestrafungstheorie Immanuel Kants lesen Sie: von Hirsch, a. a. O.

8　Martin, a. a. O.

9　von Hirsch, a. a. O.

6. Schritt: Das Entstehen eines neuen Selbst

1　Den Begriff «kognitive Dissonanz» führte Leon Festinger in seinem Buch *Theorie der kognitiven Dissonanz* (Bern 1978) ein.

Werkzeuge, um den Verletzer anzuklagen

1　Zu Stilen der Verantwortungsfestlegung lesen Sie die Arbeit von Martin, E. P. Seligman und Kollegen. Seligman und andere haben einen Fragenkatalog zur Stilzuschreibung (ASQ) entwickelt, der bei verschiedensten Forschungsprojekten Anwendung findet, um erläuternd Stile zu messen. Lesen Sie besonders: Trotter, R. J.: *Stop Blaming Yourself*. In: *Psychology Today* 21, no. 2 (February 1987)

Anmerkungen

Werkzeuge zum Ausbalancieren der Waagschalen

1 Madara, R. S., Meese, A., eds.: *The Self-Help Sourcebook: Finding and Forming Mutual Aid Self-Help Groups.* Danville, N. J.: New Jersey Self-Help Clearinghouse, St. Clares – Riverside Medical Center, 1986

Die Notwendigkeit zu verzeihen

1 Becker, E.: *The Denial of Death.* New York: Free Press, 1973

zu zweit

«Die Liebe hat nun einmal dieses Übel, daß Krieg und Frieden immer wechseln.»
Horaz, Satiren

Lonnie Barbach
Mehr Lust *Gemeinsame Freude an der Liebe*
(rororo sachbuch 8721)

Cheryl Benard / Edit Schlaffer
Männer *Eine Gebrauchsanweisung für Frauen*
(rororo sachbuch 8820)
Im Dschungel der Gefühle *Expedition in die Niederungen der Leidenschaft*
(rororo sachbuch 8783)

Barbara Gordon
Jennifer-Fieber *Der Männertraum vom jungen Glück*
(rororo sachbuch 9159)

Marty Klein
Über Sex reden *Heimliche Wünsche, verschwiegene Ängste*
(rororo sachbuch 8824)

Suzan Lewis / Cary L. Cooper
Karriere Paare *Mehr Zeit für uns*
(rororo sachbuch 8858)

Tina Tessina
In guten wie in schlechten Tagen *Anregungen für homosexuelle Paare*
(rororo sachbuch 8782)
Dieses einfühlsame Buch trägt den besonderen Möglichkeiten und Problemen homosexueller wie lesbischer Beziehungen Rechnung und gibt praktische Anregungen vom ersten Flirt bis zur Goldenen Hochzeit.

Diane Vaughan
Wenn Liebe keine Zukunft hat *Stationen und Strategien der Trennung*
(rororo sachbuch 8818)

Judith Sills
Liebe nach dem ersten Blick *Handbuch für Romantiker*
(rororo sachbuch 9134)
«Dies ist kein Buch über hoffnungslos unglückliche Beziehungen, sondern eines über potentiell glückliche.»

Ethel S. Pearson
Lust auf Liebe *Die Wiederentdeckung des romantischen Gefühls*
(rororo sachbuch 9304)

Béatrice Hecht-El Minshawi
Zwei Welten, eine Liebe *Leben mit Partnern aus anderen Kulturen*
(rororo sachbuch 9141)

Das gesamte Programm der Taschenbuchreihe «zu zweit» finden Sie in der Rowohlt Revue. Jedes Vierteljahr neu. Kostenlos in Ihrer Buchhandlung.

rororo sachbuch

zu zweit

Ute Auhagen-Stephanos
Wenn die Seele nein sagt *Vom Mythos der Unfruchtbarkeit*
(rororo sachbuch 9378)

Elena Gianini Belotti
Liebe zählt die Jahre nicht *Wenn Frauen jüngere Männer lieben*
(rororo sachbuch 8735)

James L. Creighton
Schlag nicht die Türe zu *Konflikte aushalten lernen*
(rororo sachbuch 9194)

Steven Farmer
Endlich lieben können *Gefühlstherapie für erwachsene Kinder aus Krisenfamilien*
(rororo sachbuch 9168)
Kinder aus Krisenfamilien können ihre Gefühle nur schwer zeigen, haben das Bedürfnis, ihre Partner zu kontrollieren, und scheuen sich vor Intimität wie vor Konflikten. Der Autor beschreibt die besonderen Probleme und zeigt Lösungswege auf.

Elisabeth Flitner /
Renate Valtin (Hg.)
Dritte im Bunde: die Geliebte
(rororo sachbuch 9376)

Marina Gambaroff
Sag mir, wie sehr liebst Du mich
Frauen über Männer
(rororo sachbuch 8817)
»Wenn in einer Beziehung das Bedürfnis, "ich liebe dich" zu sagen oder "liebst du mich?" zu fragen, immer größer wird, dann hat es schon irgendwelche Risse gegeben.«

Isabelle Grellet /
Caroline Kruse
Liebeserklärungen
(rororo sachbuch 8880)

Ruth Kuntz-Brunner / Inge Nordhoff
Heute bitte nicht *Keine Lust auf Sex - ein alltägliches Gefühl*
(rororo sachbuch 9189)

Karin Mönkemeyer /
Inge Nordhoff
Ein platonisches Verhältnis
Freundschaften zwischen Männern und Frauen
(rororo sachbuch 8749)

Dorothee Schmitz-Köster
Liebe auf Distanz *Getrennt zusammen leben*
(rororo sachbuch 8816)

rororo sachbuch